DIE WELT DER INDIANER

WILDER WESTEN

DIE WELT DER INDIANER

Ihr Leben, ihr Glaube, ihr Kampf

Von Benjamin Capps

NAUMANN & GÖBEL

Dieser Band gehört zu der Reihe
Wilder Westen

Bisher sind erschienen:

Die Welt der Indianer
Die Welt der Cowboys
Die großen Revolverhelden
Der Aufbruch in den Wilden Westen

Die Welt der Indianer

Lizenzausgabe für
© Naumann & Göbel Verlagsgesellschaft mbH in der VEMAG
Verlags- und Medien Aktiengesellschaft, Köln

Gesamtherstellung: Naumann & Göbel Verlagsgesellschaft mbH, Köln
ISBN 3-625-10763-5

INHALT

1 | Die Gesichter eines stolzen Volkes

Wer waren die Indianer des Wilden Westens? Jedermann kennt sie – die Männer mit den Adlernasen, dem zu Zöpfen geflochtenen Haar und den Kriegsfedern, mit straff über hohen Backenknochen gespannter kupferfarbener Haut und Gesichtern, deren Ausdruck durchdringend und furchtlos war. Auch die Stammesnamen sind einem vertraut: Comanche, Cheyenne, Sioux, Kiowa und andere – alles Namen, die von wilder Tapferkeit widerhallen und Vorstellungen von bemalten Reitern mit Lanzen und Bogen heraufbeschwören. Diese Stämme und ihre Krieger, wie der rechts abgebildete Comanche, bewohnten die Great Plains. Für die meisten Weißen stellten sie den Prototyp aller West-Indianer dar: die Männer von Kindheit an für die Jagd und den Kampf ausgebildet, ihre Männlichkeit an ihrer Kühnheit in der Schlacht messend; die Frauen dazu erzogen, die Krieger zu unterstützen, an Siegesfeiern teilnehmend oder ihre Körper bei Niederlagen vor Trauer zerfleischend.

Auf einige Stämme trafen diese Vorstellungen zu – jedoch nur teilweise. Insgesamt aber wurden sie der Vielfalt aller West-Indianerstämme in keiner Weise gerecht. Zwischen dem Mississippi und dem Great Basin jenseits der Rocky Mountains lebten über 30 einzelne Stämme, jeder mit eigener Sprache und eigener Lebensweise. Manche von ihnen waren nomadische Jäger, die den Bisons folgten. Andere waren in erster Linie Bauern, die Pfirsichplantagen anlegten oder in fruchtbaren Flußtälern Mais und Melonen anbauten. Wieder andere waren die Piraten der Plains, die auf ihren Raubzügen von anderen Stämmen Pferde, Mais und Tabak erbeuteten. Das Indianerreich war kulturell unterschiedlich gegliedert, aber die weitverstreuten Dörfer waren durch ein Netz von Trails miteinander verknüpft, über die Waren wie Pazifikmuscheln im Tausch gegen Hirschfelle ins Landesinnere gelangten.

Allen diesen Indianern, Kriegern wie Bauern, war ein gemeinsames Los bestimmt: durch den weißen Mann verdrängt zu werden. Mitte des 19. Jahrhunderts wurden sie durch weiße Farmer, Goldsucher, Viehzüchter und die U.S. Cavalry von ihrem Land vertrieben.

Das Ergebnis dieser Konfrontation mit den Weißen stand niemals wirklich in Zweifel. Obwohl die Indianer einige wichtige Schlachten gewannen – eine davon noch im Jahre 1876 –, waren sie zahlenmäßig zu schwach, zu zersplittert und zu schlecht bewaffnet, um die in Wellen heranbrandenden Eindringlinge abwehren zu können. Im Jahre 1840, bevor die Invasion richtig begonnen hatte, durchstreiften nicht mehr als 300 000 Indianer den Westen. Aber obwohl ihr Kampf aussichtslos war, leuchteten Stolz und Trotz aus ihren Gesichtern und sprachen aus ihren Worten. Wie der Kiowa-Häuptling White Bear (Weißer Bär) 1867 sagte: „Ich will mich nicht in Häusern niederlassen, die ihr für uns bauen würdet. Ich liebe es, über die wilde Prärie zu streifen. Dort bin ich frei und glücklich." Neun Jahre später verübte White Bear in einem Gefängnislazarett Selbstmord.

Otter Belt, Comanche

Ein Navaho-Junge, Name unbekannt

Two Hatchet, Kiowa

Particular Time of Day, Pawnee

Nalin, Apache-Mädchen

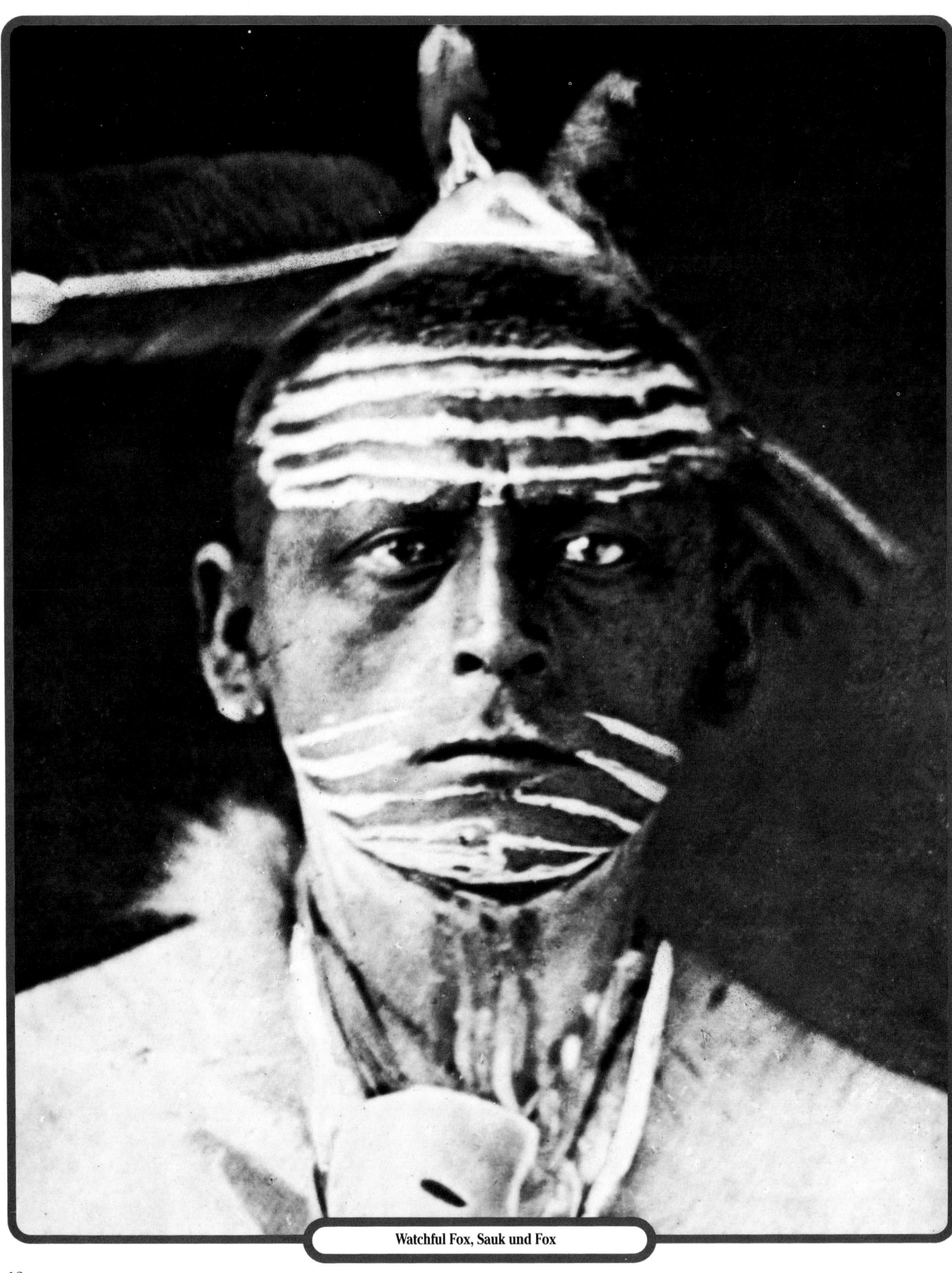

Watchful Fox, Sauk und Fox

Spotted Eagle, Sioux

Otter Creek

40

Snakes & Crow's War Ground

Chrystal Creek

Dry Creek

GROS VENTRES INDIANS

OF THE PRAIRIE

39

PIKES PEAK

Fontaine Que Bouillait

Fontaine Que Bouillait

CHIENNES INDIANS

Bent's Trading House

Rio del Norte

Rio de las Animos

CAMANCHE

37

SPANISH PEAKS

Touse

KIOWAY INDIANS

SANTA FE

14

Ein Bündnis zwischen den Stämmen

Es war die Jahreszeit, in der die Bisons den größten Teil ihrer langen Winterbehaarung abgeworfen haben und die braunen Kälber den Muttertieren folgen, die Zeit, in der die Präriepflaumen hart und grün sind und die Sonne heiß auf die weiten High Plains herabbrennt. Ein großer indianischer Friedensrat trat zusammen, und der Zeitpunkt war nicht nach Denkkategorien der Weißen festgelegt worden. Weiße Männer hätten gesagt, dies sei das Jahr 1840. Aber nach indianischer Zeitrechnung waren sieben Winter seit jenem großen Meteoritenfall vergangen, der bei ihnen „Winter, in dem die Sterne fielen", hieß. Es war neun Sommer her, seitdem die Comanche mit ihren Lanzen ein bärtiges Bleichgesicht durchbohrt hatten, das nach Auskunft von Mexikanern der berühmte Forschungsreisende Jed Smith gewesen sein sollte. Es war erst zwei Sommer her, daß die Stämme, die nun an Frieden dachten, sich am Wolf Creek eine blutige Schlacht geliefert hatten.

Jetzt zogen sie Hunderte von Kilometern weit von Norden und Süden durch baumloses Grasland zu dem vereinbarten Treffpunkt an einem Fluß, der eine Art Grenze zwischen den feindlichen Stämmen gebildet hatte. Bei ihnen hieß dieser Fluß Arrowpoint (Pfeilspitze); weiße Händler nannten ihn Arkansas. Insgesamt versammelten sich dort etwa fünftausend Indianer. Aus dem Norden zogen die Süd-Cheyenne mit einigen der ihnen verbündeten Arapaho heran; aus dem Süden kamen die Kiowa mit einigen Comanche, die ihre Verbündeten waren. Und zu den bei den Beratungen vertretenen Gruppen würden auch Nord-Cheyenne und Arapaho, die bis zu tausend Kilometer weit im Norden lebten, und Comanche, deren Stammesgebiet tausend Kilometer weit im Süden lag, gehören.

Die Häuptlinge der Cheyenne hatten sich für einen Versammlungsort zwei Wegstunden flußabwärts von Bent's Fort entschieden, einem von hohen Mauern umgebenen Bau aus Adobe-Lehmziegeln, den weiße Händler, von denen einer mit einer Cheyenne verheiratet war, errichtet hatten. Die nähere Umgebung des Forts kam ihrer Überzeugung nach als Versammlungsort nicht in Frage. Vor allem fehlte dort Feuerholz, weil die Bäume teilweise zum Bau der Gebäude gefällt und zum anderen Teil von dort lagernden Indianern und Weißen als Feuerholz verbraucht worden waren. Außerdem waren die dortigen Weideflächen völlig abgegrast. Aber zehn Kilometer unterhalb des Forts verbreiterte sich das Tal auf beiden Flußufern zu einer weiten Überschwemmungsebene, die reichlich mit Pappeln und Weiden bestanden war – ein idealer Lagerplatz mit genügend Raum, Schatten, Wasser und Holz. Im Norden und Süden des ostwärts strömenden Flusses gab es reichlich Gras für die vielen Pferde, welche die Cheyenne als Geschenk von ihren ehemaligen Feinden zu erhalten hofften.

Die Cheyenne und Arapaho trafen als erste ein – auf dem Nordufer des Flusses. Sie müssen das Tal mit widersprüchlichen Gefühlen betreten haben. Es war immer gut, an einen Fluß zu kommen, und dieser Fluß war eine Oase in einem wüstenhaften Gebiet. Das Land, aus dem sie kamen, war wegen seiner Eintönigkeit abschreckend. Dort waren eine Wolke und ihr Schatten auf der Erde eine Wohltat fürs Auge; ein einzelner in der Luft kreisender Habicht war es wert, beobachtet zu werden. In jenem Land war der Boden grau, und die spärliche Vegetation bedeckte ihn selbst jetzt, im Frühsommer, nicht vollständig. Außerhalb der Flußniederungen waren die größten Pflanzen vereinzelte Beifußgewächse, Spanisches Bajonett und Feigenkakteen. Die Pappeln am Fluß erschienen ihnen wie Riesen; ihre weißlichgrauen, zerfurchten Stämme waren so dick, daß ein Mann sie nicht allein umspannen konnte, und einige von ihnen ragten viermal so hoch wie ein Tipi auf. Ihre ständig sanft raschelnden Blätter flüsterten von Schatten, erfrischenden Bädern und den Freuden des Lagerlebens.

Aber diese Überschwemmungsebene am Ufer des Arrowpoint River war kein gewöhnlicher Lagerplatz. Die Cheyenne und Arapaho hatten das Tal kaum erreicht, als sie bereits gespannt – und vielleicht auch mit einiger Besorgnis – nach

---

Der große indianische Friedensrat des Jahres 1840 wurde bei Bent's Trading House am Arkansas abgehalten, der im Mittelteil dieser Karte von Westen nach Osten fließend dargestellt ist.

15

Ein Lager der Kiowa steht am Canadian River im Schatten eines Pappelhains. Ein Gehölz wie dieses, dessen Bäume noch die höchsten Tipis überragten, war auf den flachen, halbtrockenen Plains ein besonders willkommener Lagerplatz.

Süden zu sehen begannen. Schließlich trifft man mit früheren Todfeinden nicht ohne ein gewisses Unbehagen zusammen – auch nicht zu einem Friedensrat. Andererseits hatten diese ehemaligen Feinde versprochen, viele Pferde mitzubringen. Die Cheyenne und Arapaho besaßen einige, aber nie genug für ihre Bedürfnisse. Die Kiowa und Comanche waren reich an Pferden.

Die Cheyenne schlugen ihr Lager, durch das ein kleiner Bach floß, in einem Kreis auf, und ließen ihn nach Osten, in Richtung Sonnenaufgang, offen. Jede Gruppe des Stammes nahm ihren genau festgelegten Platz ein, und alle Tipis standen wie üblich so, daß ihr Eingang der aufgehenden Sonne zugekehrt war. Die Cheyenne, die sich an jeden ihrer traditionellen Bräuche hielten, errichteten ein weiträumiges Lager. Ein Kreis war nicht unbedingt die praktischste Anordnung, aber er war eindrucksvoll. Diese Leute aus dem Süden, die um Frieden gebeten hatten, sollten sehen, wie ein straff geführter, disziplinierter Stamm sein Lager aufschlägt. Denkbar ist auch, daß die Cheyenne sich dabei von einer weiteren Überlegung leiten ließen: Wenn die Häuptlinge aus dem Süden ohne Zögern bereit waren, sich ins Herz des Cheyenne-Kreises zu begeben, trug das natürlich dazu bei, die Aufrichtigkeit und das Vertrauen der Gäste zu beweisen.

High Backed Wolf (Hochrückiger Wolf), der Oberhäuptling der Cheyenne, ließ in der Mitte des Lagerkreises eine besondere Hütte errichten – ein Stangengerüst, das auf einer Seite mit Häuten bespannt und auf der anderen offen war. Sie war groß genug, um mehr als ein Dutzend zu Besuch kommender Häuptlinge aufzunehmen.

Vorerst deutete jedoch nichts auf die Ankunft der Indianer aus dem Süden hin. Gruppen von Jägern ritten flußabwärts, um nach Möglichkeit Hirschfleisch zurückzubringen. Die Frauen suchten den kleinen Bach und die Flußufer nach Treibholz ab, das sie zu ihren Hütten trugen oder mit Pferden zurückschleppten. Dabei blickten sie häufig nach Süden. Viele dieser Frauen trugen Narben an Armen und Beinen von Verletzungen, die sie sich selbst beigebracht hatten aus Trauer über den Tod von Vater, Ehemann oder Sohn, die im Kampf gegen eben jene Indianer, die jetzt von Süden heranzogen, gefallen waren.

Am dritten Tag nach der Ankunft der Cheyenne und Arapaho beobachteten sie einzelne Reiter – Späher – weit jenseits des Flusses auf den Hügelrücken am südlichen Horizont. Dann sahen sie an einem halben Dutzend Stellen graue Staubwolken aufsteigen. Das Land dort draußen war hügelig, und vom Flußufer aus war nicht zu erkennen, wer dort kam. Aber einige Pappeln bildeten in Bodennähe Doppelstämme, und ihre mächtigen Äste ließen sich erklettern. Jungen und Mädchen bestiegen diese Bäume – mit Hilfe von

Rohhautlederschlingen oder durch reine Behendigkeit –, um einen besseren Aussichtspunkt zu erreichen. Sie meldeten ihre Beobachtungen nach unten weiter, und man kann sich ihre lauten Schreie vorstellen:

„Ich sehe sie kommen! Ja! Dort vorn! Ein ganzes Dorf! Tragpferde! Reiter! Lasten auf Schleifbahren!"

„Wie viele Pferde ohne Reiter?"

„Mindestens hundert – über hundert!"

Und von einem anderen Baum: „Sieh nach links! Unter dem Staub! Viele Pferde!"

„Freie Pferde? Zählt sie!"

„Es müssen fünfhundert sein!"

Und von einem dritten Beobachter: „A-iii! Tausend kommen über den Hügel! Immer mehr kommen! Mehr als tausend! Und ich sehe Staub in der Ferne!"

Schließlich hörten sie die Pferde kommen, deren Hufschläge die Erde erzittern ließen. Die Neuankömmlinge brachten mindestens achttausend Pferde mit – mehr als die meisten der am Fluß lagernden Cheyenne jemals gesehen hatten. Sie ritten aus dem grau-grünen Grasland auf den Versammlungsort zu: alle sechs Unterstämme der Kiowa mit einigen Dutzend Gruppen; Männer, Frauen und Kinder sowie einige gefangene Mexikaner, die ihre Sklaven waren. Begleitet wurden sie von zwei Gruppen stolzer Comanche.

Die Männer und Jungen trieben die freien Pferde zur Tränke an den Fluß und danach wieder vom Wasser fort. Die Frauen brachten die Schlepp- und Tragpferde auf die sandige Ebene südlich des Flusses und begannen, sich stromaufwärts und stromabwärts zu verteilen. Die Häuptlinge legten fest, wo ihre Gefolgsleute das Lager aufschlagen sollten; bezeichnenderweise waren es die Frauen, die dann entschieden, wo die Tipis aufgestellt wurden. Obwohl die Frauen in der Stammeshierarchie nur einen untergeordneten Rang innehatten, übten sie dadurch, daß sie im Lager die meisten Arbeiten verrichteten, beträchtlichen Einfluß aus. Sie achteten auf Schatten, Holzvorräte, die Nähe zum Wasser, Gras für ein oder zwei Lieblingspferde, die dort angepflockt wurden, und die Nachbarschaft von Freunden oder den angesehenen Mitgliedern der Gruppe. Sie dachten daran, eine Stelle auszusuchen, die bei Regen nicht unter Wasser stand. Der beste Platz lag im Nordosten einer riesigen Pappel, die in der Mittagssonne Schatten warf – aber nicht direkt unter den Zweigen, weil es von den großen Blättern noch Stunden nach einem Regen tropfte.

Während die Frauen auf dem Südufer ihre Tipis aufstellten, merkten sie, daß neugierige und kritische Blicke vom anderen Ufer aus ihre Geschicklichkeit beurteilten. Die Kiowa-Frauen banden die drei Hauptstangen jedes Tipis unterhalb der Spitze mit Rohhautlederriemen zusammen,

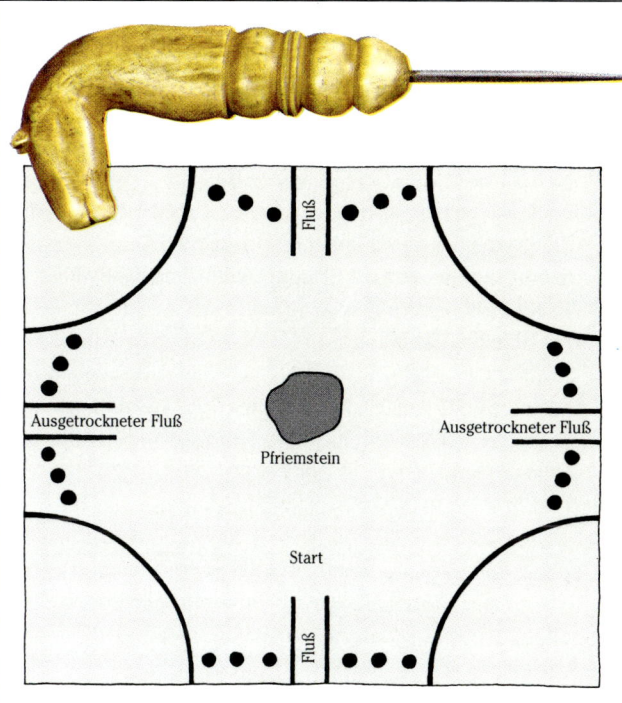

EIN BELIEBTES FRAUENSPIEL

Ein bei den Prärie-Indianerinnen beliebter Zeitvertreib, das Pfriemspiel, wurde auf einer Decke gespielt, um die sich die Spielerinnen
in Gegenrichtung bewegten. Jede Position (Zahlen auf der Zeichnung) war mit einem durch die Decke gesteckten Pfriem (oben) bezeichnet – einem für Lederarbeiten verwendeten Werkzeug. Bei den
Kiowa warf jede Spielerin vier Stäbe nach dem Pfriemstein (Mitte);
jeder Stab war auf einer Seite flach und auf der anderen gebogen,
und einer der Stäbe trug ein Zeichen. Für jede oben liegende flache
Seite gab es einen Punkt, und das Zeichen verschaffte der Spielerin
einen Freiwurf. Eine Spielerin, die „in einen Fluß fiel" oder auf einer
gegnerischen Position landete, mußte von vorn anfangen. Ausge-
trocknete Flüsse waren ungefährlich. Wer von den Spielerinnen als
erste einen vollständigen Kreis beschrieben hatte, war Siegerin.

stellten das Dreibein auf, ergänzten es durch weitere Stangen zu einem kreisrunden Traggerüst, banden die Stangen
oben nochmals fest, hoben mit der letzten die schwere, aus
Bisonleder genähte Außenhaut hinauf und entfalteten sie um
das Gerüst herum, so daß ein gleichmäßiger Kegel entstand.
Sie würden den Cheyenne zeigen, wie man ein richtiges Lager aufschlug! Warum bestanden diese abergläubischen
Leute darauf, in einem Kreis zu lagern? Manche von ihnen
mußten dadurch einen weiten Weg zum Wasser gehen. Die
Kiowa-Frauen halfen sich gegenseitig und scherzten miteinander, während sie auf der Überschwemmungsebene am
südlichen Ufer des Flusses ihr Lager aufschlugen.

Manche der Tipis auf beiden Flußufern waren mit geo-
metrischen Mustern, religiösen Symbolen oder Darstellungen von Großtaten eines Kriegers geschmückt. Einige waren
durchgehend rot bemalt; der Besitzer eines dieser Tipis trug
den passenden Namen Red Tipi (Rotes Tipi). Aber die meisten dieser mit Häuten überzogenen Kegel wiesen das natürliche Gelbbraun des Bisonleders auf und waren an der
Spitze von Rauch geschwärzt.

Einige Kiowa-Frauen machten sich bald auf, um das
Südufer des Flusses nach Treibholz abzusuchen. Andere begannen Laubhütten zu bauen: In den Boden geschlagene
Pfähle trugen ein Flechtwerk aus Ästen, das mit belaubten
Zweigen gedeckt wurde. In diesen seitlich offenen Laubhütten war es kühl und schattig; unter ihren Dächern konnte
man im Freien kochen, sitzen und Besuch empfangen. Durch
diese emsige Tätigkeit entstand eine seltsam häusliche At-
mosphäre, die von einem Ufer aufs andere übergriff. Viele
der hier Versammelten konnten sich noch an eine Zeit erinnern, in der zwischen den Kiowa, Comanche und Cheyenne
Frieden geherrscht hatte. Ihre Lebensgewohnheiten waren
ähnlich. Hier konnte kein Verrat beabsichtigt sein, da
Frauen, Alte und Kinder sich an einem Fluß niederließen,
über den ein Junge einen Stein werfen konnte.

Sobald die Neuankömmlinge sich eingerichtet hatten,
bestieg der Cheyenne-Häuptling High Backed Wolf sein
Pferd und ritt durch den Fluß, der zu dieser Zeit nur knietief
war. Er lud die Häuptlinge aus dem Süden zu einem Festmahl
in die Hütte ein, die seine Cheyenne eigens zu diesem Zweck
erbaut hatten. Der Oberhäuptling der Kiowa, Little Mountain (Kleiner Berg), ihr Kriegshäuptling Sitting Bear (Sitzender Bär) und die Häuptlinge der einzelnen Gruppen nahmen
seine Einladung an. Als sie sich versammelten, um gemeinsam den Fluß zu überschreiten, waren sie wie der Cheyenne-
Häuptling prunkvoll gekleidet, trugen aber keine Kriegsbemalung, Waffen oder Schilde.

Ihre Kleidung bestand aus weichen Hirschlederhemden,
Leggings und Mokassins, die alle mit Fransen besetzt, hier
und da mit Glasperlen bestickt oder mit Muscheln oder klim-
pernden Metallstücken behängt waren. Sie trugen Silberan-
hänger an Lederriemen oder Halsketten aus Muscheln, Glasperlen, Bärenkrallen oder Wapitizähnen; ihr zu Zöpfen
geflochtenes Haar verschwand teilweise unter Pelzmützen
oder gegerbten Vogelbälgen. Ihre kupferfarbenen Gesichter,
manche von langen Jahren unter der Sonne runzelig geworden, waren ernst, nachdenklich, bedächtig.

Friedensverhandlungen bestanden bei diesen Indianern
hauptsächlich aus Festmahlen, Zeremonien und der Übergabe von Geschenken, wodurch Freundschaft und gute
Absichten demonstriert wurden. Nachdem High Backed

Wolf unbewaffnet bei den Kiowa und Comanche gewesen und die Häuptlinge aus dem Süden zu dem Festmahl in dem Tipi in der Mitte des Cheyenne-Kreises gekommen waren, löste sich auch die letzte Spannung. Der Tag wurde zu einem Festtag. Die Gruppen eines Stammes, die jeweils aus nur wenigen hundert Menschen bestanden, kamen nicht oft zusammen und blieben nicht lange beieinander, weil ihre Pferde das Gras in der Umgebung des Lagers bald abgeweidet hatten. Dies war eine seltene Gelegenheit, alte Freunde und Verwandte zu besuchen, Neuigkeiten auszutauschen, zu feiern, zu spielen, sich im Glücksspiel zu versuchen, Handel zu treiben und Pferderennen zu veranstalten.

Nackte Kinder rannten zwischen den Tipis umher, ritten auf Steckenpferden, jagten sich gegenseitig und blieben gelegentlich stehen, um vorbeikommende Fremde mit großen Augen anzustarren. Die etwas älteren Jungen brachen mit halblangen Speeren, Bogen und Pfeilen zu Streifzügen und Jagdausflügen in die Weidendickichte auf; konnten sie dort weder Vögel, Präriehunde noch Kaninchen aufstöbern, erlegten sie statt dessen Heuschrecken und Libellen. Die größeren Jungen spielten Krieg oder brachten ihre eigenen Pferde auf eine Lichtung, um Reitkünste vorzuführen, wobei sie an der Seite des galoppierenden Tieres hingen und sich geschickt noch tiefer hinabschwangen, um einen Gegenstand vom Erdboden aufzuheben.

Die Mädchen halfen ihren Müttern, solange Hilfe benötigt wurde. Manche von ihnen spielten mit ausgestopften Hirschlederpuppen Familie oder spannten dafür ihre eigenen kleinen Geschwister ein.

Die Frauen besuchten sich gegenseitig, klatschten und halfen einander. Diejenigen unter ihnen, die frisches Fleisch hatten, luden ihre Freundinnen aus anderen Gruppen zum Essen ein. Einige Frauen und Mädchen gingen das Flußbett entlang und brachten außer Feuerholz auch grünes Holz zurück. Sie schlugen Äste von Pappeln ab oder fällten große Haufen von mannshohen Weiden, damit ihre Kochfeuer genügend Rauch entwickelten, um die Moskitos und grünen Fliegen zu vertreiben, die aus dem Nichts aufzutauchen schienen und eine Plage für jedes Lager waren.

Hunderte von Hunden streunten zwischen den Tipis umher, suchten Abfälle und Knochen und beschnüffelten sich gegenseitig. Hier und dort umkreisten zwei Hunde sich steifbeinig, stürzten sich dann zähnefletschend aufeinander und balgten sich kläffend. Die nächststehende Frau ergriff dann irgendeine Waffe – eine Reitpeitsche, einen Stock – und stürzte sich in den Kampf, woraufhin die beiden Raufbolde auseinanderfuhren und sich davontrollten.

Das Tal war bald von einer reichen Mischung von Gerüchen erfüllt, zu der Holzrauch, weggeworfenes verfau-

Der Jahrweiser der Dakota

Das rechts abgebildete bemalte Bisonfell ist gleichzeitig ein Kalender, ein Kunstwerk und ein Jahrweiser der Dakota-Sioux. Nach alter Sitte zeichnete der Dakota-Krieger Lone Dog auf dieses Fell eine Jahresspirale, die vom Mittelpunkt nach außen zu lesen ist und in der jedes Jahr durch ein bedeutungsvolles Bild dargestellt ist. Der behandelte Zeitraum reicht von 1800 bis 1871, d.h., er umfaßt die Hauptperiode der weißen Invasion. Die Winter dieser Jahresspirale enthalten sieben Hinweise auf Tauschgeschäfte mit Weißen und vier Hinweise auf das epidemische Auftreten von eingeschleppten Krankheiten wie Masern und Pocken. Überraschenderweise findet sich kein Hinweis auf Kämpfe mit den weißen Invasoren, während andererseits 24 Symbole Konflikte mit anderen Indianerstämmen bezeichnen. Unten sind fünf typische Symbole abgebildet; die Durchnumerierung entspricht den Zahlen auf dem Bisonfell.

1. Ein passendes Sinnbild für einen schrecklichen Winter ist der durch Pocken entstellte Körper eines Mannes; die Pocken grassierten in den Jahren 1801 und 1802 bei den Dakota.

2. Ein Meteoritenschauer, der am 12. November 1833 niederging, bezeichnet den Winter, in dem die Sterne fielen. Der Kalender enthält mehrere Hinweise auf Naturerscheinungen, darunter auch auf eine Sonnenfinsternis im Jahre 1870.

3. Das von Pfeilen durchbohrte Tipi symbolisiert die Ausrottung eines ganzen Shoshoni-Dorfes durch die Dakota im Winter 1839/40.

4. Ein Händedruck – ein von den Weißen übernommener Brauch – symbolisiert einen Friedensschluß mit den Nord-Cheyenne um die Jahreswende 1840/41.

5. Ein Pferd stellt einen erfolgreichen Raubzug dar, bei dem die Dakota im Winter 1841/42 30 Pferde erbeuteten.

lendes Fleisch, Exkremente hinter den Weidengebüschen, Essensdünste aus Kochtöpfen und auf Kohlen herabtropfendes Bratfett beitrugen. Dies war der charakteristische Geruch des Lagerlebens.

Die Männer hatten wenig zu tun. Manche von ihnen gingen auf die Jagd, denn Bisons, Hirsche und Antilopen kamen von weit her zur Tränke an diesen Fluß. Aber die meisten von ihnen amüsierten sich nur. Sie sprachen über Jagdabenteuer, Raubüberfälle und die Gegenden, in denen ihre Gruppen in den vergangenen Monaten gewesen waren. Sie tauschten Pfeile, Bisonumhänge und Pferde. Die unternehmungslustigeren Männer veranstalteten Spiele, bei denen die Spieler mit Pfeilen oder Stöcken nach einem lederbespannten rollenden Reifen warfen; sie schrien und prahlten bei diesem Spiel mit gutmütiger Begeisterung und schlossen Wetten auf ihre Geschicklichkeit ab, wobei die Einsätze zwischen einem Dutzend kleiner Glasperlen und einem schönen Umhang, an dem eine Frau zwei Wochen lang gearbeitet hatte, liegen konnte. Auch die Frage nach der Schnelligkeit ihrer Lieblingspferde wurde unweigerlich aufgeworfen. Sie legten sich nördlich und südlich des Flusses Rennstrecken an – und veranstalteten Pferderennen. Unter den Anfeuerungsrufen parteiischer Pferdenarren wühlten die Hufe den graubraunen Schwemmsand auf; die Männer schlossen ohne Rücksicht auf Verluste Wetten ab.

Wenn der Abend herabsank, warfen die Frauen frisches Holz auf ihr Feuer, um Licht für Spiele oder Tänze zu haben. Das Lieblingsspiel der Frauen war das Pfriemspiel (S. 19), das um eine Decke herum gespielt und von Enttäuschungs- und Freudenschreien begleitet wurde. Ein weiteres Spiel für Männer oder Frauen war das Knopfspiel, zu dem lediglich ein kleines bemaltes Holzstück (der Knopf), das sich in einer Hand verbergen ließ, und ein Stapel Zählhölzer, die zu gewinnen waren, benötigt wurden. Zwei Mannschaften saßen sich so gegenüber, daß sie ein Feuer zwischen sich hatten. Ein Spieler einer Mannschaft nahm den Knopf von einer Hand in die andere und gab ihn an einen Mitspieler weiter – oder tat nur so –, während die anderen einen Gesang aus fast bedeutungslosen Lauten anstimmten, der sich in Tempo und Lautstärke den Bewegungen der Mannschaft mit dem Knopf anpaßte. Die andere Mannschaft beobachtete diese Bewegungen – und selbst die Gesichtsausdrücke – ihrer Gegenspieler genau. Der entscheidende Augenblick kam, wenn einer der Beobachter rief: „Der da!" Der Mann, auf den er dabei zeigte, mußte seine Hände vorweisen, und die Mannschaften gewannen oder verloren Zählhölzer, je nachdem, wie gut der Rufer geraten hatte. Die Spieler gaben auch diesem Spiel etwas zusätzliche Würze, indem sie Wetten auf ihre Geschicklichkeit abschlossen.

An einem Dutzend Stellen innerhalb des Lagers wurde getanzt. Die Trommler holten ihre bemalten Trommeln hervor und stellten sie so auf, daß an jedem Instrument mehrere Männer hocken konnten. Der Rhythmus wurde schneller; Männer und Frauen tanzten nebeneinander, bildeten einen Kreis, der bald größer, bald kleiner wurde, und folgten einander gelegentlich in einem schlangenartigen Zug. Die Männer sangen mit tiefen Stimmen. Die Frauen hatten schrillere Stimmen. Von Zeit zu Zeit stimmte ein alter Mann einen klagenden Singsang an. Handrasseln aus Flaschenkürbissen, Naturleder oder getrockneten Bisonhoden wurden im Rhythmus der Trommeln bewegt.

Im Tal verstreut brennende Lagerfeuer beleuchteten Bäume und sich bewegende Menschen. Die Indianerstämme besuchten sich an diesem Abend noch nicht über den Fluß hinweg, aber beide Seiten sahen, daß auf beiden Ufern des Pfeilspitzen-Flusses die gleichen Feiern stattfanden.

Die Lagerhunde heulten die ganze Nacht lang. Sie hielten über den Fluß hinweg Zwiesprache miteinander, als seien ihre Herren niemals verfeindet gewesen. Draußen auf den Präriehügeln hörten Wölfe ihr Heulen, und man konnte von ferne die Antwort vernehmen.

Über den schmalen Streifen Land zwischen dem Lager der Cheyenne und dem Fluß führten Spuren von eisernen Radreifen des weißen Mannes. Diese Spuren bezeichneten den Santa Fe Trail. Die Indianer, die im Sommer des Jahres 1840 dort ihr Lager aufgeschlagen hatten, sahen wahrscheinlich keine Gefahr in dem Handel, dem dieser Handelsweg diente. Sie wußten, daß er irgendwo im Osten begann, wo die Weißen die Geheimnisse der Herstellung von Glasperlen, Schießpulver und Eisenwerkzeugen beherrschten, und an Bent's Fort vorbei nach Südwesten weiterführte. Im Vorjahr hatten die Weißen auf dem Santa Fe Trail Waren aus dem Osten im Wert von etwa 250 000 Dollar ins Land gebracht, was für die damalige Zeit ein beachtliches Handelsvolumen war; trotzdem hatten alle diese Waren nur 130 Wagenladungen ausgemacht, und die Wagen wirkten winzig in den ungeheuren Weiten der Prärie. Wäre jetzt ein Wagenzug vorbeigekommen, hätte er vernünftigerweise einen Bogen um die Indianer gemacht.

Bedeutsamer war vielleicht, daß das Lager auch auf einer weiteren Linie lag, die, von den Eingeborenen weniger verstanden und gewiß nicht beachtet wurde: eine internationale Grenze. In diesem Jahr 1840 hatte der Cheyenne-Arapaho-Bund sein Lager in den Vereinigten Staaten aufgeschlagen; das Lager des Kiowa-Comanche-Bundes befand sich entweder in Mexiko oder in der Republik Texas – je nachdem, ob es den rebellierenden Texanern gelingen würde, ihre vor kurzem errungene Unabhängigkeit und das von ihnen beanspruchte Gebiet zu behaupten.

Im Jahre 1840 lag etwa die Hälfte der jetzigen amerikanischen Weststaaten im Süden und Westen dieser Grenze, die einst von Spaniern und Franzosen zur Abgrenzung ihrer Interessensphären festgelegt worden war (*Karte, S. 33*). Diese Linie begann am Golf von Mexiko, führte den Sabine River entlang nach Norden, verlief am Red River nach Westen bis zum 100. Längengrad, erreichte den Arkansas (oder Pfeilspitze) etwa an der Stelle, wo später Dodge City entstehen sollte, führte stromaufwärts durch das Indianerland bis zur kontinentalen Wasserscheide, verlief entlang der höchsten Gipfel der Rocky Mountains bis zum 42. Breitengrad und stieß in genau westlicher Richtung bis zum Pazifik vor. Und die Gebiete auf beiden Seiten der Grenze sollten schon in naher Zukunft von englischsprechenden Weißen intensiv kolonisiert werden.

Die Tatsache, daß die Prärie-Indianer nichts von solchen Linien und ihrer Bedeutung wußten, macht einen Teil der Ironie ihrer historischen Situation aus. Das Jahr 1840 erwies sich als eine Art Wendepunkt für die West-Indianer. Aber das Dasein dieser Menschen war seit vielen Jahrzehnten von Veränderungen geprägt worden, und Veränderungen würden ihr Leben auch weiterhin zerrütten.

Jahrhundertelang hatten die Spanier einen Teil der amerikanischen Ureinwohner beeinflußt – vor allem in dem Bergland zwischen El Paso und Santa Fe sowie in Kalifornien. Die Spanier brachten den Indianern das Christentum, die Sklaverei in spanischen Bergwerken und verschiedene Handelswaren, aber sie lieferten ihnen grundsätzlich keine Schußwaffen. Es war ihnen nicht gelungen, bestimmte Stämme – vor allem die Comanche und Apache unter ihre Kontrolle zu bringen, und sie hatten auch nicht verhindern können, daß spanische Pferde gestohlen und im gesamten Westen verbreitet wurden.

Französische Pelzhändler hatten seit über hundert Jahren mit den nordamerikanischen Indianern Handel getrieben. Die Franzosen hatten den größten Teil des Mississippitals erforscht und ihre Missionare und Händler alle westlichen Nebenflüsse hinauf zu den Great Plains entsandt. Sie waren gut mit den Indianern ausgekommen – manch ein Pelzjäger hatte eine Indianerin zur Frau genommen – und hatten sogar das Englische beeinflußt. Beispiele dafür sind erhalten gebliebene französische Stammesbezeichnungen wie Nez Percés (Durchbohrte Nasen) und Gros Ventres (Großbäuche). Für das Schleppgestell, das von einem Hund oder einem Pferd gezogen wurde, hat sich das französische Wort *travois* eingebürgert, während *cache* vergrabene oder versteckte Vorräte oder Wertgegenstände bezeichnet.

Im Jahre 1840 kaufte ein großer Händler, Pierre Chouteau in St. Louis, 67 000 Bisonfelle, die alle von Indianern erbeutet, abgezogen und gegerbt worden waren. Im selben Jahr bestellte Chouteau zahlreiche Waren für den Handel mit den Indianern: Decken, Tuchballen in leuchtenden Farben, billige Gewehre mit glattem Lauf, 300 Dutzend Fleischermesser, 500 Pfund Taubenei-Glasperlen und – einem Bericht nach – 9000 Pfund blaue und weiße Kalksteinperlen. Mit welchen Whiskeymengen er den florierenden Handel in Gang hielt, wurde nicht schriftlich festgehalten.

Auch für den Pelzhandel standen im Jahre 1840 Veränderungen bevor. Die große Zeit der Fallensteller, die Biber gejagt hatten, war vorbei. Trapper Kit Carson, der etwa 15 Jahre lang im Westen gewesen war, stellte noch einen Winter lang seine Fallen bei Brown's Hole am Green River auf und gelangte dann zu der Schlußfolgerung: „Biber wurden sehr rar." Daraufhin begab er sich zu Bent's Fort und verdingte sich für einen Dollar pro Tag als Jäger, der Bents Leute mit Frischfleisch zu versorgen hatte. Die Ära der Überquerungen der Ebenen und Gebirge hatte begonnen. Der Handel zwischen Missouri und Santa Fe, dessen Route zum Teil dem Arkansas folgte, weitete sich rasch aus, und im Jahre 1842 brach der erste größere Treck weißer Auswanderer aus Missouri nach Oregon auf. Die Zeit der großen Goldfunde stand bevor.

Im Jahre 1840 hatte die Kultur der Prärie-Indianer, die auf der Ausbeutung des Bisons mit Hilfe von Pferden und Eisenwerkzeugen basierte, den Höhepunkt ihrer Entwicklung erreicht. Diese kriegerischen, berittenen Indianer führten über weite Entfernungen hinweg Überfälle durch, trieben Handel und jagten. Sie genossen bereits die meisten Vorteile, die sie von den sie bedrängenden Europäern zu erwarten hatten. Was die Weißen ihnen später brachten, war zum größten Teil unwillkommen – und wurde abgelehnt. Eine vage Vorahnung sagte den Indianern bereits, was sie in Zukunft erwartete, und sie hatten damit begonnen, ihre zersplitterten Kräfte gegen die hereinströmenden Siedler, Viehzüchter, Goldgräber und Eisenbahner zu sammeln.

Die Stämme hielten sich ohne Zweifel für zahlreich, aber die Größe einer Bevölkerung muß stets im Vergleich zu anderen gesehen werden. In Wirklichkeit waren die West-Indianer zahlenmäßig erbärmlich schwach. Fundierten Schätzungen nach lebten im Jahre 1840 im Gebiet der jetzigen amerikanischen Weststaaten etwa 300 000 Indianer, d. h., ihre Zahl entsprach ungefähr der damaligen Einwohnerschaft von Manhattan Island. Der Westen war kein Siedlungsland, sondern trockenes Brachland, das hauptsächlich Antilopen, Kaninchen, Bighorn-Schafen, Kojoten, Bisons, Wapitis, Wölfen, Hirschen und Bären gehörte.

Die über dieses Land verstreuten Indianer waren keineswegs ein einziges Volk. In mancher Beziehung waren die Unterschiede zwischen ihnen größer als die zwischen Schweden und Arabern oder Franzosen und Chinesen, denn sie sprachen viele Sprachen und Hunderte von Dialekten, hatten unterschiedliche Wertvorstellungen und Religionen und lebten auf unterschiedlichen Erfolgsebenen, was ihre Kontrolle über ihre Umgebung und ihr Schicksal betraf.

Mark Twain, der den Westen im Jahre 1861 bereiste, schilderte die Indianer, die er in Utah und Nevada sah, als „den elendsten Menschentyp, den ich je gesehen habe". Diese Bewohner des großen Beckens, zu denen auch die Paiute und Gosiute gehörten, sammelten die wenigen Samen, Beeren und Wurzeln, die auf ihren mit Beifußpflanzen bestandenen Steppen wuchsen, und jagten Insekten, Kaninchen, Reptilien und Mäuse. Im Gegensatz dazu lebten in der Osthälfte des späteren Bundesstaates Oklahoma Indianer, die erst vor kurzem aus dem Osten übersiedelt worden waren und bei den Weißen als die Fünf Zivilisierten Stämme bekannt waren. Einer von ihnen, der etwa 19 000 Köpfe zählende Stamm der Cherokee, war im Begriff, seine Fraktionen zu einen. Im Jahre 1839 entwarfen sie eine neue Verfassung für die Cherokee-Nation. Im Hochsommer des Jahres 1840, als die bisher kriegführenden Indianer der südlichen und zentralen Plains am Fluß in der Nähe von Bent's Fort Frieden schlossen, setzten die Cherokee ihre Verfassung auf einem Treffen in Tahlequah, das am selben Fluß, aber ungefähr 800 Kilometer weit stromabwärts lag, in Kraft. Im nächsten Jahr würden sie ein staatliches Schulsystem einrichten und nach drei Jahren bereits 18 Schulen unterhalten. In vier Jahren würden sie damit beginnen, den *Cherokee Advocate*, Oklahomas erste Zeitung, in Englisch und Cherokee herauszugeben. In elf Jahren würden sie zwei Seminare eröffnen, die höhere Schulbildung vermittelten.

Die Cherokee betrachteten alle Menschen als Brüder, aber was weltliche Dinge betraf, hätten sie sich wohl mit Recht für ältere und klügere Brüder halten können. Doch ihre weniger zivilisierten Nachbarn auf den Great Plains, die Prärie-Indianer, waren noch immer frei, kämpften stolz und starben erbärmlich, als die Cherokee das Leben in der Reservation schon seit drei Jahrzehnten gemeistert hatten. Die Hochburg dieser Prärie-Indianer war das Bisonland zwischen dem kanadischen Saskatchewan-Tal im Norden und Mitteltexas im Süden. Dort lebten die Stämme, die das allgemein verbreitete Bild des amerikanischen Indianers geprägt haben: des eindrucksvollen berittenen Kriegers mit Federkopfschmuck. Die Blackfoot-Indianer auf beiden Seiten der kanadischen Grenze und die Crow, die am Yellowstone River und seinen Nebenflüssen lebten, waren die

Ureinwohner dieses Gebietes. Seit einigen Jahrzehnten waren sie mit einem mächtigen Stamm aus dem Osten in Berührung gekommen: den Teton-Dakota oder West-Sioux. Irgendwann zwischen 1840 und 1845 wurde bei diesen Dakota ein Junge geboren, der in seiner Kindheit den Namen Crazy Horse (Übermütiges Pferd) erhielt. In den bevorstehenden Kämpfen gegen die U.S. Cavalry sollte es zu zwei wichtigen Gefechten kommen, bei denen die Weißen bis zum letzten Mann aufgerieben wurden. Dem damals geborenen Jungen war es vom Schicksal vorbestimmt, bei beiden zu den Führern der Indianer zu gehören.

Weiter im Süden lebten die nördlichen und südlichen Unterstämme der Arapaho und Cheyenne; dann folgte das Gebiet der Kiowa. Die südlichsten Ebenen wurden von den etwa zehntausend Köpfe zählenden Comanche beherrscht, die sich durch ihre Mobilität und durch ihren Kampfgeist auszeichneten. Dies waren die vier Stämme, die sich im Sommer des Jahres 1840 am Arkansas trafen, um untereinander Frieden zu schließen.

Die Versammlung am Arkansas war das Ergebnis sorgfältiger Überlegungen der Stammesführer. Sie wußten, daß sowohl die geopolitische Situation als auch die Lebensweise der Prärie-Indianer in Fluß geraten waren. Dies war eine dynamische Periode, eine Zeit der Bewegung, in der neue Stammesgebiete erobert, neue Feindschaften oder Freundschaften begründet und neue, bessere Handelsbeziehungen geknüpft wurden. Es gab nicht nur Veränderungen in den Beziehungen zwischen Indianern und Weißen, sondern auch zwischen Indianern untereinander. Dies war eindeutig eine Zeit für Diskussionen und Zusammenarbeit, und die erste Voraussetzung dafür war Friede zwischen den Stämmen.

Die Arapaho wären vielleicht allein wegen ihres Nationalcharakters friedensbereit gewesen. An der Seite der mit ihnen verbündeten Cheyenne hatten sie den anderen Stämmen schon viele Schlachten geliefert – aber stets etwas widerstrebend. Beobachter haben sie als freundlich, zuvorkommend, religiös und großzügig geschildert. Bei einigen benachbarten Stämmen hießen die Arapaho Wolken-Leute oder Blaue-Wolken-Leute, was vielleicht ein Hinweis auf die heitere Wesensart dieser Indianer sein sollte.

Die anderen drei Stämme hatten eindeutigere Motive für ihren Wunsch nach Frieden: Gründe, die aus ihrer eigenen Geschichte sowie aus den Ereignissen der jüngsten Vergangenheit zu erklären waren. Die Cheyenne erinnerten sich noch daran, daß ihre Großeltern einst in Minnesota und Westwisconsin als Bauern seßhaft gewesen waren. Sie hatten es versäumt, sich so rechtzeitig wie einige benachbarte

Eine indianerfeindliche Politik

Während die an der zeremoniellen Ratsversammlung am Arkansas teilnehmenden Stämme eine friedliche Koexistenz auf den High Plains vor sich zu haben glaubten, verfolgten höchste Regierungskreise in Washington ganz andere Pläne mit ihnen – tatsächlich sogar mit allen Indianern. Die amerikanische Regierung – und der größte Teil der Wählerschaft – hielt sie für eine mindere Rasse, die in Reservationen umgesiedelt oder ausgerottet werden mußte. Präsident Andrew Jackson, ein ehemaliger General, der im Süden gegen die Creek und die Seminole gekämpft hatte, drückte sich brutal offen aus, als er dem Kongreß im Jahre 1833 in einer unten auszugsweise zitierten Rede erklärte, wie die amerikanische Indianerpolitik auszusehen habe.

Meine Überzeugungen in bezug auf dieses Thema sind bestätigt worden. Daß diese Stämme nicht von unseren Siedlungen umgeben und in ständigem Kontakt mit unseren Bürgern existieren können, ist gewiß. Sie besitzen weder die Intelligenz, den Fleiß, die sittliche Haltung noch den Wunsch nach Verbesserung, die für jeglichen günstigen Wandel in ihren Lebensumständen entscheidend wären. Da sie inmitten einer überlegenen Rasse leben und die Gründe für ihre Unterlegenheit weder erkennen noch sie zu beherrschen versuchen, müssen sie dem Druck der Umstände weichen und binnen kurzem verschwinden. Dies ist bisher ihr Los gewesen, und wenn es verhindert werden soll, kann dies nur durch eine allgemeine Aussiedlung in Gebiete jenseits unserer Grenzen und durch die Reorganisation ihres politischen Systems nach Prinzipien geschehen, die den neuen Verhältnissen, die sie vorfinden werden, angepaßt sind.

Stämme durch Handel Schußwaffen zu beschaffen, und dann vor der Wahl gestanden, sich zu unterwerfen oder nach Westen zu ziehen; sie hatten die zweite Möglichkeit gewählt. Irgendwann im Verlauf ihrer Wanderung hatten sie „den Mais verloren", wie sie es ausdrückten, d. h., sie hatten den Ackerbau fast völlig aufgegeben. Vielleicht hatten sie ihr Saatgut in einem Dürrejahr am Mississippi buchstäblich verloren; wahrscheinlicher ist allerdings, daß sie den Ackerbau bewußt aufgegeben hatten, um ein aktiveres Leben als Bisonjäger, Fallensteller und Händler zu führen.

Im Gebiet der Black Hills, im späteren Bundesstaat South Dakota, wurden die Cheyenne zu typisch nomadischen Plains-Indianern. Im Laufe der Zeit zogen sie nach Süden, wo es reichlich Bisons gab. Teile des Stammes kamen nicht weiter als bis nach Wyoming, andere drangen bis zum Arkansas vor. Die Cheyenne schienen den Krieg dem Frieden vorzuziehen. Und als sie den Arkansas erreicht hatten, dauerte es nicht lange, bis die ersten Konflikte zwischen ihnen und den Kiowa ausbrachen.

Die Kiowa hatten auf ihrer Wanderung vor 50 Jahren teilweise den gleichen Weg wie die Cheyenne zurückgelegt. Sie waren aus dem Bergland am oberen Missouri in die Black Hills gekommen und nach Süden weitergezogen. Ende des 18. Jahrhunderts waren sie auf den südlichen Ebenen mit den Comanche zusammengestoßen, hatten gegen sie Kriege geführt und mit ihnen Frieden geschlossen.

Die Cheyenne lebten zunächst auf vorsichtige Weise in Frieden mit den Kiowa. Die Feindseligkeit entwickelte sich allmählich. Die Cheyenne stahlen ein paar Pferde. Sie brachten hier und da ein paar Kiowa um. Später erschien es ihnen ganz natürlich, den Druck zu verstärken. Sie waren nach Süden bis zum Arkansas vorgestoßen – warum nicht noch weiter? Im Jahre 1837 brachen einige Cheyenne auf, um eindeutig festzustellen, was von den Kiowa als Gegner zu halten war. Eine Elitetruppe von 48 Cheyenne-Kriegern der Bogensehne-Gesellschaft ritt kühn nach Süden und suchte Pferde, Skalpe – und Streit.

Bei den Kiowa gab es einen brillanten Kriegshäuptling namens Sitting Bear, der jetzt etwa 40 Jahre alt war. Er genoß das volle Vertrauen seines Stammes und trug einen langen, dünnen schwarzen Schnurrbart nach Art der alten Kiowa. Sitting Bear, der sich über diese freche Cheyenne-Invasion ärgerte, führte eine Gruppe von Kiowa gegen die Bogensehne-Krieger. Er stieß südlich der Antelope Hills auf die Eindringlinge herab, wie ein Adler auf ein Erdhörnchen herabstößt, trieb sie in eine Falle und machte sie bis zum letzten Mann nieder. Sitting Bear und seine Krieger skalpierten die Toten und legten sie nackt in einer Reihe nebeneinander auf die Prärie, als wollten sie dadurch eine Zählung erleichtern.

Da keiner entkommen war, wußten die Cheyenne zunächst nicht, was aus dem Bogensehne-Kriegertrupp geworden war. Aber einige Arapaho, diese unverbesserlichen Freunde von jedermann, besuchten die Kiowa, die einen großen Kriegstanz abhielten, und erkannten das Haar ihrer getöteten Freunde; daraufhin erinnerten sie sich an die ältere Freundschaft und ritten nach Norden, um die Cheyenne zu informieren. Die Cheyenne gelangten zu der Überzeugung, es genüge nicht, bloß durch einen Überfall Rache zu nehmen, sondern ihre heiligen gestreiften Pfeile müßten gegen die verhaßten Kiowa ins Feld geführt werden – in einem mit letztem Einsatz geführten Krieg.

Gebets- und Friedenspfeifen

Kein Ritual wurde von den Indianern häufiger ausgeübt als das des Rauchens. Zündete ein Indianer die *kinnikinnick* genannte Mischung aus Tabak und aromatischen Kräutern im Steinkopf seiner Pfeife an, verband er damit oftmals tiefernste Absichten. Der Rauch, den er ausatmete, wurde als Gebetshauch betrachtet, und die Pfeife selbst galt als intimes Verständigungsmittel mit der Geisterwelt. Pfeifen dienten auch dazu, wichtige Gespräche zwischen Männern zu heiligen. Ein früher Trapper namens Alexander Ross hielt fest,

das Pfeifenrauchen sei „der Einleitungsschritt zu allen wichtigen Angelegenheiten, und bevor die Zeremonie des Rauchens beendet ist, sind mit diesen Leuten keinerlei Verhandlungen möglich".

Zeremonielle Pfeifen wie die unten abgebildete Crow-Pfeife waren Eigentum eines Häuptlings, Medizinmannes oder Kriegers. Sie wurden nach einem ernsten und genau festgelegten Ritual geraucht, um einen Eid zu leisten oder einen Vertrag zu schließen, woraus der weiße Mann den Ausdruck „Friedenspfeife" ableitete.

Die Pfeifen dienten auch als Reisepaß und wurden bei privaten Auseinandersetzungen als Beschwichtigungsmittel verwendet. Brannte ein Krieger mit der Frau eines anderen durch, verlangte die Etikette, daß er einen alten Mann mit einer Pfeife zu dem betrogenen Ehemann schickte. Rauchte der Ehemann diese Pfeife, so gab er zu erkennen, daß er darauf verzichtete, sich an den Liebenden zu rächen. Viele Männer besaßen eine ungeschmückte Alltagspfeife, weil das Rauchen auch eine zwanglose Gewohnheit war.

Eine mit Brandspuren verzierte Alltagspfeife

Die Pfeife eines Kriegers mit einem stilisierten Bisonkalb als Pfeifenkopf

Der spiralförmige Pfeifenstiel einer Häuptlingspfeife ist mit Tierbildern geschmückt

Eine mit Glasperlen, Wollfäden, Seidenbändern und Pferdehaar verzierte Zeremonialpfeife

Eine Tomahawkpfeife der Sioux, deren geschmiedeter Pfeifenkopf von weißen Händlern erworben wurde

Eine Pfeife aus einem hohlen Hirschknochen

Der Kopf dieser Zeremonialpfeife der Crow (*links*) ist aus Steatit, einem dunklen Stein, geschnitten und mit Bisonfett poliert. Der 74 Zentimeter lange Stiel ist mit Ringen aus blauen Glasperlen überzogen, zwischen denen Pferdehaarbüschel – vermutlich von dem Lieblingspferd des Besitzers – festgebunden sind. Rötliche Farbstreifen auf den herabhängenden Adlerfedern lassen vermuten, daß diese Pfeife einmal zu einem kriegerischen Unternehmen der Crow mitgenommen worden ist.

Die Herstellung einer Zeremonialpfeife erforderte sorgfältige, geduldige Arbeit, und ein gutes Stück konnte soviel wie ein Pferd wert sein. Die Pfeifenköpfe wurden aus weichem Gestein in verschiedenen Farben gearbeitet, wobei rote als die schönsten galten. (Dieses rote Gestein erhielt später den Namen Catlinit – nach dem Maler George Catlin, der die heilige Stätte in Minnesota besucht hatte, wo es in einem Steinbruch abgebaut wurde.)

Die Bearbeitung der Pfeifenköpfe erfolgte im allgemeinen durch Spezialisten. Mit von den Europäern eingeführten Metallwerkzeugen konnten diese geschickten Handwerker dem Stein die kühnen Formen eines Pferdes in vollem Galopp gehen (unten) oder die feinen Details eines Basreliefs wie das Wellenmuster des Bisonfells auf dem unteren Pfeifenkopf herausarbeiten. Nachdem der Pfeifenkopf fertiggeschnitzt war, glätteten und polierten sie seine Oberflächen mit einer Schilfart, die wie feines Schmirgelpapier wirkte.

Der Pfeifenstiel wurde aus Esche, Weide oder Pappel angefertigt, die weiches Mark besitzen, das der Pfeifenmacher entweder herauskratzte, nachdem er den Stiel der Länge nach gespalten hatte, oder herausbrannte, indem er einen Hartholzstab oder später einen erhitzten Draht verwendete. Obwohl ein Teil des von den Indianern gerauchten Tabaks wild wuchs, bauten verschiedene Stämme Tabak an, um stets einen gewissen Vorrat zu haben und damit Handel treiben zu können. Aussaat wie Ernte des Tabaks erforderten ritualisierte Gebete und Tänze. Die Blackfoot-Indianer nähten sogar winzige Mokassins, die als Geschenke für die Tabakgeister – die sie sich als kleine Kobolde vorstellten – auf den Feldern zurückgelassen wurden. Da der Rohtabak zu stark war, streckten die Indianer ihn mit Sumachblättern, Bärentrauben und Weidenrinde.

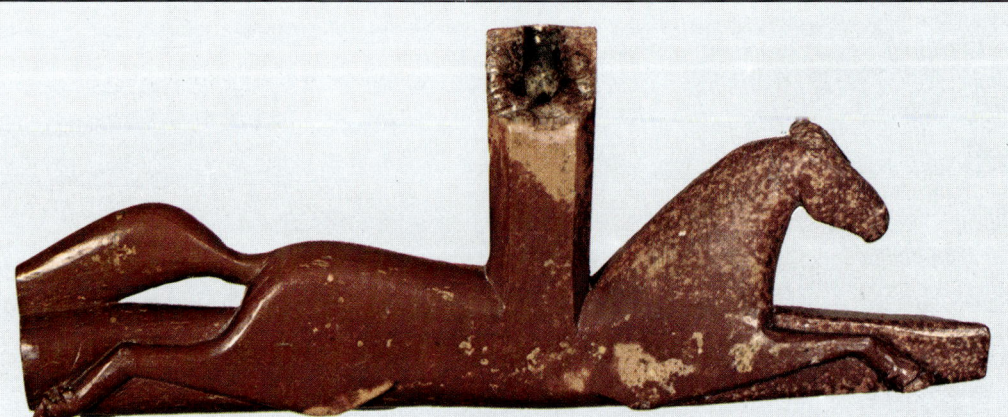

Ein Pfeifenkopf in Form eines Pferdes aus Catlinit, Besitz eines Sioux

Ein Pfeifenkopf in Form eines Bisons aus Steatit, Besitz eines Cheyenne

Ein Sioux trug diesen mit Glasperlen bestickten hirschledernen Beutel für Tabak und den mit Federn verzierten Pfeifenstopfer.

Tomahawk-Pfeifenkopf

Doppelter Pfeifenkopf

Intarsien-Pfeifenkopf

Eine bei den Indianern beliebte Form des Pfeifenkopfes, der Tomahawk, ist in Wirklichkeit von Weißen als Handelsartikel eingeführt worden. Indianische Handwerker kopierten diese Vorlage wie bei dem oben abgebildeten Pfeifenkopf aus Catlinit, in den zur Verzierung Bleistreifen eingelegt sind. Manche Pfeifenköpfe erinnerten an Heldentaten. Der in der Mitte abgebildete heißt auch Zwei-Reiter-Pfeifenkopf, weil er einem Krieger gehörte, der durch feindliches Feuer geritten war, um einen verwundeten Kameraden aufs Pferd zu ziehen und zu retten. Andere wie der unten abgebildete, mit Catlinit eingelegte Pfeifenkopf waren als Statussymbole sehr begehrt.

Ein ganzes Jahr verstrich, bevor die beiden Stämme aufeinanderprallten. In Bent's Fort tauschten die Cheyenne so viele Steinschloß-Vorderlader ein, wie sie sich leisten konnten (der Preis betrug fünf gute Bisonfelle pro Gewehr). Dann nahmen sie alle Arapaho, die sich auftreiben ließen, als Verbündete mit, ritten nach Süden, um die Kiowa zu jagen, und fanden sie in dem sandigen Hügelland am Wolf Creek, etwa 225 Kilometer nordwestlich des heutigen Oklahoma City. Sie hatten beschlossen, keine Gefangenen zu machen. Einer der Späher, der an diesem Tag im Frühjahr 1838 den Feind entdeckte, war ein Krieger Anfang Dreißig: Black Kettle (Schwarzer Kessel), der in den vor den Cheyenne liegenden unruhigen Jahrzehnten ein bedeutender Häuptling werden sollte.

Die Cheyenne schlugen brutal und anfangs auch mit Erfolg zu. Einige von ihnen lauerten einer Gruppe von 30 Männern und Frauen auf, die auf Bisonjagd waren, und brachten sie um; wenige Stunden später überraschte die Hauptstreitmacht dann eine weit verstreute Gruppe von Frauen, die südlich des Baches nach Wurzeln gruben, und tötete ein Dutzend von ihnen. Aber nun war das Lager alarmiert, und die Kiowa-Krieger schwangen sich auf ihre Pferde, um sich zu verteidigen. Der Kampf entbrannte und wogte stundenlang hin und her. Zwei Häuptlinge der Cheyenne, Gray Thunder (Grauer Donner) und Gray Hair (Graues Haar), fielen gemeinsam mit einer ganzen Anzahl hervorragender Krieger. Einige Angreifer versuchten, in das Lager einzudringen, aber die Kiowa-Frauen hoben in dem sandigen Boden Brustwehren zur Verteidigung aus und fällten Jungbäume, um Barrikaden gegen die Pferde der Angreifer zu errichten.

Viele einzelne Krieger vollbrachten mutige Taten, mit denen sie sich später brüsten konnten, aber den Angreifern aus dem Norden gelang es nicht, das Lager zu erobern. Als die Sonne im Westen den Horizont berührte, brachen sie den Kampf ab, sammelten sich und traten den Rückmarsch nach Norden an. Die Cheyenne würden später von einem Sieg sprechen, aber sie würden auch sagen, sie hätten sich nicht an das richtige Zeremoniell gehalten, als es darum gegangen sei, ihre heiligen Pfeile gegen einen Feind ins Feld zu führen, und dies sei der Grund für ihren begrenzten Erfolg gewesen.

Die Schlacht am Wolf Creek war klugen Köpfen auf beiden Seiten eine Lehre. Zwei so wilde und selbstbewußte Indianerstämme wie die Cheyenne und Kiowa konnten nicht in dauerndem Kriegszustand leben, ohne mehr als den seichten Arkansas zwischen sich zu haben. Die Cheyenne waren aus Notwendigkeit heraus Realisten. Sie unternahmen gelegentliche Überfälle auf die Pawnee im Osten, die Shoshoni oder Ute draußen in den Bergen oder die Crow, die noch

weiter entfernt in den unwegsamen Gebieten des Nordens lebten; es war jedoch etwas ganz anderes, im Kriegszustand mit einem Feind zu leben, der praktisch den Hinterhof der Cheyenne besetzt hielt und nicht die Absicht hatte, sich daraus zurückzuziehen. Für die Kiowa war die Situation ähnlich unbehaglich.

Beide Seiten hatten noch weitere Gründe für ihren Wunsch nach Frieden. Die Cheyenne wollten mehr Pferde, und ihre südlichen Nachbarn hatten mehr als genug; die Kiowa wollten Zugang zu der Handelsstation der Bents, jener weißen Freunde ihrer Feinde. Die Kiowa glaubten vermutlich, einen länger andauernden Krieg nicht verlieren zu können, solange sie die mächtigen Comanche zu Verbündeten hatten, aber sie waren sich darüber im klaren, daß ein derartiger Krieg große Opfer von ihnen fordern würde. Außerdem waren viele der Kiowa und der mit ihnen verbündeten Comanche im vorigen Winter einer Pockenepidemie zum Opfer gefallen.

Den Comanche fiel in jeder Beziehung die Schlüsselrolle zu. Von den vier Stämmen, die einen Friedensschluß anstrebten, waren sie am zahlreichsten, besaßen das größte Stammesgebiet und beherrschten ihre Region offenbar am sichersten. Über ein Jahrhundert lang waren sie die Herren der südlichen Ebenen gewesen – also eines Gebiets, das größer als ganz Neuengland war. Außerdem hatten sie erfolgreich Krieg gegen die Spanier und Franzosen geführt. In jüngster Zeit hatten sie eine neue Bedrohung an ihrer Südostgrenze entdeckt: eine kriegerische Gruppe von Weißen, die sich Texaner nannten.

Im Frühjahr 1840 war eine Delegation bedeutender Comanche nach San Antonio geritten, um mit diesen Weißen zu verhandeln und über die Möglichkeit einer Übereinkunft mit ihnen zu diskutieren. Die Texaner hatten von den Indianern die Freilassung von insgesamt 200 Weißen gefordert, – die aus texanischen Siedlungen entführt sein sollten. Die Comanche brachten nur zwei ihrer Gefangenen mit: ein Mädchen, das sie schwer gemartert hatten, und einen jungen Mexikaner. Als die Texaner nur dieses mitleiderregende Paar sahen, versuchten sie in ihrem Zorn, die Friedensdelegation bis zur Rückkehr aller Gefangenen als Geiseln festzuhalten. Würdenträger der Comanche ließen sich jedoch nicht ohne Gegenwehr gefangennehmen. Sie wehrten sich tapfer „aber die Weißen, die sich im Vorteil befanden, töteten ein Dutzend Häuptlinge und 20 Krieger.

Die Comanche marterten sofort einige ihrer weißen Gefangenen zu Tode, aber das war nicht genug. Diese Texaner waren offenbar so aggressiv wie sie selbst. Ihnen mußte eine strenge Lektion erteilt werden, damit sie begriffen, wer dieses Land in Wirklichkeit beherrschte.

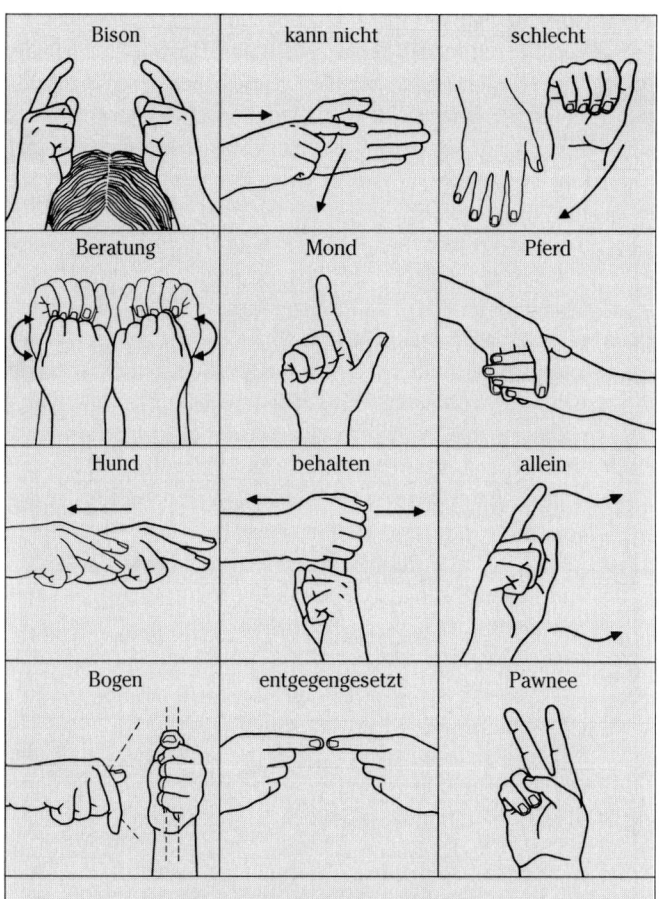

Bison	kann nicht	schlecht
Beratung	Mond	Pferd
Hund	behalten	allein
Bogen	entgegengesetzt	Pawnee

DIE STUMME SPRACHE AUF DEN PLAINS

Iron Hawk (Eiserner Falke), ein Häuptling der Sioux, wies darauf hin, daß der Große Geist den Weißen zwar die Fähigkeit zu lesen und zu schreiben verliehen habe, „den Indianern aber hat er die Kraft gegeben, mit Händen und Armen zu reden". Durch Zeichen wie die oben dargestellten, konnte ein Prärie-Indianer sich mit einem anderen verständigen, dessen Sprache er nicht beherrschte. Kein System der Zeichensprache hat sich jemals als vielseitiger und ausdrucksvoller erwiesen, als das von den Prärie-Indianern entwickelte.

Ein Problem beunruhigte die Comanche, während sie für den Herbst einen großen Kriegszug nach Texas planten: die Cheyenne. Die Comanche wollten keinen Zweifrontenkrieg riskieren. Die Herren der südlichen Ebenen brauchten nicht lange, um eine Entscheidung zu treffen; sie forderten die mit ihnen befreundeten Kiowa auf, bei den Häuptlingen des Cheyenne-Arapaho-Bündnisses wegen eines möglichen Friedensschlusses vorzufühlen. Die Comanche wollten den Kiowa die Verhandlungen überlassen; sie würden nur genügend Abgesandte und Geschenke senden, um zu zeigen, daß sie mit diesem Friedensschluß einverstanden waren.

Ein Unterstamm der Kiowa, die Kiowa-Apache, war wegen seiner Freundlichkeit und Friedfertigkeit bekannt. Eine Abordnung der Kiowa-Apache erschien in dem von Häuptling Bull (Stier) befehligten Arapaho-Lager und teilte Bull mit, die südlichen Stämme seien zu einem Friedensschluß bereit. Während dieses Treffens kam auch ein Kriegstrupp der Cheyenne in das Lager. Die Cheyenne rauchten nicht mit den Kiowa; als einfache Krieger waren sie nicht berechtigt, ihren Stamm auf so formelle Weise zum Frieden zu verpflichten. Aber sie gaben ihren Raubzug auf und kehrten sofort heim, um ihre Häuptlinge zu benachrichtigen. Innerhalb weniger Tage hatten die Cheyenne zugestimmt und ein Treffen arrangiert, das am Arkansas etwa 110 Kilometer östlich von Bent's Fort stattfand.

An diesem Ort versammelten sich die Häuptlinge der Cheyenne und Arapaho unter Führung von High Backed Wolf, diesem alten Krieger und Diplomaten der Cheyenne. Zwei Tage später trafen die Vertreter des südlichen Bündnisses ein: die Kiowa-Häuptlinge Little Mountain, Sitting Bear, Eagle Feather und andere. Die Häuptlinge ließen sich nach der Begrüßung nebeneinander nieder, und Eagle Feather, der die südlichen Stämme vertrat, reichte eine brennende Pfeife herum. Jeder Mann nahm feierlich einen Zug. Diese Zeremonie bedeutete, daß aller Herzen und Verstand eins waren und daß es keine Konflikte zwischen ihren Absichten gab.

Der nächste Tagesordnungspunkt betraf ein geheimnisvolles Bündel, das in eine Navaho-Decke gewickelt war. Die Kiowa hatten es zu den Verhandlungen mitgebracht, und Häuptling Eagle Feather gab so taktvoll wie möglich bekannt, daß es die Skalpe der Bogensehne-Krieger enthielt. Er bot an, sie den Cheyenne zurückzugeben. High Backed Wolf dachte darüber nach und entschied dann: „Freund, wenn diese Dinge gezeigt und besprochen werden, machen sie nur böses Blut. Wir wollen sie nicht sehen und wollen nicht von ihnen gehört haben. Laß sie aus dem Spiel."

Die Häuptlinge aus dem Süden hatten auch einen Jungen, einen Häuptlingssohn, mitgebracht. Aus Dankbarkeit für die Initiative der anderen Seite boten die Cheyenne jetzt Decken als Geschenke an und türmten sie um den Jungen herum auf, bis nur noch sein Kopf zu sehen war, der aus den Geschenken herausragte. Danach setzten sie sich zu einem Festmahl zusammen und planten eine größere Ratsversammlung, auf der endgültig Frieden geschlossen werden sollte.

Der Häuptling der Kiowa, Little Mountain, forderte die andere Seite auf, den Versammlungsort festzulegen, und stellte nur die Bedingung, er müsse Platz für große Lager und viele Pferde bieten. Die Cheyenne entschieden sich für einen stromaufwärts am gleichen Fluß gelegenen Ort, etwa zehn

Kilometer unterhalb von Bent's Fort. Die Führer beider Seiten verließen die Vorbesprechung mit der Überzeugung, daß ein guter Friede erzielbar sei. In den folgenden zwei Wochen ritten Boten über die südlichen und zentralen Ebenen, um den einzelnen Gruppen Zeitpunkt und Ort der großen Ratsversammlung mitzuteilen.

Die vier teilnehmenden großen Stämme sprachen fünf deutlich voneinander unterschiedene Sprachen. Das machte die Verständigung schwierig, aber nicht ganz unmöglich, da viele Indianer mehrsprachig waren. Fast jeder Häuptling beherrschte mehr als eine Sprache. Durch Gefangene und in friedlicheren Zeiten – durch Ehen zwischen Angehörigen unterschiedlicher Stämme gab es reichlich kompetente Dolmetscher. Außerdem hatten sie ja die Zeichensprache (S. 31), die alle Prärie-Indianer beherrschten. Mit einigen hundert Zeichen, von denen viele ihre Bedeutung je nach Kontext änderten, konnte ein Indianer Tausende von Gedanken ausdrücken, die von dem einfachen „ich" oder „mir", zu dem er lediglich auf sich zu zeigen brauchte, bis zu dem komplizierten Ausdruck des Hilfsverbs „sein" reichten. Um „sein" auszudrücken, wurde die geballte rechte Hand mit fester, gleichmäßiger Bewegung vor der Brust nach unten geführt, das bedeutete „sein", „bleiben" oder „sitzen". Wer sich der Zeichensprache bediente, lernte zweifellos, besonders auf die Absichten und Ziele seiner Gegenüber zu achten und sie zu deuten.

Die große Ratsversammlung fand in dem weiten Flußtal statt, und die in den Lagern etwa noch herrschenden Spannungen verschwanden, nachdem die Häuptlinge aus dem Süden zum Festmahl in die eigens dafür gebaute Hütte gekommen waren. Die Häuptlinge rauchten miteinander, hielten Reden, in denen sie Verdienste und Tapferkeit der jeweils anderen priesen, und schmausten. Die Cheyenne hielten sich bei den Fleischgerichten streng an das Protokoll: kein Bär für die Kiowa, für die Bärenfleisch tabu war; kein Hund für die Comanche, für die Hundefleisch eine ebenso große Zumutung gewesen wäre, als hätte man von ihnen verlangt, ihre eigene Großmutter zu verzehren.

Der Höhepunkt des Häuptlingstreffens war erreicht, als der Kiowa Little Mountain aufstand, um die langerwartete Einladung auszusprechen: „Meine Freunde, morgen früh sollt ihr alle – selbst die Frauen und Kinder – in unser Lager herüberkommen. Alle sollen zu Fuß kommen; sie werden alle auf Pferden zurückkehren."

Am nächsten Morgen planschten die Indianer aus dem Norden durch den Fluß und nahmen erwartungsvoll in langen Reihen Platz: vorn die Männer, dann die Frauen und dahinter die Kinder. Das Geschenkemachen war eine wichtige Institution. Es war eine Form eines zur Schau gestellten

Die Stämme und ihre Territorien

Dreizehn als Krieger und Jäger berühmte nomadische Indianerstämme beherrschten Anfang und Mitte des 19. Jahrhunderts das Kerngebiet der Prärie. Aber die Welt, in der sie lebten, befand sich in rascher und gewaltsamer Umwälzung; die auf dieser Karte für das Jahr 1840 eingetragenen Stammesgebiete unterschieden sich sehr von den noch vor 50 Jahren gültigen – oder den späteren. Einige der wildesten Kriegerstämme, darunter auch die Cheyenne und Sioux, waren aus den Waldgebieten am oberen Mississippi und an den Großen Seen auf die Plains gekommen. Andere, weniger mächtige Stämme, wie zum Beispiel die Iowa und Missouri, waren von den Weißen aus den Gebieten verdrängt worden, die ihre Namen trugen.

Die reitenden Nomaden, die über die Great Plains streiften, lebten in erster Linie von der Bisonjagd. Sie befehdeten sich gegenseitig und mußten sich gelegentlich gegen Stämme wie die Pawnee und Mandan behaupten, die größtenteils in festen Dörfern und von Landwirtschaft lebten, aber im Sommer auf Bisonjagd gingen und manchmal Nomaden überfielen, um sich Pferde zu beschaffen.

Im Südwesten lebten die Pueblo-Indianer: Erfahrene Bauern, die in riesigen Apartmenthäusern aus Lehmziegeln oder Steinen wohnten und geschickt mit den Nomaden des Südens Handel trieben, indem sie Pferde und Mais gegen Bisonumhänge und andere Erzeugnisse tauschten. Ihre Nachbarn waren die gefährlichen Apache, einst Bewohner der südlichen Plains, aber jetzt zum größten Teil in das Gebiet des späteren Bundesstaates New Mexico abgedrängt, wo sie in periodischen Zeitabständen von ihren mächtigen Feinden, den Comanche, überfallen wurden.

Im Bereich der mittleren und nördlichen Rocky Mountains stießen Ute, Shoshoni, Nez Percé und einige andere Stämme gelegentlich ins Bisonland vor. Jeden Sommer ritten beispielsweise die Nez Percé nach Osten über die hohen Pässe, um Bisons zu jagen und mit den Prärie-Indianern Handel zu treiben – oder um sie zu überfallen.

In den vierziger Jahren des 19. Jahrhunderts wirkten die Kämpfe zwischen einzelnen Stämmen sich weniger als das Vordringen der Weißen auf die Verteilung der Indianer aus. Als der Druck der Weißen auf den Westen zunahm, konnten sich nur die größten und stärksten Plains-Stämme – darunter die Sioux, Cheyenne, Blackfoot-Indianer und Comanche noch längere Zeit halten; kleinere Stämme wie die Arikara und die Crow wurden oft Verbündete der Weißen im Kampf gegen die Kriegerstämme, die ihre Erbfeinde waren.

Blackfoot

BRITISCHES TERRITORIUM

Gros Ventre · Plains Cree
Assiniboin

Blackfoot

Plains Ojibwa

Nez Percé

R O C K Y

Missouri

Ojibwa

OREGON

Yellowstone

Hidatsa

IOWA

OBERER SEE

MICHIGAN

Mandan

Bannock

Little
Bighorn

Crow

Arikara

TERRITORIUM

WISCONSIN

M O U N T A I N S

Shoshoni

BIGHORN
MOUNTAINS

Western Sioux

Eastern Sioux

Mississippi

TERRITORIUM

Shoshoni

Bighorn

BLACK HILLS

FREIES

Missouri

Arapaho
Cheyenne

GROSSER
SALZSEE

Ute

OREGON TRAIL

Ponca
TERRITORIUM

Pawnee

Gosiute

Green River

Omaha

Sauk and Fox

ILLINOIS

Arapaho

Oto-Missouri

Iowa

MISSOURI

Cheyenne

Ute

Kansa

Colorado

BENT'S FORT

SANTA FE TRAIL

Delaware

Independence

St. Louis

Paiute

Navaho
Hopi

Santa Fe

Taos

Osage

Kiowa
Kiowa-Apache

North Canadian River

Seneca
Shawnee

Cherokee

Tahlequah

te

Apache

Zuni

Apache

Wolf Creek

Creek

Arkansas

Pima

Seminole

Washita River

Choctaw

Chickasaw

ARKANSAS

Mississippi

ma

Apache

Papago

Rio Grande

Comanche

Red River

Wichita

Caddo

MISSISSIPPI

Apache

El Paso

Pecos

TEXAS

Sabine

MEXIKO

Tonkawa

LOUISIANA

Rio Grande

San Antonio

N

	Östliche Waldgebiete
	Prärie
	Westliche Waldgebiete
	Wüstensteppen

0   Kilometer   500

33

Stolz und gelassen starrte Sitting Bear im Jahre 1870 in die
Kamera. Seit der Ratsversammlung am Arkansas waren mehr
als 30 Jahre vergangen; im nächsten Jahr, 1871, starb er,
indem er absichtlich das Feuer der U.S. Cavalry auf sich zog.

Verbrauchs, der den Reichtum des Schenkenden und seine sorglose Verachtung für materiellen Besitz demonstrierte. Aber es entsprang auch wahrer Großzügigkeit und dem Wunsch, Freundschaft zu beweisen. Vor allem zeigte es Einsicht in die menschliche Psyche. Es kann vorkommen, daß Menschen Meinungsverschiedenheiten haben, die sich nicht durch vernünftige Gespräche beilegen lassen – aber wenn eine Seite der anderen ein wertvolles Geschenk macht, verschwinden die Meinungsverschiedenheiten unter Umständen auf magische Weise.

Um die Übergabe der Geschenke zu einer feierlichen, geregelten Zeremonie zu machen, verteilten die Indianer aus dem Süden kleine Stäbe als Zählmarken an die vor ihnen Sitzenden. Der erste, der ihre Reihen abschritt, war Sitting Bear; im linken Arm hielt er ein großes Bündel Stäbe, und sein schwarzes Haar und der lang herabhängende Schnurrbart glänzten vor Fett. Als junger Mann hatte er viermal den erschöpfenden Sonnentanz zum Wohle des Stammes getanzt. In den Augen seiner Stammesbrüder war er seither ein Mann voller Aufrichtigkeit und Würde geblieben, der nun auch ihr Kriegshäuptling geworden war, zu dem sie das größte Vertrauen hatten. Er verteilte seinen Arm voller Stäbe, verschwand dann im Gebüsch und brach weitere ab, um sie ebenfalls zu verteilen; insgesamt verschenkte er 250 Pferde aus seiner eigenen Herde.

Während die Stäbe verteilt wurden, schickten die Kiowa und Comanche ihre Jungen und ihre mexikanischen Sklaven in die Hügel, um sie die Pferde auf die Ebene, wo die Lager standen, treiben zu lassen. Sie trieben Pferde jeglicher Beschreibung und Farbe zusammen, manche nervös, andere folgsam, und diese Tiere drängten sich zwischen den Tipis und den Pappeln zusammen, während die Treiber durcheinanderbrüllten. Die Indianer aus dem Norden versammelten sich bei den Schenkenden, die ihnen Stäbe gegeben hatten, und ließen sich das für sie bestimmte Pferd zeigen. Wer alt genug war, um reiten zu können, erhielt mindestens ein Pferd; manche bekamen sechs oder mehr.

High Backed Wolf lud dann alle Indianer aus dem Süden ein, am nächsten Tag auf seine Seite des Flusses zu kommen. Dort drüben servierten die Cheyenne exotische Speisen, die sie aus diesem Anlaß im Fort eingetauscht hatten: dampfenden Reis, gekochte Dörräpfel, Eintopfgerichte aus Fleisch und Knochenmark, die Soße mit Maismehl eingedickt – und zum Süßen von Speisen Melasse aus New Orleans.

Nach dem Essen rief High Backed Wolf seinen Leuten zu, sie sollten die Geschenke bringen. Sie brachten Messingkessel, Glasperlen, Decken, Baumwollstoffe und Gewehre. High Backed Wolf erklärte seinen Gästen warnend, seine Krieger wollten die Gewehre, die sie verschenkten, zuvor in

die Luft abschießen. Eine Zeitlang herrschte im Lager eine wüste Knallerei, während die Cheyenne die lauten Vorderlader abschossen; dann schenkten sie die Gewehre noch warm und rauchend ihren Besuchern.

So wurde Frieden geschlossen. Einige der Gruppen blieben mehrere Tage im Lager, um hinüber und herüber durch den Fluß zu waten, neue Freundschaften zu schließen, ihr Glück beim Spiel zu versuchen und die sportlichen Wettkämpfe fortzusetzen. Die alten Zwistigkeiten und der alte Haß waren ausgerottet.

Die vier Stämme brachen den am Pfeilspitzen-Fluß geschlossenen Frieden niemals, aber ihre Übereinkunft war im Grunde genommen mehr ein Nichtangriffspakt als ein organisiertes Bündnis gegen die Mächte, von denen sie alle bedroht wurden. Im Oktober desselben Jahres brachen die Comanche, für die nun das Problem eines etwaigen Zweifrontenkrieges gelöst war, zu ihrem größten Raubzug nach Texas auf. Sie stießen bei diesem Angriff durch weiße Siedlungen hindurch bis nach Linnville an der Golfküste vor, und einige verängstigte Weiße flüchteten sogar in Booten aufs Meer. Der Überfall war als Symbol für zukünftige Entwicklungen bedeutungsvoll; er schien erfolgreich zu sein, und die Indianer erbeuteten zahlreiche Pferde und machten viel andere Beute. Aber als die Räuber sich nach Westen zurückzogen, versammelten die Weißen sich, um die Verfolgung aufzunehmen, und die Texasmiliz fügte den Invasoren in der Schlacht vom Plum Creek schwerste Verluste zu. Die Frage nach dem Sieger würde stets strittig bleiben, aber eines stand fest: Die Comanche konnten den Texanern keine Lehre mehr erteilen.

Der im Jahre 1840 geschlossene Frieden zwischen den Indianern der südlichen und zentralen Ebenen war eine sehr menschliche Anpassung an die augenblickliche Situation, aber den Indianern aller beteiligten Stämme stand in Zukunft Schlimmeres bevor als das, was sie an diesem Tag zu bewältigen hatten. Das Schicksal von Sitting Bear, einem edlen Wilden, wie man ihn sich besser nicht vorstellen kann, war dafür beispielhaft. Er starb 31 Jahre später als Gefangener der U.S. Cavalry durch eine der tapfersten und trotzigsten Taten, die ein Mensch vollbringen kann, indem er seine Bewacher buchstäblich dazu zwang, ihn zu erschießen. Durch seinen Tod bezeugte er stumm die Unfähigkeit der Indianer, die Entwicklung der Geschichte des amerikanischen Westens zu beeinflussen, aber hier am Pfeilspitzen-Fluß hatte er in gewisser Beziehung bereits Geschichte gemacht. Er schritt in der Sommersonne an den im Flußsand, aufgereihten Indianern entlang: feierlich, würdevoll, ein Halbgott mit Läusen. Er hatte viele ihrer Brüder ermordet, und nun schenkte er ihnen 250 kostbare Pferde.

Bei einer Siegesfeier singen Hidatsa-Frauen und halten Skalpe von Feinden an langen dünnen Stangen hoch.

Der Indianer – wie der weiße Mann ihn sah

Im Jahre 1833 waren die Indianer am oberen Missouri noch immer Herren ihres Landes, obwohl die Pelzhandelsgesellschaften den kulturellen Auflösungsprozeß bereits in Gang gebracht hatten. In diesem Jahr reisten zwei ungewöhnliche Besucher, denen es nicht um Profit, sondern um Wissen ging, den Missouri hinauf. Einer war ein deutscher Prinz in mittleren Jahren. Maximilian zu Wied, der viel lieber Naturgeschichte studierte, als sein Ländchen regierte. Sein Reisebegleiter war der junge Schweizer Maler Karl Bodmer.

Diese wohlwollenden Beobachter, die über 4000 Kilometer zurücklegten, besuchten die Mandan, Hidatsa, Assiniboin, Blackfoot-Indianer und weitere Stämme. Während Prinz Maximilian ein Reisetagebuch führte, machte Bodmer über 400 Skizzen, die das Aussehen und die Gebräuche der Indianer zeigten. Seine Skizzen waren die Grundlage einer später veröffentlichten Reihe sehr genauer, kolorierter Kupferstiche, zu denen auch die Wiedergabe des Skalptanzes der Hidatsa (*unten*) gehörte, bei dem die Frauen die Feierlichkeiten nach einem siegreich beendeten Gefecht anführten. Die Arbeiten dieser beiden sollten der letzte Bericht über einige der besuchten Stämme sein. Nur wenige Jahre später dezimierte eine von den Weißen eingeschleppte Pockenepidemie mehrere der Stämme am oberen Missouri.

Zwei jugendliche Hidatsa versuchen bei einem Spiel am Dorfrand, einen Ring am Boden aufzuspießen, während ältere Männer zusehen.

Mandan versammeln sich in einer Hütte, die Prinz Maximilian trotz der Pferde „geräumig, leidlich hell und sauber" nannte.

Unweit ihres aus 60 Hütten bestehenden Dorfes transportieren Mandan-Frauen in Booten, die Bisonfellbespannung haben, Brennholz über den Missouri.

Bei dem Büffeltanz, der von zwei angesehenen Kriegern mit Bisonschädeln angeführt wird, imitieren Mandan das Gedränge innerhalb der Bisonherden.

Ein einzelner in ein Bisonfell gehüllter Mandan betet zu den Sonne- und Mondidolen, die aus Fellen, Gras und Zweigen angefertigt sind.

Assiniboin, die Pelze gegen Gewehre, Messer und Tabak eingetauscht haben, brechen ihr Lager bei Fort Union ab, um den Bisonherden zu folgen.

2 | Die weite Welt der Pferde-Indianer

Ein Prärie-Indianer verbrachte fast sein ganzes Leben auf dem Rücken von Pferden. Als Kind saß er vor seiner Mutter im Sattel, wenn das Lager verlegt wurde. Später ritt er zur Jagd und in den Kampf. Viel später konnte er vielleicht damit rechnen, seinen Lebensabend als reicher und ehrwürdiger Besitzer einer großen Pferdeherde zu verbringen.

Als Forschungsreisende erstmals auf diese berittenen Indianer stießen, waren sie von den Reitkünsten der Prärie-Indianer so beeindruckt, daß sie sie die Pferde-Indianer nannten. Diese großartigen Reiter hatten die ersten Pferde gegen Ende des 17. Jahrhunderts gesehen, als die Spanier sie aus Europa in den Südwesten Nordamerikas brachten. Zuvor hatten die Indianer als Bauern und Gelegenheitsjäger am Rande der Plains gelebt und sich bei der Arbeit und auf Reisen zu Fuß fortbewegt.

Die Prärie-Indianer bekamen ihre ersten Pferde durch Diebstähle und Tauschgeschäfte in den spanischen Niederlassungen des Südwestens. In der Mitte des 18. Jahrhunderts besaßen Stämme wie die Comanche riesige Pferdeherden und wagten sich auf ihnen in die Weiten der Great Plains hinaus, die zuvor nur selten erforscht oder durchquert worden waren, um Bisons zu jagen. Nun gaben viele Stämme ihre festen Dörfer auf und wurden nomadische Jäger.

Sie folgten den Zügen der Bisonherden, lebten in leicht abzubauenden Tipis und führten eine ganz neue, von dieser Mobilität bestimmte Lebensweise ein.

Bei vielen Stämmen dauerte die Hochblüte der Pferdekultur kaum ein Jahrhundert lang; ein berittener indianischer Krieger war ein unangenehmer Gegner für die Weißen, die sich deshalb daran machten, ihn auszurotten. Aber während der kurzen Zeitspanne, in der diese Indianer die Plains und Prärien beherrschten, nützten sie dieses eine Geschenk des weißen Mannes gründlich aus, um ein abenteuerliches, abwechslungsreiches Leben als Jäger, Reiter und Krieger zu führen.

Eine Gruppe Navaho reitet zu ihrem Hauptstützpunkt, den Canyon de Chelly in Arizona.

45

In diesem weitläufigen Sioux-Lager wimmelt es von Pferden, von denen einige nur zur Jagd oder im Krieg verwendet wurden, während andere den Besitz ihrer Eigentümer auf einfachen Schleppgestellen oder später auf Planwagen transportierten. Für die Lebensweise der Prärie-Indianer waren Pferde so wichtig, daß es zu den Hauptzielen der U.S. Army gehörte, möglichst viele von ihnen zu töten.

47

Der Indianer betrachtete sein Kriegspferd als Teil von sich selbst und schmückte es entsprechend. Auf der oberen Skizze des Malers George Catlin paradi[...] das Pferd im gleichen Staat wie sein Reiter vom Stamme Sauk und Fox. Unten tragen ein Crow-Häuptling und sein Pferd den gleichen Kopfschmuck.

Eine neue Freiheit durch den Gotthund

Irgendwann im Herbst 1787 bestieg eine Kriegertruppe von 250 Blackfoot-Indianern ihre Pferde in Westkanada und ritt aus dem Lager. Diese Gruppe sei aufgebrochen, schrieb David Thompson, ein bei den Blackfoot lebender Agent der Hudson's Bay Company, „um die Schlangen-Indianer zu bekriegen". Aber die Schlangen (Shoshoni) waren nirgends zu finden, und die Blackfoot „ritten weiter als gewöhnlich, weil sie nicht unverrichteter Dinge heimkehren wollten". Nach einem Ritt von fast 2500 Kilometern entdeckten sie schließlich eine Anzahl Spanier, die eine lange Kolonne von Tragtieren – Pferden und Mauleseln – führten. Die Indianer kamen ungesehen heran und sprengten plötzlich mit wildem Kriegsgeschrei auf die Spanier los. Den Spaniern blieb keine andere Wahl, als zu fliehen, und sie „überließen die Pferde und Maulesel den Indianern".

Die Krieger achteten nicht weiter auf die Traglasten der erbeuteten Tiere – „eine schwere Ladung weißen Gesteins". Sie warfen sie rasch ab, indem sie die Gurte der Traglasten durchschnitten, und machten sich mit ihren Beutetieren auf den langen Heimritt nach Norden. Ihr Raubzug war sehr erfolgreich gewesen. Sie kamen mit etwa 30 Pferden, einem Dutzend Mauleseln und einer Anzahl Zügeln und punzierten Ledersätteln in das Lager zurück, in dem Thompson lebte.

Die Blackfoot-Krieger wußten nicht – und hätten sich auch nichts daraus gemacht –, daß das weiße Gestein, das sie auf dem Boden verstreut zurückgelassen hatten, Silbererz war. Für die Kriegerstämme der Plains war das Pferd viel mehr wert als Silber. Diese Nomadenvölker, die die riesigen Entfernungen der Great Plains zu überwinden hatten, lebten durch das Pferd. Auf ihren Reittieren folgten sie mühelos den wandernden Bisonherden, erbeuteten bei Überfällen alles mögliche und trieben an Orten, die Hunderte von Kilometern von ihren Stammesgebieten entfernt waren, Handel mit anderen Stämmen oder Weißen. Das Pferd stand so sehr im Mittelpunkt der Kultur der Prärie-Indianer, daß der Reichtum eines Stammes oder des einzelnen an der Zahl seiner Pferde gemessen wurde, und die Pferde wiederum beschränkten die Größe der Gruppen eines Stammes, weil sie jeweils bestimmte Weideflächen brauchten.

Aber zum Zeitpunkt des oben geschilderten Überfalls der Blackfoot-Indianer war das Pferd noch vergleichsweise neu auf den Great Plains; noch nicht einmal 150 Jahre war es hier heimisch. In Nord- und Südamerika hatte es kein einziges Pferd gegeben, bis der spanische Konquistador Hernando Cortez im Jahre 1519 mit zehn Hengsten und sechs Stuten in Mexiko landete. Nur wenige Stämme versuchten, ihr Leben auf der weiten Prärie zu fristen. Und diese wenigen waren arm und oft hungrig. Da sie sich nur zu Fuß fortbewegten, konnten sie nur wenig mitführen. Stämme wie die Shoshoni und die Blackfoot-Indianer im Norden versuchten, sich hauptsächlich durch Bisonjagd zu ernähren. Andere, zum Beispiel die Apache im Süden, lernten allmählich, sich durch primitive Landwirtschaft zu ernähren. Diese jagenden Indianer tauschten Nahrungsmittel wie Mais jedoch häufiger von den Pueblo-Indianern des Südwestens oder den Stämmen am Ostrand der Plains ein.

Das Pferd bewirkte auf allen diesen Gebieten rasche Veränderungen. Als immer mehr Spanier eintrafen, um das Gebiet des heutigen Mexikos und des Südwestens der heutigen Vereinigten Staaten auszubeuten, brachten sie zahlreiche Pferde als Reit- und Tragtiere mit. Diese Tiere waren hervorragender Abstammung – Kreuzungen aus Arabern, Berbern und Andalusiern – und vermehrten sich rasch. Zu Beginn des 17. Jahrhunderts drangen die Spanier noch immer weiter nach Norden vor, bauten Bodenschätze ab, betrieben Viehzucht und gründeten Missionsstationen. Ihre Pferde begleiteten sie dabei, und die Indianer lernten die neuen Tiere erstmals in den spanischen Niederlassungen kennen. Den Spaniern war es grundsätzlich verboten, Indianern Gewehre oder Pferde zu schenken oder zu verkaufen, denn die Konquistadoren wußten, wie wichtig der ausschließliche Besitz dieser Kriegsmittel für ihre Eroberungen war. Aber sie ließen einige Indianer als Pferdeknechte, Hirten und Stallburschen für sich arbeiten und lehrten sie absichtlich oder durch ihr Beispiel reiten. Wenn andere Stämme in diese Gebiete kamen, um Handel zu treiben oder in den wohlhabenden Pueblos ihrer neugegründeten Bauerndörfer zu betteln, erfuhren sie auch von den neuen Tieren.

Obwohl der weiße Mann versuchte, sein Monopol zu bewahren, führte das spanische System der Viehzucht mit großen Herden auf freien Weiden dazu, daß viele Tiere sich verliefen. Zahlreiche dieser Tiere wurden nie mehr eingefangen – sie waren die Urahnen der wilden Mustangs des Westens –, aber eine gewisse Anzahl fiel unweigerlich Indianern in die Hände. Sobald die Indianer einige Pferde besaßen und ihre Möglichkeiten zu verstehen begannen, überfielen sie die spanischen Herden und wurden um so kühner, je beweglicher sie durch den Besitz weiterer Pferde wurden. Als sich die Pueblo-Indianer im Jahre 1680 gegen ihre weißen Herren erhoben und sämtliche Spanier in New Mexico umbrachten oder aus diesem Gebiet vertrieben, blieben mehrere tausend Pferde herrenlos zurück und konnten von jedem Indianer eingefangen werden, der Gelegenheit dazu und den nötigen Ehrgeiz hatte.

Von Indianern gezüchtete Pferde gelangten aus dem Südwesten auf zwei Hauptwegen nach Norden (*Karte gegenüber*). Nur 40 oder 50 Jahre nach der Revolte der Pueblo-Indianer besaßen sowohl die Shoshoni im Norden als auch die Comanche, die von den Rocky Mountains aus nach Süden auf die Plains vordrangen, eine Anzahl von Pferden, und die Comanche bedrohten nicht nur die Niederlassungen der Spanier, sondern auch das Stammesgebiet der Apache.

Während ein Stamm nach dem anderen zum erstenmal Pferde zu Gesicht bekam, reagierten seine Angehörigen erstaunt und verwundert, denn die einzigen domestizierten Tiere, die sie kannten, waren ihre eigenen räudigen Hunde. Thompson sprach mit einem alten Krieger, der sich daran erinnerte, wie seine Gruppe das erste Pferd gesehen hatte. Das war in seiner Jugend um 1730 gewesen – nur ein halbes Jahrhundert vor dem berühmten Überfall auf Santa Fe –, als es auf den Plains erst wenige Pferde gab. „Wir hatten große Lager an der Grenze des Gebiets der Schlangen-Indianer aufgeschlagen", berichtete der alte Mann, „jagten Bisons und Hirsche, die dort zahlreich waren, und wollten gern ein Pferd sehen, von dem wir schon so viel gehört hatten. Als die Blätter fielen, hörten wir endlich, eines sei durch einen Pfeilschuß in den Bauch getötet worden, aber der Schlangen-Indianer, der es geritten hatte, hatte fliehen können. Viele von uns gingen hin, um es zu sehen, und wir bewunderten es alle. Es erinnerte uns an einen Hirsch, der sein Geweih verloren hatte, und wir wußten nicht, wie wir es nennen sollten. Aber da es wie der Hund, der unsere Sachen schleppt, ein Sklave des Menschen war, haben wir ihm den Namen Großer Hund gegeben."

Obwohl das Pferd von vielen Indianern auf ähnliche Weise bewundert wurde, war es nicht für jeden Stamm gleichermaßen attraktiv. Die Pueblo-Indianer behielten ihre größtenteils pferdelose Lebensweise bei, obwohl sie zu den ersten Stämmen gehörten, die den Wert des Pferdes kennenlernten. Da sie in festen Dörfern mit gesicherter Nahrungsmittelversorgung lebten, brauchten sie keine Pferde und betrachteten sie vor allem als Handelsware. Für die Apache bedeutete das Pferd mehr. Die Apache stahlen Pferde von anderen Indianern und den Spaniern, benützten sie zu Überfällen auf seßhaftere Stämme und kämpften beritten gegen Stämme wie die Comanche, die von Norden her in ihr Gebiet eindrangen. Trotzdem war ihre Zuneigung zu dem neuen Tier nie sonderlich tief oder dauerhaft. Tatsächlich waren die Apache ebenso bereit, ein Pferd zu essen, wie es zu reiten und sie hatten ihre Gründe dafür. Vor allem waren viele von ihnen bis zum Jahre 1750 in einige der trockensten Gebiete des Südwestens abgedrängt worden: in ein Ödland mit felsigen Bergen, erodierten Felsabstürzen und sandigen Ebenen, das ihnen wenig Nahrung bot. Aus Notwendigkeit heraus lernten sie rasch, in diesem unwirtlichen Gebiet zu leben, es zu Fuß wie Kojote oder Berglöwe zu durchstreifen und sich ihm so anzupassen, daß sie beinahe unsichtbar waren. Wie ein bewundernder Kommentator es ausdrückte, wurden sie „einer der zähesten menschlichen Organismen, die die Welt je gesehen hat". Unter diesen Umständen war das Pferd oft als Schlachtvieh nützlicher denn als Transportmittel.

Es gab noch einen weiteren Grund – subtiler, aber nicht weniger stichhaltig –, warum die Apache nicht vollständig auf das Pferd vertrauten. Sie waren ihrem ganzen Wesen nach nicht so bombastisch wie andere Stämme. Es war nicht ihre Art, sich dem Feind mit bunter Kriegsbemalung auf dem Gesicht und hoch zu Roß zu zeigen; in ihrem rauhen Land zogen sie es oft vor, heimlich und listig zu Fuß anzugreifen.

WIE DAS PFERD SICH ÜBER DIE PLAINS VERBREITETE

Die West-Indianer erhielten ihre Pferde hauptsächlich von spanischen Ranches, die im 16. und 17. Jahrhundert in dem Gebiet entstanden, das jetzt Nordmexiko, New Mexico und Texas umfaßt. Durch Tauschhandel zwischen den Stämmen und Raubzüge gelangte das Pferd nach Norden, und im 18. Jahrhundert waren die Gebiete um Santa Fe und San Antonio die wichtigsten Vertriebszentren. Westlich der Rocky Mountains gelangten die Tiere ins Handelszentrum der Shoshoni; von dort aus wurden sie in den Nordwesten oder ins östlich gelegene Stammesgebiet der Crow verkauft. Eine weitere Handelsstraße führte im Osten der Rocky Mountains von Santa Fe aus auf die Plains hinaus, wo die Pferdetransporte sich mit den aus San Antonio kommenden trafen und in den Haupthandelszentren der nördlichen Plains mit den auf der Westroute angelangten zusammenflossen. Indianer, die von weißen Händlern Feuerwaffen erhalten hatten, tauschten sie dort gegen die von anderen Stämmen herangeschafften Pferde ein.

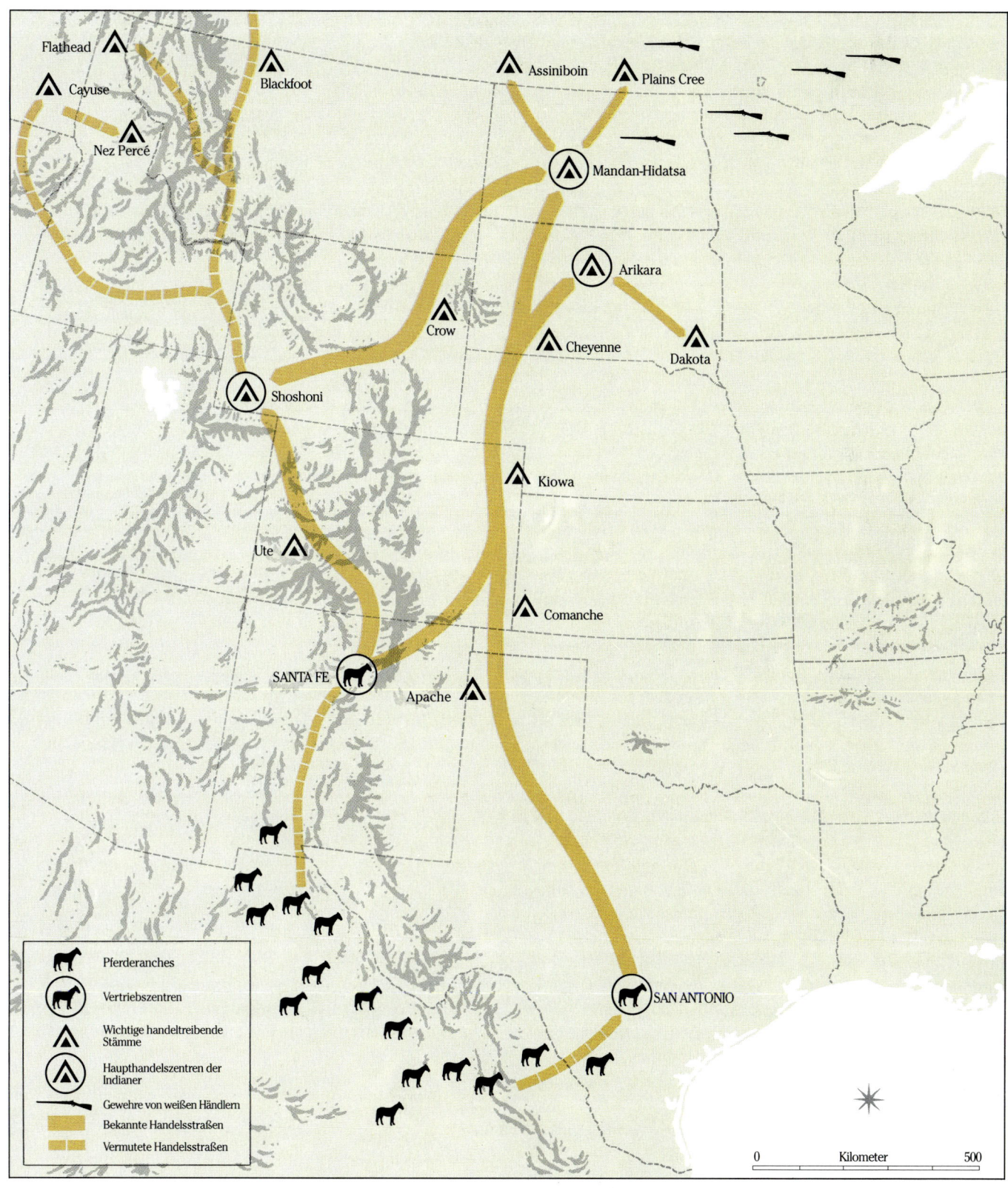

Flathead

Cayuse

Nez Percé

Blackfoot

Assiniboin

Plains Cree

Mandan-Hidatsa

Arikara

Crow

Cheyenne

Dakota

Shoshoni

Kiowa

Ute

Comanche

SANTA FE

Apache

SAN ANTONIO

Pferderanches

Vertriebszentren

Wichtige handeltreibende Stämme

Haupthandelszentren der Indianer

Gewehre von weißen Händlern

Bekannte Handelsstraßen

Vermutete Handelsstraßen

0   Kilometer   500

Auf diesem Catlin-Gemälde kämpft ein Comanche mit einem Wildpferd, das er mit seinem Lasso gefangen und dem er die Vorderbeine gefesselt hat, während für seine Gefährten die Jagd weitergeht. Da Mustangs selten waren und die schnellsten sich ohnehin nicht fangen ließen, stellten die Indianer Wildpferden nur nach, wenn sie keine Möglichkeit hatten, Indianern oder Weißen Pferde zu stehlen.

Im Gegensatz dazu kamen andere Stämme – Blackfoot, Sioux, Cheyenne, Arapaho, Kiowa und Comanche – nicht nur sofort mit Pferden zurecht, als seien sie geborene Reiter, sondern schwangen sich auch mit Hilfe der Pferde zu den Herren der Great Plains auf. Man kann sogar sagen, daß das Pferd den nomadischen Prärie-Indianer, wie ihn weiße Amerikaner im 19. Jahrhundert kennenlernten, in Wirklichkeit erst geschaffen hat: beritten, mobil und wild – ein stolzer Krieger, dem Ackerbau verhaßt war und der die Jagd auf Wild und den Angriff gegen einen Feind gleichermaßen genoß. Viele Stämme, die sich in der Vergangenheit nur mühsam als Jäger oder Bauern durchgeschlagen hatten, ritten auf dem Pferd in ein neues Leben.

Beritten konnten die Indianer Wild so wirkungsvoll verfolgen, daß sie reichlich Fleisch und Felle erbeuteten. Sie konnten ganze Dörfer zusammenpacken und transportieren (S. 56–57). Sie konnten mit anderen Indianern und weißen Männern, die häufig Hunderte von Kilometern von ihnen entfernt lebten, Handel treiben. Sie konnten rivalisierende Stämme überfallen und ausplündern. Das Pferd veränderte auch die gesellschaftlichen Strukturen innerhalb der Stämme, indem es manche Leute reich und mächtig machte, während andere arm und schwach blieben. Da der Horizont nicht mehr durch die Strecke begrenzt wurde, die ein Indianer zu Fuß zurücklegen konnte, ließe sich sogar behaupten, das Pferd habe die Psyche der Prärie-Indianer geändert. Ein Mann, der spürt, daß ein Tier ihm gehorcht, entwickelt ein gewisses Machtbewußtsein. Er wird zu einem Araber, einem Mongolen, einem Eroberer. Er wird dadurch zu einem Prärie-Indianer. Die durch das Pferd bei vielen Stämmen bewirkten Veränderungen waren vergleichsweise ebenso groß wie jene, die Dampfkraft und Elektrizität eines Tages dem weißen Mann bringen würden.

Deshalb ist es nicht überraschend, daß einige Stämme das Pferd mit religiöser Ehrfurcht betrachteten. Für die Sioux war es ein Medizinhund, die Comanche bezeichneten es als Gotthund. Andere Stämme gebrauchten ähnliche Ausdrücke, die das Pferd als geheimnisvoll oder heilig kennzeichneten. Aber zu den bedeutungsvollsten indianischen Ausdrücken gehörte die nüchterne Bezeichnung Großer Hund, die das Pferd bei den Blackfoot-Indianern erhielt, denn sie deutete den wahren, praktischen Wert dieses Tieres an. Bis das Pferd in die neue Welt gelangte, war der Hund das einzige Tragtier des Indianers gewesen – abgesehen von Indianerinnen, die alles schleppten, was er nicht tragen konnte. Und das Pferd war natürlich ein viel größeres und stärkeres Tragtier als der Hund. Die Sarsi waren in ihrer Namensgebung sogar noch präziser. Das Pferd hieß bei ihnen Sieben Hunde, wodurch die Arbeitsleistungen von Pferd und

Hund andeutungsweise miteinander verglichen wurden. Der indianische Arbeitshund, der in Größe und Aussehen Ähnlichkeit mit einem großen Grauwolf hatte, konnte etwa 23 Kilogramm auf dem Rücken tragen oder ungefähr 35 Kilogramm mit einem Travois oder Schleppgestell ziehen. Mit dieser Last kamen die Hundegespanne pro Tag acht bis zehn Kilometer weit. Ein Pferd konnte 90 Kilogramm tragen oder eine 135 Kilogramm schwere Last mit dem Travois schleppen und damit 15 bis 20 Kilometer pro Tag zurücklegen. Die Arbeitsleistungen von Pferd und Hund standen also annähernd in dem Verhältnis 7 : 1.

Eine überraschende Verbesserung, die das größere Zugtier fast augenblicklich bewirkte, betraf die Größe der Unterkünfte der Indianer. In der Vergangenheit hatten die Gewichtsbeschränkungen es unmöglich gemacht, einen großen, schweren Tipiüberzug oder längere Stangen für das Tipi zu transportieren. Deshalb waren die Tipis klein und eng gewesen – nicht höher als zwei Meter. Als die Indianer nun größere Tragtiere hatten, konnten sie es sich leisten, vier bis fünf Meter hohe Tipis zu bauen, die wesentlich mehr Platz boten. Auch für die sehr alten oder pflegebedürftigen Stammesangehörigen wirkte das Pferd sich sofort segensreich aus. Früher hatte man alle jene zurücklassen müssen, die nicht mehr allein gehen konnten. Jetzt konnten die Alten und Kranken auf von Pferden gezogenen Travois mitgenommen werden.

Obwohl solche Auswirkungen auf Alltagsprobleme das Leben der Prärie-Indianer grundlegend beeinflußten, waren andere Veränderungen dramatischer. Eine betraf die Rolle des Pferdes als Hilfsmittel bei Raubzügen – und als begehrte Beute. Der Diebstahl eines Gotthundes bei einem Überfall brachte dem Räuber nicht nur augenblicklich neuen Reichtum, sondern der Pferdediebstahl entwickelte sich im Laufe der Zeit zu einem vielbewunderten Männlichkeitsbeweis. Die Comanche waren besonders geschickte Pferdediebe. Die Pferde der Apache und Spanier waren ihre bevorzugte Beute. Ein zeitgenössischer Beobachter schrieb, ein Comanche könne in ein „Biwak kriechen, in dem ein Dutzend Männer schlafen, von denen jeder sein Pferd mit einem Lasso am Handgelenk festgebunden hat, den Strick in weniger als zwei Meter Abstand von dem Schlafenden abschneiden und das Pferd wegführen, ohne eine Menschenseele zu wecken".

Die Comanche führten oft großangelegte Raubzüge durch, zu denen so viele Krieger aufbrachen, daß sie das Zielgebiet klar beherrschten. Bei solchen Unternehmungen richteten sie ein Kriegslager ein und schwärmten dann aus, um Pferde zusammenzutreiben und Beutestücke fortzuschleppen. Diese Überfälle ereigneten sich oft in dem spär-

lich besiedelten Gebiet an der Nordgrenze Mexikos. Ein Reisender, der im Jahre 1846 von Mexico City nach Santa Fe unterwegs gewesen war, berichtete über die Auswirkungen dieser Raubzüge: „Ich durchquerte tagelang ein Gebiet, das aus diesem Grunde völlig verlassen war, und kam durch zerstörte Dörfer, die seit Jahren keines Menschen Fuß mehr betreten hatte." In einem einzigen Jahr „sind schon mehr als zehntausend Pferde und Maultiere gestohlen worden, und es gibt kaum eine Hazienda oder Ranch an der Grenze, die nicht heimgesucht worden wäre, und überall sind die Leute ermordet oder gefangengenommen worden".

Auf einem denkwürdigen Raubzug drangen die Comanche gemeinsam mit den ihnen verbündeten Kiowa so tief nach Mexiko ein, daß sie Vögel mit buntem Gefieder und „kleine Männer mit Schwänzen" sahen, die in den Bäumen herumkletterten – was darauf schließen läßt, daß diese Krieger die Halbinsel Yucatán erreicht haben könnten.

Als das Pferd größere Verbreitung fand und die Rauüberfälle häufiger wurden, glichen die Plains einem Ozean mit hundert Piratenschlupfwinkeln, aus denen kühne Männer Vorstöße unternahmen, um die Ahnungslosen auszuplündern. Es gab kein allgemeingültiges Gesetz, denn dort lebten viele Stämme, die jeweils eigene Gesetze hatten. Cheyenne raubten Kiowa aus; Kiowa überfielen Pawnee; Sioux beraubten Crow. Selbst nachdem die räuberischen Apache von den Plains vertrieben worden waren, benützten sie unter bestimmten Umständen Pferde für ihre Raubzüge. Der spätere Häuptling der Apache Geronimo berichtete in seiner Autobiographie von einem Raubzug, der im Jahre 1865 von seinem Stützpunkt in Arizona aus unternommen wurde: „Bisher waren wir stets zu Fuß unterwegs gewesen; wir waren es gewöhnt, zu Fuß zu kämpfen; außerdem konnten wir uns leichter verbergen, als wenn wir beritten waren. Aber diesmal wollten wir mehr Vieh, und es war schwierig, es zu treiben, solange man selbst zu Fuß war." Die Apache kamen aus einem Gebiet im Südwesten von Tombstone, Arizona, nach Sonora und ritten nach Süden bis zur Mündung des Yaqui River weiter. Dann bogen sie nach Norden ab, „griffen mehrere Siedlungen an und erbeuteten reichlich Vorräte".

Von allen diesen kriegerischen Stämmen benützte kein Volk das Pferd wirkungsvoller und beständiger als die Comanche. Sie lebten vielleicht mehr als jedes andere Volk von dem Gotthund und schafften mit ihm alles, was die übrigen Stämme fertigbrachten – aber in den meisten Fällen etwas besser. Etwa seit 1750 bis weit in das 19. Jahrhundert hinein beherrschten Comanche zu Pferd die südlichen Plains und vertrieben schwächere Stämme, wie es die Cheyenne, Sioux und andere Stämme im Norden taten. Spanien konnte seine

Die Indianer hingen so an ihren Pferden, daß sie ihnen vorsangen und Darstellungen der im Kampf getöteten Tiere schnitzten. Die roten Löcher dieser Figur (*unten*), die von einem Sioux stammt, stellen Wunden des Tieres dar.

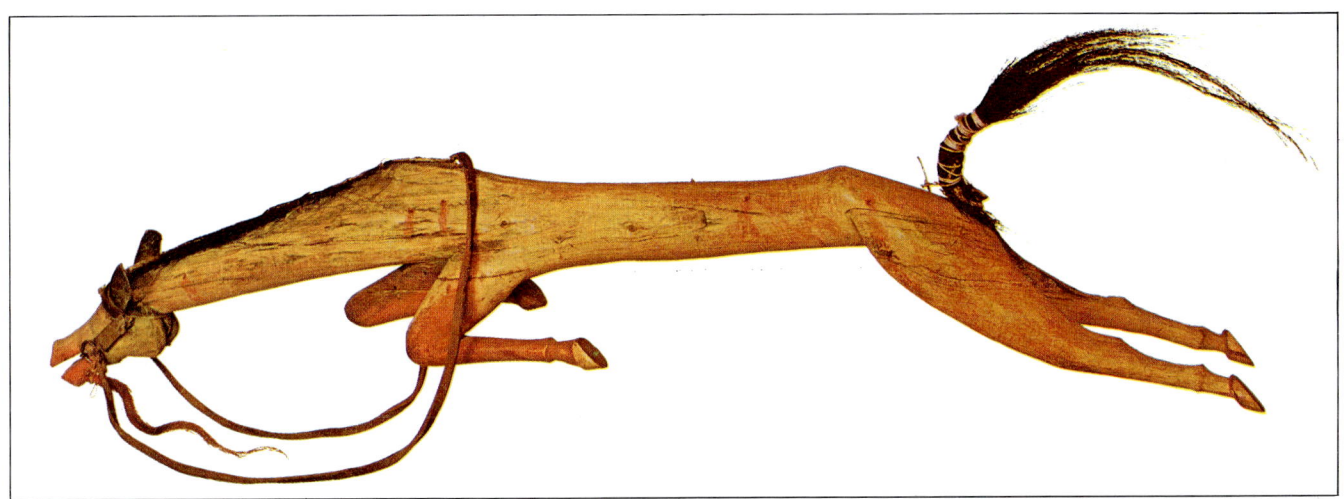

Missionsstationen und *presidios* (befestigte Niederlassungen) in den Waldgebieten des Ostens oder durch den trockenen Südwesten bis hin zum Pazifik errichten, aber es konnte sich im Süden der Great Plains nur an vereinzelten Orten halten und nicht weiter nördlich als San Antonio vordringen. Ab dort waren die Comanche die Beherrscher der südlichen Ebenen.

Der Maler und Forschungsreisende George Catlin, der im Jahre 1834 die Reitkünste der Comanche gesehen hatte, zollte ihnen dieses Lob: „Ich bin ohne Zögern bereit, die Comanche als die außergewöhnlichsten Reiter zu bezeichnen, die ich bisher auf meinen Reisen gesehen habe, und ich bezweifle sehr, daß sie von irgendeinem Volk auf der Welt übertroffen werden können. Ein Comanche zu Fuß ist außerhalb seines Elementes und ist fast so unbeholfen wie ein Affe auf dem Boden, wo er sich nicht an Äste klammern kann; sobald er jedoch sein Pferd zu fassen bekommt, wird sein *Gesicht* sogar schön, und er fliegt wie ein gänzlich anderes Wesen elegant davon."

Die Comanche und andere Prärie-Indianer stellten fest, daß das Pferd sie zu wesentlich erfolgreicheren Jägern machte. Es gab ihnen die Möglichkeit, den Bison (*S. 66*) so intensiv zu jagen wie nie zuvor.

Die durch die Einführung des Pferdes gewonnene neue Mobilität förderte auch den Handel über größere Entfernungen. Der Handel zwischen den Stämmen florierte schon seit undenklichen Zeiten – lange vor der Ankunft des weißen Mannes oder des Pferdes. Beispielsweise gingen Meeresmuscheln, Lachsöl und Klippfisch von der Nordwestküste durch zahlreiche Hände und gelangten schließlich über die

Mein Pferd, sei im Fluge rasch –
Gleich einem Vogel;
Mein Pferd, sei im Fluge rasch.
Trag' mich jetzt in Sicherheit,
Weit von den Pfeilen des Feindes,
Und du sollst belohnt werden
Mit Streifen und roten Bändern.

Lied eines Sioux an sein Pferd

Rocky Mountains, um dort gegen begehrte Waren wie Adlerfedern und den daraus hergestellten prächtigen Kriegsschmuck eingetauscht zu werden.

Ein praktischer Artikel, den die Prärie-Indianer des Südens und Ostens gleichermaßen brauchten, waren die Stangen für das Gerüst ihrer Tipis. Diese Stangen mußten sechs bis acht Meter lang und leicht genug sein, um von einem Pferd getragen zu werden, andererseits mußten sie auch stark genug sein, um das Gewicht des Bisonhautüberzugs des Tipis tragen zu können. Im Stammesgebiet der Comanche gab es fast keine geeigneten Bäume, aber in den nördlichen Rocky Mountains wuchsen schlanke, gerade Stangen beinahe schon gebrauchsfertig heran: die später so genannten Zeltstangen-Fichten.

In der Vergangenheit hatten diese Tauschgeschäfte zwischen den Regionen der Plains häufig Monate oder Jahre gedauert. Sobald das Pferd allgemein eingeführt war, erhöhte sich der Handel um ein Zehn- oder Mehrfaches, und das Pferd selbst wurde zu einem Handelsartikel (*S. 62*). Zu den von mehreren Stämmen besuchten Haupthandelszentren des Südwestens gehörte Taos, wo die Pueblo-Indianer schon früher Märkte abgehalten hatten, deren Angebot später von den Spaniern um europäische Waren erweitert wurde. Die Comanche kamen zu Beginn des 18. Jahrhunderts erstmals zum Markt nach Taos. Wie andere Plains-Stämme brachten sie getrocknetes Fleisch, Tierhäute, Talg und Salz mit, um dafür Mais, Kürbisse, Melonen, Decken, Keramik und andere Waren einzutauschen. Gleichzeitig wurden weit im Nordosten die Dörfer der Mandan, Hidatsa und Arikara (*Karte, S. 51*) zu ähnlich wichtigen Handelszentren.

Eine Indianerfamilie verläßt ihr Lager bei Fort Keogh, Montana. Der aus Holz gebogene Käfig links verhinderte, daß die Kinder von der Plattform fielen.

Pferdekraft zur Beförderung von Menschen und Hausrat

Eine Gemeinschaft nomadischer Prärie-Indianer, die einer großen Bisonherde folgte oder vor Feinden flüchtete, mußte oft in großer Eile packen und aufbrechen. Kleidung, Waffen, Haushaltsgeräte und selbst die Tipis mußten auf Pferderücken oder die Plattformen der Travois verladen werden. Dazu war geschicktes Packen erforderlich (*siehe Zeichnung rechts außen*).

Bevor das Pferd die Plains eroberte, konnte ein Lager pro Tag nicht mehr als zehn Kilometer weit verlegt werden. Die mitgeführten Gegenstände waren auf das beschränkt, was die Frauen und Hunde tragen konnten (Männer trugen Waffen wegen eines etwaigen Überfalles).

Ein von Pferden transportiertes Lager dagegen konnte im Notfall 50 Kilometer am Tag zurücklegen. Ein Tipi, das früher nicht mehr als eineinhalb bis zwei Meter hoch gewesen war, konnte nun viereinhalb Meter hoch und dennoch transportabel sein – obwohl zu seiner Beförderung drei Pferde nötig waren: zwei für die etwa ein Dutzend Stangen und eines für den schweren Überzug aus Bisonfell. Ein reicher Häuptling, dessen hochaufragendes Tipi von etwa 30 Stangen getragen wurde, die jeweils zehn Meter lang waren, brauchte 15 Pferde für die Gerüststangen.

Im Laufe der Zeit kam es soweit, daß die Besitztümer eines Indianers von der Zahl der Pferde bestimmt wurden, die er besaß. Und diese Unterschiede in bezug auf materiellen Besitz waren nie offensichtlicher als in dem Augenblick, in dem das Lager aufbrach. Im Gefolge eines reichen Mannes saß seine Lieblingsfrau auf einem Pferd, das reichverzierte Sattel- und Packtaschen (*rechts oben*) trug, und führte eine lange Kolonne weiterer Pferde mit den Besitztümern der Familie an. Die zum Mittelstand zählenden Familien folgten mit weniger Pferden und vielleicht einigen Hunden, die mit tragen halfen. Und schließlich kam die Frau des armen Mannes: Sie stapfte durch den Staub hinter dem einen überladenen Pferd der Familie her.

Ein *parfleche* (*links*), den das Pferd auf der Seite trug, war mit getrockneten Nahrungsmitteln vollgestopft; Kleidungsstücke und kleine Ge-
brauchsgegenstände wurden in der Satteltasche (*rechts*) transportiert.

Ein Travois oder Schleppgestell bestand hauptsächlich aus zwei langen
Stangen, die hinter dem Pferdekopf mit einer kräftigen Bisonsehne über
Kreuz zusammengebunden wurden. Um das Gestell zusammenzuhalten,
wurden Streifen aus Rohhautleder um die Stangen gewickelt und mit den
Querstäben verknotet. Travois wurden von Frauen hergestellt, und ihre
Besitzerinnen waren stolz auf ihre handwerkliche Geschicklichkeit. Eine
Frau, die nicht alles Bisonhaar von den Lederstreifen abschabte oder nicht
auf gleichmäßige Breite achtete, galt allgemein als schlechte Hausfrau.

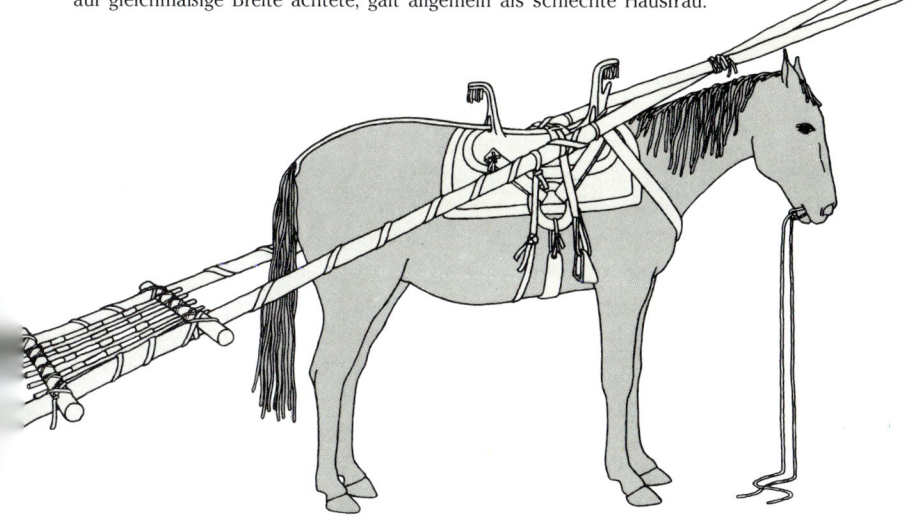

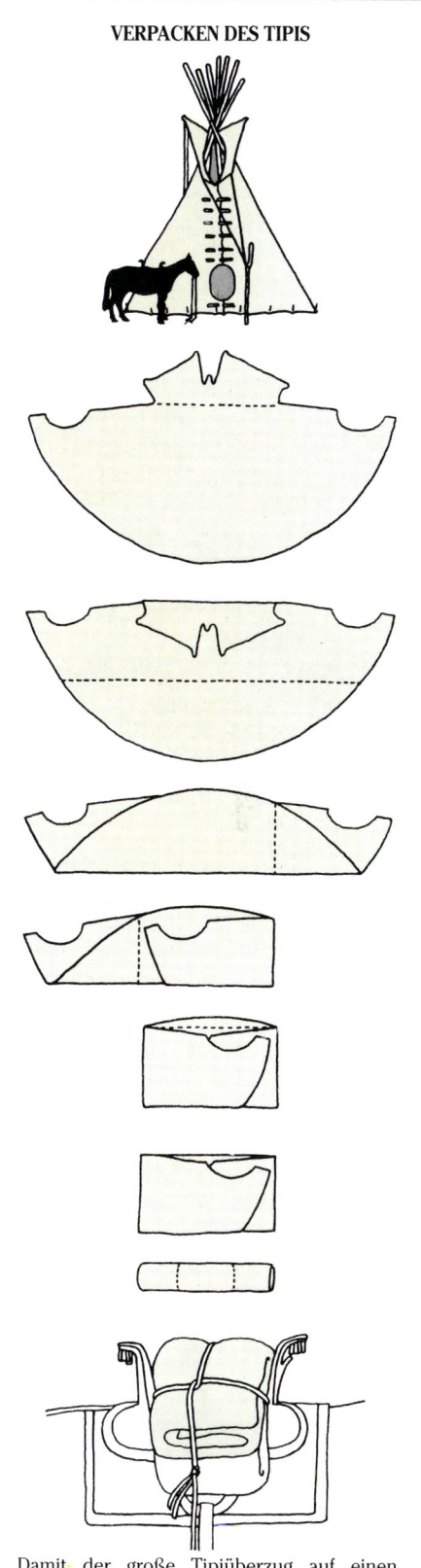

VERPACKEN DES TIPIS

Damit der große Tipiüberzug auf einen
Packsattel paßte, mußte er sorgfältig zusam-
mengelegt werden. Hier ist eine gängige
Methode illustriert; die Größenverhältnisse
sind aus der obersten Abbildung ersichtlich.

Fast alle Prärie-Indianer verwendeten geflochtene Reitpeitschen. Die hier abgebildete eines Crow hatte lange Rohhautlederschnüre und einen schweren Holzgriff, mit dem ein Gegner im Nahkampf niedergeknüppelt werden konnte.

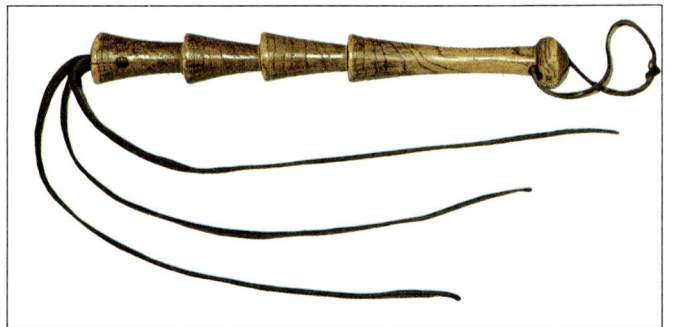

Im 19. Jahrhundert kamen die Indianer auch zu den Handelsstationen, die von Weißen errichtet worden waren, die vom Mississippi aus nach Westen vorgedrungen waren, um mit Pelzen und anderen einheimischen Waren zu handeln. Zwischen dem 17. und dem frühen 19. Jahrhundert boten die Indianer beispielsweise vor allem Biberpelze an, die auf dem europäischen Markt sehr begehrt waren. In den dreißiger Jahren des 19. Jahrhunderts, als die Biber seltener wurden und der modische Geschmack sich änderte, kauften weiße Händler in Handelsstationen wie Bent's Fort am Arkansas gewaltige Mengen von Bisonfellen auf, die es jetzt reichlich gab, weil die berittenen Cheyenne und Arapaho mehr Tiere als zuvor erlegen konnten.

Gleichzeitig gab es einen schwunghaften Handel mit gestohlenen Pferden und Maultieren, von denen viele spanische, mexikanische und texanische Brandzeichen trugen. Manche dieser Tiere trugen sogar die Brandzeichen weit entfernter kalifornischer Ranches. Gelegentlich brachten die Indianer auch Wildpferde mit, aber die Händler in Bent's Fort kauften ohne Zweifel mehr als eine Herde auf, deren Diebstahl einer Familie das Leben gekostet hatte.

Als Gegenleistung erhielten die Indianer eine Vielzahl von Produkten der Weißen, deren Auswirkungen auf das Leben der Prärie-Indianer in einigen Fällen mit denen des Pferdes vergleichbar waren. In Handelszentren auf den nordöstlichen Ebenen sowie in Taos und anderen Pueblos konnten die Indianer wundervoll nützliche, dauerhafte Gegenstände wie Äxte aus Stahl, eiserne Pfeilspitzen, Lanzenspitzen und geschmiedete Messer eintauschen.

Früher hatten die Indianer Steinmesser benutzt, um die Bisons abzuhäuten, die zähe Haut der Tiere zu zerschneiden und das Fleisch in Streifen zu schneiden, bevor es als Proviant gedörrt wurde. Gute Steinmesser ließen sich relativ rasch herstellen und schnitten ordentlich, aber sie waren spröde und eigneten sich weniger für feine Schnitte durch Fell und Fleisch als Stahlmesser.

Ein weiteres Erzeugnis des weißen Mannes, das noch eine tiefgreifendere Wirkung hatte, war das Gewehr, das die Indianer von französischen und englischen Händlern erhielten. Die frühen Zündhütchen-, Lunten- und Steinschloßgewehre ließen sich auf einem Pferderücken schlecht laden und abschießen; tatsächlich befand sich ein Bogenschütze erheblich im Vorteil, was die Feuergeschwindigkeit betraf, denn er konnte 20 Pfeile verschießen, bis der Musketier nachgeladen hatte. Ein Frontiersman stellte fest, er würde sich „auf eine Entfernung von 100 Metern ebenso gern oder ungern mit einer Muskete beschießen lassen wie von einem dieser Indianer mit seinem Pfeil und Bogen". Trotzdem besaß die neue Waffe selbst in ihrer Anfangszeit einen entscheidenden Vorteil: Ein mit Schußwaffen ausgerüsteter Stamm konnte einen ohne sie kämpfenden Stamm besiegen, weil diese neue Waffe durch Schußknall und Pulverdampf einen Überraschungseffekt erzielte und sehr wirksam war, wenn der Schuß traf. Daher war es das Gewehr im Zusammenwirken mit dem Pferd, das die Comanche Sieger über die Apache bleiben ließ. Und als später Hinterlader und Repetiergewehre eingeführt wurden, konnte der Stamm, der sie zuerst erhielt, aus beinahe jedem Kampf als Sieger hervorgehen.

Ein unseliges Ergebnis des Handels mit den Weißen war die Versorgung mit Schnaps, nach dem viele Indianer geradezu süchtig wurden. In späteren Jahren benützten fast alle englischsprachigen Händler Schnaps als Mittel zur Kundenbeeinflussung, obwohl es Bestimmungen gab, nach denen Verkauf und Ausschank von Spirituosen an Indianer verboten war. Die Händler an der Grenze rechtfertigten ihr Verhalten mit dem uralten Argument, daß es alle täten. Während ein Krieger nach dem anderen von Whiskey oder Rum betäubt zusammenbrach, taten viele Weiße die Konsequenzen mit einem Schulterzucken ab. Es ist jedoch zweifelhaft, ob viele weiße Männer größere Mengen des Getränks vertragen hätten, das einige Händler Ende des 19. Jahrhunderts ausschenkten. Ein Rezept erforderte: 1 Liter reinen Alkohol, 1 Pfund schwarzen Kautabak, 1 Flasche Jamaika-Ingwer, 1 Handvoll roten Pfeffer, 1 Liter schwarze Melasse und Missouriwasser nach Belieben. Der Händler hoffte dabei, daß sein indianischer Kunde großzügiger und leichter zu behandeln sein und daß er schließlich nicht aggressiv, sondern schläfrig werden würde.

Unglücklicherweise bewirkte die Ausweitung des Handels, besonders im Südwesten, auch erhöhte Umsätze mit einer weiteren Handelsware: Menschen. Der Sklavenhandel war in der Neuen Welt ursprünglich von den Spaniern ins Leben gerufen worden, weil sie Arbeitskräfte für die Gold- und Silberbergwerke Mexikos brauchten. Als ihr Vordringen nach Norden später durch die Wildheit der berittenen Prärie-Indianer aufgehalten worden war, hatten sie den Skla-

ZAUMZEUG AUF INDIANERART

Das als Kriegszügel bekannte und am häufigsten verwendete Zaumzeug der Indianer bestand aus einem um den Unterkiefer des Pferdes geschlungenen Strick. Die Schlinge diente als Gebiß; die freien Enden waren die Zügel, die der Reiter in der Hand hielt.

Beim Zureiten benützten die Indianer mitunter einen halfterähnlichen Zügel. Durch die Nasenschlinge und den Zügel hatte der Reiter starken Kontakt mit dem Pferdekopf; ein fester Zug am Zügel schnürte dem Pferd die Luft ab und brachte es so zum Stehen.

venhandel als Mittel zur Verhinderung eines Zusammenschlusses der Indianerstämme gegen sie gefördert. Sie hatten Apache, Comanche oder andere feindliche Indianer gekauft, die ihnen als Gefangene gebracht worden waren. Die Stämme waren bedauerlicherweise nur allzu gern bereit, Gefangene zu verkaufen.

In einem Sommer drangen beispielsweise Ende Juli etwa tausend Comanche in den Bezirk Chama in New Mexico ein, töteten sieben Menschen und entführten drei Jungen. Der spanische Gouverneur entsandte Soldaten zur Verfolgung

der Angreifer, aber seine Leute kamen erfolglos zurück. Am 15. August überfielen hundert Comanche den Pueblo Pecos, ermordeten neun Menschen und nahmen sieben gefangen. Diesmal war die Verfolgung erfolgreicher; Spanier griffen das Indianerlager 300 Kilometer von Santa Fe entfernt an und töteten 40 Comanche. Am 18. August brachten die Indianer in dem Dorf Albuquerque fünf Menschen um, entführten vier Schafhirten, schlachteten 400 Schafe und trieben alle Pferde davon. Eine Verfolgung war unmöglich; die dortige Miliz war gerade gegen die Navaho eingesetzt. Aber am 27. August kamen Comanche nach Taos, als herrsche allgemein Frieden, und durften Gefangene sowie Vieh, das spanische Brandzeichen trug, verkaufen.

Bei einem früheren Vorfall brachte eine Gruppe von Räubern, wahrscheinlich Apache, einige Caddokinder zu einem der Pueblomärkte. Als spanische Käufer sich aus irgendeinem Grund weigerten, die Kinder zu kaufen, schnitten die Räuber ihren kleinen Gefangenen vor den Augen einer entsetzten Menge die Kehlen durch. Um solche Massaker in Zukunft zu verhindern, genehmigte der König von Spanien die Zahlung von Lösegeld für Gefangene selbst in Fällen, wo keine Sklaven gebraucht wurden – wodurch er den Fortbestand dieses Handels sicherte. Selbst nach dem Rückzug der Spanier florierte der Sklavenhandel zwischen den Indianerstämmen bis ins 19. Jahrhundert hinein.

Auch innerhalb der engeren Sozialstruktur der Stämme bewirkte das Pferd grundlegende Veränderungen. Der Status der Frauen verbesserte sich – ursprünglich vor allem deshalb, weil ihnen einige der Lasten abgenommen wurden, die sie bisher selbst hatten schleppen müssen. Dadurch gewannen sie mehr Zeit für Handarbeiten und gesellschaftliches Leben. Doch die Frauen der Nomadenstämme konnten sich nicht lange über ihre Befreiung von traditionellen Arbeiten freuen. Die dadurch gewonnene Zeit wurde jetzt für das Bearbeiten der von den Jägern zurückgebrachten Bisonhäute verwendet. Teilweise wegen dieses Bedarfs, den die Jäger an Hilfspersonal hatten, wurde die Vielweiberei, die zuvor bei verschiedenen Stämmen in bescheidenem Umfang existiert hatte, bei reichen Männern immer beliebter. Die zusätzlichen Pferde gaben einem wohlhabenden Jäger die Möglichkeit, sich mehrere Frauen zu nehmen, die dann die Häute bearbeiten konnten. Ein Häuptling stellte dazu fest, daß seine „acht Frauen hundertfünfzig Häute im Jahr verarbeiten konnten, während eine einzelne Frau nur zehn verarbeiten konnte".

Für viele Stämme brachte das Pferd außerdem eine Aufteilung in verschiedene Klassen. In früheren Zeiten hatten die zu Fuß jagenden Indianer fast ihre gesamte Kraft darauf verwandt, ihr bloßes Überleben zu sichern. Aber nachdem das Pferd eine Wohlstandsgesellschaft begründet hatte, entwickelten sich drei grob umrissene Gesellschaftsklassen: eine privilegierte Oberschicht, von der erwartet wurde, daß sie sich als großzügig erwies und die Verantwortung für das allgemeine Wohlergehen der Gruppe übernahm; ein Mittelstand, der die meisten Vorrechte der Oberschicht genoß, aber weniger besaß und so unabhängig war, daß eine Familie jederzeit ihre Gruppe verlassen und sich einer anderen anschließen konnte; und schließlich eine unterprivilegierte Schicht, die aus Stammesangehörigen bestand, die nur wenige Pferde und andere Besitztümer hatten und von der Großherzigkeit der mächtigen Oberschicht abhängig waren. Obwohl Status bis zu einem gewissen Grad vererbbar war, gehörte der durch Mut und Geschicklichkeit als Jäger und Krieger erwerbbare Reichtum an Pferden zu den Kriterien für gesellschaftlichen Status. Deshalb konnte jeder tapfere, gewandte Krieger seine Klassenzugehörigkeit und die seiner Familie durch tapfere Überfälle auf feindliche Stämme in positiver Weise beeinflussen.

Obwohl die Indianer es vorzogen, domestizierte Tiere zu stehlen, hatte jeder Mann die Möglichkeit, seinen Reichtum dadurch zu vermehren, daß er Wildpferde einfing. Das war besonders bei den Comanche der Fall, denn in ihrem Stammesgebiet lagen einige der besten ursprünglichen Verbreitungsgebiete der wilden Mustangs. Die Indianer benützten viele Methoden, um Wildpferde einzufangen. Sie bauten Corrals aus Pfosten und Flechtwerk, deren Öffnung sich trichterförmig verengte, so daß die Pferde darauf zugetrieben und dann in den eigentlichen Pferch gejagt werden konnten. Auf ihren eigenen Pferden verfolgten sie Tiere, die nach dem Winter abgemagert und schwach waren, oder andere, die im Sommer fett und träge geworden waren, und fingen sie mit dem Lasso ein. Gute Wildpferde waren schwer zu fangen; tatsächlich entkamen die schnellsten und ausdauerndsten Mustangs fast immer. Um solche wertvollen Tiere möglichst doch zu fangen, jagten die Comanche sie in Stafetten, wobei sie die Tatsache ausnützten, daß die Pferdeherden dazu neigten, innerhalb ihrer Weidegebiete zu bleiben, und daß sie normalerweise in einem großen Kreis rannten, wenn sie verfolgt wurden. Reiter mit frischen Pferden übernahmen in regelmäßigen Zeitabständen die weitere Verfolgung. Durch diese Jagd, bei der sich die Verfolger ablösten, konnten die begehrten Mustangs bis zur Erschöpfung gehetzt und schließlich eingefangen werden, obwohl dieser Zeitpunkt unter Umständen erst nach zwei- bis dreitägiger ununterbrochener Jagd gekommen war.

Um ein frisch eingefangenes Pferd zu zähmen, fesselten die Comanche es zunächst und warfen es zu Boden. Der neue Besitzer blies ihm dann seinen Atem in die Nüstern, was viel-

leicht als Symbol seiner Herrschaft zu verstehen war. Als nächstes legte er dem Mustang ein Zaumzeug an, und spannte das Wildpferd einige Tage lang mit einer sanften alten Stute zusammen. Während der Mustang mit der Stute zusammenhing, befaßte sich der Besitzer oft mit ihm, um ihn an Menschen zu gewöhnen. Meist blieb das Wildpferd auch in der Nähe der Stute, wenn es losgebunden wurde. Um ein Pferd einzureiten, führte der Besitzer es in einen Sumpf, eine Sandgrube oder das tiefere Wasser eines Baches. Dort konnte es nicht so leicht bocken, und für den Reiter waren die unvermeidlichen Stürze weniger schmerzhaft.

In einer Beziehung gingen die Comanche und einige andere Stämme klüger mit Pferden um als die Spanier. Die Spanier ritten nur Hengste, die in kritischen Situationen, wenn es beispielsweise darum ging, gegen den Feind anzureiten, besonders leicht scheuten. Die Indianer kastrierten die meisten ihrer Hengste. Erstens ist ein Wallach gefügiger und deshalb leichter abzurichten als ein Hengst. Zweitens züchteten die Indianer ständig bessere Pferde heran, indem sie die meisten Hengste kastrierten und nur die besten als Zuchthengste behielten.

Die größten Pferdezüchter unter den Indianern Nordamerikas waren die Nez Percé. Der Forschungsreisende Meriwether Lewis notierte sich 1805 in seinem Reisetagebuch über die Pferde der Nez Percé: „Sie scheinen von ausgezeichneter Rasse zu sein, groß, elegant gebaut, lebhaft und ausdauernd; viele von ihnen erinnern an vollblütige englische Renner; manche von ihnen sind Schecken, bei denen große weiße Flecken ungleichmäßig mit einem Kastanienbraun vermischt sind." Die von Lewis beobachteten Schecken waren erstklassige Appaloosas.

Obwohl die Comanche die Pferdezucht nicht mit der gleichen Akribie wie die Nez Percé betrieben, verstanden sie es ebensogut, die Eigenschaften eines guten Pferdes zu entdecken. Sie beobachteten ein heranwachsendes Fohlen und beurteilten Körperbau, Farbe und Temperament. Mit ein bis zwei Jahren wurde das Tier auf Geschwindigkeit, Ausdauer, Furchtlosigkeit, Gelehrigkeit und Verwendbarkeit hin geprüft. Ein Krieger ritt unterwegs ein gewöhnliches Pferd, um sein Kriegs- oder Bisonpferd für anspruchsvollere Aufgaben zu schonen. Auf der Jagd und im Kampf ritt er nach Möglichkeit keine Stute. Stuten wurden von Frauen und Kindern geritten. Jeder alte Klepper konnte eine Traglast befördern oder ein Schleppgestell ziehen.

Zeigte ein Pferd jedoch hervorragende Anlagen, konnte sein Besitzer es zu einem Kriegs- oder Bisonpferd ausbilden, wobei es vorkam, daß dasselbe Tier für Kampf und Jagd verwendet wurde. In der Schlacht mußte ein Kriegspferd nicht nur die Schreie und das Kreischen der Kämpfenden

Obwohl viele Indianer der Einfachheit halber ohne Sattelzeug ritten, verwendeten sie auch Sättel – vor allem auf weiten Ritten und für Zeremonien. Frauen saßen auf einer Abwandlung des spanischen Kriegssattels mit seinen hohen Hörnern (*oben*). Männer bevorzugten ein weiches Sattelpolster wie das in der Mitte abgebildete eines Apache, das mit Bisonhaar und Gras ausgepolstert war. Die mit Glasperlen verzierte Satteldecke eines Cheyenne (*unten*) wurde bei besonders feierlichen Anlässen unter den Sattel gelegt.

ertragen, sondern auch aufmerksam auf die Befehle reagieren, die sein Reiter ihm durch Schenkeldruck oder Gewichtsverlagerung erteilte, während seine Hände damit beschäftigt waren, den Feind anzugreifen.

Einige herausragende Pferde lernten, parallel zum Feind geradeaus zu galoppieren, während der Reiter auf einer Seite des Pferdes hing, so daß vom Feind aus nur einer seiner Füße über dem Pferderücken sichtbar war. Der Reiter hing in einer Schlinge aus Pferde- oder Bisonhaar, die in die Pferdemähne geflochten war und um seine Schulter führte. Er ließ dann ein Bein über dem Rücken des Tieres und drückte das andere gegen den Pferdebauch. Diese spektakuläre Kampfesweise wurde jedoch in der Schlacht nur selten angewendet. Sie ließ die gesamte Flanke des Kriegspferdes verwundbar und erschwerte das genaue Zielen.

Ein zur Bisonjagd verwendetes Pferd mußte in vielen Punkten die gleichen Eigenschaften wie ein Kriegspferd aufweisen: Schnelligkeit und Furchtlosigkeit, um sich an eine nervöse, flüchtende Bisonherde heranzuwagen, gutes Reaktionsvermögen, um dem Angriff eines Bisons ausweichen zu können; und Ausdauer, um mit einer davonrasenden Herde kilometerweit Schritt halten zu können.

Ein Comanche hatte große Wertschätzung für sein Lieblingspferd. Er striegelte es, streichelte es und pflockte es nachts aus Sicherheitsgründen meistens in der Nähe seines Tipis an. Der Comanche Post Oak Jim erzählte einst einem Anthropologen: „Manche Männer liebten ihre Pferde mehr, als sie ihre Frauen liebten." Wer das Lieblingspferd eines Mannes tötete, verübte damit praktisch einen Mord.

Die Prärie-Indianer fertigten ihr Zaumzeug im allgemeinen selbst „an, wobei sie größtenteils spanische Muster abwandelten", aber auch eigene Ideen verwirklichten. Als Material verwendeten sie geflochtenes oder gewobenes Pferde- oder Bisonhaar, Rohhautleder und gegerbtes Leder. Manchmal wurde an dem Zügel auch eine stählerne Gebißstange befestigt. Aber die Indianer zogen es vor, ihre Pferde nur mit einem um den Unterkiefer geschlungenen dünnen Lederriemen zu reiten (*S. 59*). Auf der Jagd oder im Kampf wollten sie ihre Pferde nicht allzu schwer belasten und ritten deshalb ohne Sattel oder mit einem einfachen Fell oder einem aus Fell genähten Sattelpolster. Für Frauen und alte Männer sowie für Traglasten wurden spezielle Sättel gebaut, die aus einem Holz-und-Horn-Rahmen bestanden, der mit Sehnen und nassem Rohhautleder umwickelt wurde. Der Lederüberzug schrumpfte beim Trocknen und hielt die Teile fest zusammen. Zu solchen Sätteln (*links*), die mit einem zusammengefalteten Bisonfell oder einem Stück Bärenfell gepolstert wurden, gehörten Steigbügel aus grünem Holz, das in Form gebogen und so getrocknet wurde.

Ein lebhafter Markt für Händler

Für die Prärie-Indianer bedeutete das Pferd mehr als nur eine Steigerung der Mobilität der Krieger und Bisonjäger oder die Erlösung der Frauen von einem Teil der mit der Verlegung eines Lagers verbundenen anstrengenden Arbeit. Darüber hinaus verkörperten Pferde Reichtum und wurden zu einem Haupthandelsartikel. Außerdem versetzte das Pferd den Indianer in die Lage, ständig wachsende Entfernungen zurückzulegen, um Pferde und andere wertvolle Waren wie zum Beispiel Bisonfelle und Biberpelze in den von weißen Händlern errichteten Handelsstationen gegen gleichwertige Artikel einzutauschen.

Im Jahre 1840 gab es etwa 150 Handelsstationen in der Art der rechts abgebildeten. Da die berittenen Indianer sich ihre Geschäftspartner aussuchen konnten, wurde die Konkurrenz zwischen den Händlern heftig, und sie boten immer exotischere Waren an. Zu Gebrauchsartikeln wie Stoffen, Werkzeugen und Schußwaffen kamen Glocken aus Leipzig, Tonpfeifen aus Köln, Glasperlen aus Venedig und Muschelschmuck von den Bahamas.

Während die Indianer auf solchen Tand versessen waren und bereit waren, gut dafür zu zahlen, konnten sie recht stur sein, wenn es darum ging, um Waren zu feilschen, die sie wirklich brauchten. Sie waren erfahrene Pferdekenner und forderten beim Handel mit Weißen oder Indianern mindestens ein halbes Dutzend Pferde für ein gut ausgebildetes, ausdauerndes Tier, das schneller als ein Bison war.

Außerdem wußten sie, wie man aus einem guten Geschäft ein noch besseres macht. Schon in der zweiten Hälfte des 18. Jahrhunderts tauschten die Arikara ein Pferd gegen ein Gewehr, hundert Schuß Munition und ein Messer ein. Damit überfielen sie dann Weiße oder andere Stämme, um neue Pferde zu erbeuten.

Wie bei jeder anderen Ware schwankte der Wert des Pferdes je nach Angebot und Nachfrage. Anfang des 19. Jahrhunderts war ein gutes Pferd am oberen Missouri, wo es wenig Pferde, aber reichlich Bisons gab, etwa zehn Bisonfelle wert. Später sank der Preis bis auf drei Felle. Das Verhältnis änderte sich auch proportional zu dem Wohlstand des indianischen Geschäftspartners. Ein reicher Mann mußte für dieselbe Ware mehr zahlen als seine ärmeren Nachbarn (etwa neun statt zwei Pferde für ein besticktes Hemd und Leggings). Unten sind einige weitere Tauschrelationen angeführt, die in den Handelsstationen der High Plains üblich waren.

BEISPIELE FÜR TAUSCHRELATIONEN

1 gewöhnliches Reitpferd
- = 8 Bisonfelle
- = 1 Gewehr und 100 Schuß Munition
- = 1 Tabakballen von drei Pfund Gewicht
- = 15 Adlerfedern
- = 10 Wieselpelze
- = 5 Tipistangen
- = 1 Tipiüberzug aus Bisonfell
- = 1 Lederhemd und Leggings, beides mit Menschenhaar und Stachelschweinborsten verziert

1 gutes Rennpferd = 10 Gewehre
1 gutes Jagdpferd = mehrere Packtiere

1 Bisonfell
- = 3 Stahlmesser
- = 25 Schuß Munition
- = 1 Eisenkessel mit 3,8 Liter Fassungsvermögen
- = 3 Dutzend eiserne Pfeilspitzen
- = 1,5 Meter Baumwollstoffe

3	Bisonfelle	=	1	weiße Decke
4	Bisonfelle	=	1	scharlachrote Hudson's Bay-Decke
5	Bisonfelle	=	1	Halskette aus Bärenkrallen
30	Biberpelze	=	1	Krug Rum
10	Hermelinpelze	=	100	Wapitizähne

Handeltreibende Indianer versammeln sich in dem großen Innenhof von Fort William (das spätere Fort Laramie). Dieses Gemälde des Malers A. J. Miller ist 1837 entstanden – in einem Jahr, in dem über ein halbes Dutzend Plains-Stämme zu dieser Handelsstation kamen, um Tauschgeschäfte abzuschließen.

Ein faszinierender zusätzlicher Vorteil, der sich für die Indianer aus ihrer Hauptbeschäftigung mit Pferden ergab, war ihre profunde Kenntnis der Geographie des amerikanischen Westens. Auf ihren weiten Ritten, um Überfälle auszuführen oder Handel zu treiben, lernten sie Gebiete in- und auswendig kennen, die weit von ihrem Stammesgebiet entfernt waren. Der amerikanische Händler Josiah Gregg, der zu einer Überquerung der Plains aufbrechen wollte, sprach mit Big Eagle (Mächtiger Adler), einem Häuptling der Comanche, über die dortigen Gebiete. Gregg stellte dabei fest, daß Big Eagle offenbar „die gesamte mexikanische Grenze von Santa Fe bis Chihuahua und selbst bis zum Golf hinunter sowie die ganze Prärie gut kannte". Er verlangte als Beweis eine Karte, die Big Eagle auf der Stelle zeichnen konnte: „Mit einer weit genaueren Darstellung aller wichtigen Flüsse der Plains, der Straße von Missouri nach Santa Fe und den verschiedenen mexikanischen Siedlungen, als auf vielen der gestochenen Karten dieser Gebiete zu finden ist."

Ein weiterer Vorzug des Pferdes war der Spaß, den das Reiten machte. Bei den Sioux spielten die jungen wie ihre Altersgenossen in vielen anderen Stämmen rauhe Wettspiele, bei denen sie sich wunderbar amüsierten. Bei einem dieser Spiele ging es darum, die anderen vom Pferd zu werfen. Die Jungen zogen sich nackt aus, bildeten zwei Parteien, schwangen sich auf ihre Pferde und ritten mit wildem Kriegsgeschrei aufeinander los, wobei ihre Pferde sich aufbäumten und ausschlugen. Die Reiter gebrauchten keine Waffen, sondern versuchten, ihre Gegenspieler mit Ringergriffen vom Pferd zu heben. Ein Junge auf dem Boden galt als „tot" und schied aus. Das Ergebnis dieses Sports waren unweigerlich zahlreiche Prellungen und blaue Flecken – und viele geschickte Reiter und abgehärtete Krieger. Tatsächlich war General George Crook der Überzeugung, selbst unter Berücksichtigung der Comanche seien die Sioux die beste leichte Kavallerie, die es je gegeben habe.

Zu den beliebtesten Sportarten der Prärie-Indianer gehörten Pferderennen. Es gab kein großes Treffen zwischen den Stämmen, bei dem nicht Pferderennen stattfanden. Und manchmal verwettete ein Krieger seinen gesamten Besitz darauf, daß sein Lieblingspferd das eines anderen Indianers schlagen konnte. Die Zuneigung, die diese rauhbeinigen Sportler für ihre Lieblingsrenner empfanden, zeigte sich in einem Kalender der Kiowa. Jede Kalenderzeichnung symbolisierte ein denkwürdiges Ereignis aus dem jeweiligen Jahr. Im Winter 1852/53 stahl ein Pawnee bei den Kiowa das Rennpferd Red Pet, das schnellste des Stammes. Das war eine solch große Tragödie, daß sie als Sinnbild für diesen Winter bestimmt wurde.

Auch für die Comanche waren Pferderennen und Wetten auf Pferde ebenso ein Bestandteil ihres Alltags wie Raubüberfälle oder die Jagd. Zu einem der denkwürdigsten Rennen in der Geschichte dieses Stammes kam es Mitte des 19. Jahrhunderts, als eine Gruppe Comanche ihr Lager bei Fort Chadbourne in Westtexas aufschlug. Einige der Armeeoffiziere aus dem Fort forderten die scheinbar zögernden Indianer zu einem Pferderennen auf, und die Garnison versammelte sich, um zuzusehen. Die Comanche setzten Bisonfelle und andere Waren im Wert von etwa 60 Dollar gegen den gleichen Betrag in Form von Mehl, Zucker und weiteren Artikeln. Danach stellten sie ihren Renner vor, den Colonel Richard Dodge später folgendermaßen beschrieb: „Ein elendes Schaf von einem Indianerpony mit Beinen wie Butterfässer, am ganzen Körper mit einem drei Zoll langen, abstehenden Zottelpelz bedeckt und insgesamt ein Bild der Vernachlässigung, Hilflosigkeit und geduldig ertragenen Leidens, das im Herzen aller Betrachter Mitleid erweckte." Der indianische Jockey, ein kräftiger Mann, der aussah, als sei er „groß genug, um das arme Tier zu tragen", bearbeitete sein Reittier vom Start bis zum Ziel mit einem großen Knüppel. Zur Überraschung der Offiziere ging der jämmerliche Schinder nach einer Rennstrecke von 400 Metern mit einem Kopf Vorsprung durchs Ziel.

Dann stellten die Offiziere ihr nächstbestes Pferd vor. Beide Seiten verdoppelten ihren Einsatz, und ein zweites Rennen fand statt. Das Resultat war erstaunlicherweise das gleiche: Das erbärmliche, zottige Indianerpony siegte mit einer Kopflänge Vorsprung.

Aber die Offiziere hatten einen Trumpf im Ärmel – oder bildeten sich ein, ihn zu haben: eine Vollblutstute aus Kentucky, die schon zahlreiche Rennen gewonnen hatte. Sobald dieses prächtige Pferd vorgeführt wurde, verdoppelten die Indianer ihren Einsatz nochmals.

Auf den Ruf „Los!" hin warf der indianische Jockey seinen Knüppel weg und stieß einen schrillen Schrei aus. Sein Gaul zeigte der Vollblutstute auf der gesamten Strecke die Hufe. Auf den letzten 50 Metern drehte der Indianer sich auf dem Pferderücken um, schnitt Gesichter und forderte seinen weißen Konkurrenten auf, sich zu beeilen. Später vertrauten die Comanche den Offizieren an, daß sie mit diesem zottigen Rennpferd gerade 600 Ponys von den Kickapo in Oklahoma gewonnen hatten.

Die Comanche hätten den Offizieren auch ein weiteres Geheimnis anvertrauen können, von dem diese meisterhaften Reiter um 1850 überzeugt waren: daß der weiße Mann das Pferd erst bei *ihnen* kennengelernt habe und daß der Große Geist das Pferd ausdrücklich für die Comanche erschaffen habe. Und vielleicht hatte er das wirklich getan.

Auf dieser Piktographie eines Oglala-Sioux führen vier Reiter einen rituellen Tanz zu Pferde auf. Die Bemalung ihrer Tiere symbolisiert einen Sturm, während die Hörner und Masken der Reiter sowie die Gamaschen der Pferde den Bison verkörpern.

An Indian Horse Dance

Ein berittener Jäger galoppiert dicht an einen großen Bullen
heran und spannt seinen Bogen, um ihm den Fangschuß
zu geben. Bevor die Indianer von den Weißen Repetiergewehre
bekamen, bevorzugten sie Pfeil und Bogen für die Bisonjagd.

Die dramatische Jagd nach dem Bison

In Friedenszeiten war die Hauptbeschäftigung der nomadischen Prärie-Indianer die Bisonjagd, die auf diesen Gemälden George Catlins, eines aus Philadelphia stammenden Künstlers, der sechs Jahre bei diesen Indianern verbrachte, dargestellt ist. Der Bison lieferte nicht nur Fleisch; sondern buchstäblich alles, was ein Indianer zum Leben brauchte: von Löffeln bis hin zur Unterkunft (*S. 74–75*). Wegen seiner Bedeutung – und als Tribut an seine Kraft – wurde der Bison als heiliges Tier verehrt, dessen Geist vor jeder Jagd gepriesen wurde (*unten*).

Entscheidend für den Erfolg eines Bisonjägers war sein Pferd, das er mit größter Sorgfalt auswählte und pflegte. Es mußte schnell genug sein, um eine durchgehende Herde zu überholen, und genügend Ausdauer besitzen, um lange Strecken galoppieren zu können, da selbst ein tödlich verwundeter Bulle noch eine Meile weit laufen konnte, bevor er zusammenbrach. Ein gutes Pferd sollte trotz der Größe des Bisons während des Anpirschens ruhig bleiben. Falls die Bisons sich zur Verteidigung zusammendrängten, mußte das Pferd in die Herde eindringen und dabei geschickt den nach ihm stoßenden gefährlichen Hörnern ausweichen.

Kein Wunder, daß dieses Tier einen Vorzugsplatz in der Indianerfamilie einnahm. Wenn bekannt war, daß Diebe von anderen Stämmen in der Nähe waren, wurde das Bisonpferd ins Tipi geholt. Die Frauen mußten dann im Freien schlafen.

Zur Bisonjagd trug ein Jäger nur einen Lendenschurz und Mokassins, steckte ein Messer mit Scheide in seinen Gürtel und bewaffnete sich mit einer kurzen Lanze oder einem etwa einen Meter langen Bogen und 20 Pfeilen mit Eisenspitzen. Um den Hals seines Pferdes hing eine lockere Lederschlinge, die der Reiter ergreifen konnte, falls er vom Pferd fiel. Sobald der Jäger dicht genug an den Bison herangekommen war, versuchte er, einen Punkt hinter der letzten Rippe zu treffen, um das Zwerchfell zu durchlöchern und die Lungen zusammenfallen zu lassen. Aber selbst wenn der Pfeil oder die Lanze saß, waren im allgemeinen mindestens drei Treffer notwendig, bis das kraftstrotzende Tier endlich zusammenbrach.

Vor der Jagd tanzen Sioux um die Silhouette eines ins Gras gezeichneten, von Speeren durchbohrten Bisons.

Eine eindrucksvolle Erscheinung auf den weiten Plains: Ein ausgewachsener Bulle mit einer Schulterhöhe von etwa 1,80 Meter wog fast eine Tonne. Für die Indianer waren das Höckerfett und die Zunge ganz besondere Delikatessen.

Um sich im Sommer abzukühlen, wühlte der Bison feuchtes Erdreich mit den Hörnern auf und trampelte dann darin herum, bis eine feuchte, kühle Suhle entstanden war. Die kreisrunden Graspolster, die später in diesen Suhlen wuchsen, wurden von weißen Siedlern irrtümlich für indianische Tanzkreise gehalten.

Bevor die Indianer, die am Rande der Plains von der Bisonjagd zu leben versuchten, Pferde bekamen, führten sie ein gefahrvolles und mühsames Dasein. Obwohl die Bisons sich gelegentlich in Herden sammelten, die Hunderttausende von Tieren umfassen konnten und sich bis über den Horizont erstreckten, zog der Bison auf seinen Wanderungen häufiger in kleinen Herden mit fünf bis fünfzig Tieren, die über Nacht auftauchten und wieder verschwanden. Da der Bison schlecht sah und nicht sonderlich intelligent war, hätte er eigentlich eine leichte Beute der listigen indiani-

schen Jäger werden müssen. Aber allein durch seine ungeheure Größe und seine Wildheit, wenn er angegriffen wurde, war der Bison so gefährlich, daß ihm viele indianische Jäger zum Opfer fielen.

Solange die Indianer den Bison zu Fuß jagten, mußten sie sich viele verschiedene Jagdmethoden einfallen lassen, die teils subtil, teils grausam waren und alle nicht immer zuverlässig wirkten. Unter Wolfspelzen versteckte Jäger schlichen sich an weidende Herden an (unten). Andere verbargen sich unter Bisonfellen und versuchten, die Herde durch Blöken und

Bewegungen über einen Felsabbruch zu locken, wobei sie ihr Leben riskierten, falls die Tiere plötzlich durchgingen. Häufiger war die Treibjagd, bei der ganze Stämme aufgeboten wurden, um schreiende, Gewänder schwenkende Kolonnen zu bilden, die dann versuchten, eine Herde über eine Klippe zu treiben, an deren Fuß Männer die überlebenden Tiere mit Lanzen erlegten. Im Winter trieben Indianer die Bisons in Tiefschnee (nächste Seite) oder auf gefrorene Seen, wo die Tiere den Boden unter den Füßen verloren, so daß die Jäger sie leichter erlegen konnten.

Da gesunde Bisons in Herden keine Angst vor Wölfen hatten, tarnten indianische Jäger sich mit Wolfspelzen, um sich so an ihre Beute anzuschleichen.

Indianische Jäger auf Schneeschuhen aus Rohhautleder kreisen eine Herde ein, die in tiefem Schnee gefangen ist. Die wegen ihres Gewichts einsinkenden hilflosen Bisons werden von den Lanzen der Indianer durchbohrt oder mit Vorderladern erlegt, die von den Indianern ohne Hast geladen und nachgeladen werden können.

Berittene Jäger umzingeln eine Bisonherde und greifen dann mit
Lanzen und mit Pfeilen an. Die kühnsten Jäger trieben ihre
Pferde mitten ins Gewühl hinein, während andere darauf
warteten, die Tiere erlegen zu können, die zu fliehen versuchten.

Waidwunde Bisons, die den Jägern entkamen, wurden oft eine Beute der Wölfe – aber nicht ohne Gegenwehr. Ein Bison kämpfte noch weiter, nachdem die Wölfe ihm Augen, Nase und die Zunge herausgerissen und seine Beine zerfleischt hatten.

Die wirksamste Methode der Bisonjagd durch berittene Indianer war ein lärmender, tödlicher Kampf, Umzingelung genannt. Auf diese Weise konnte in einer Viertelstunde eine ganze Herde erlegt werden, was jedoch selten ohne Tote und Verletzte bei Reitern und Pferden abging. Die Umzingelung begann damit, daß zwei Kolonnen berittener Jäger sich allmählich einer Bisonherde näherten. Sobald die Tiere sich von zwei Seiten angegriffen sahen, begannen sie zu fliehen. Die beiden Kolonnen der Jäger schlossen sich im Galopp zusammen, und die Reiter brüllten und schwenkten die Arme, um den Leitbullen zum Umkehren zu bewegen. Während die verstörten Tiere im Kreis durcheinanderliefen, ritten die Indianer um sie herum, beschossen sie mit Pfeilen und griffen mit Lanzen an. Die in die Enge getriebenen und verwundeten Bisons stießen mit den Hörnern um sich und spießten manchmal ein Pferd auf, dessen abgeworfener Reiter zu Tode getrampelt werden konnte, während er zu entkommen versuchte. In diesem Chaos griffen die Bisons sich sogar gegenseitig an, und über dem Schlachtfeld stiegen Staubwolken hoch in die Luft.

Nachdem der letzte Bison erlegt war, kamen die Frauen herbei, um den Jägern zu helfen; jede Ehefrau erkannte ihre Tiere an den farbigen Markierungen an den Pfeilen ihres Kriegers. Zwei Indianer konnten einen ganzen Bison in einer Stunde abhäuten. Ein guter Jäger konnte bis zu sechs Ehefrauen haben, die seine Beutetiere abhäuteten und zerlegten, denn je besser er als Jäger war, desto mehr Menschen konnte er unterhalten. Die Bisonfelle und der größte Teil des Fleisches wurden auf Packpferden ins Lager zurückgebracht. Da einige Teile des Bisons, etwa das Gehirn und der Dünndarm, sich nicht aufbewahren ließen, wurden sie oft unmittelbar auf dem Schlachtfeld als Siegesmahl verschlungen. Wenn das letzte Packpferd mit seiner schweren Last davongeschwankt war, dann war die Ebene häufig mit von den Indianern absichtlich zurückgelassenen Bisonherzen übersät. Sie glaubten, die mystische Kraft dieser Herzen werde dazu beitragen, die ausgerottete Bisonherde zu regenerieren.

Das Allzwecktier der Plains

Jeder Teil des Bisons, der nicht gegessen wurde, fand anderweitig Verwendung. Aus Hörnern, Knochen, Hufen, Fell und inneren Organen wurden Haushaltsgegenstände wie die unten aufgeführten. Sogar der Bisonmist wurde als Brennmaterial aufbewahrt. Am vielseitigsten verwendbar war die Haut des Bisons. Ihre Dicke variierte je nach Alter und Geschlecht des Tieres. Die dickste Haut stammte von alten Bullen und wurde für Schilde und die Sohlen von Wintermokassins gebraucht.

Die dünnste war die Haut ungeborener Kälber, aus der Beutel für Beeren hergestellt wurden. Aus der Kuhhaut wurde wegen ihrer mittleren Dicke eine ganze Reihe von Gegenständen angefertigt – von Flößen bis hin zu Ballüberzügen für ein „Shinny" genanntes Spiel.
Die Indianer bearbeiteten die Häute auch, um ihnen unterschiedliche Eigenschaften zu verleihen. Eine als Rohhautleder bezeichnete unbehandelte Haut war hart und steif, jedoch nach dem Gerben (*S. 112–113*)

wurde sie weich und geschmeidig. Sollten aus Häuten Winterbekleidung und Decken hergestellt werden, ließ man die Haare daran, für andere Verwendungszwecke wurden sie abgekratzt. Der obere Teil einer Tipibespannung aus Kuhhaut, der durch das Fett und den Rauch zahlloser Kochfeuer regendicht geworden war, wurde später von den fleißigen Indianerinnen weiterverwertet: Sie zerschnitten dieses imprägnierte Leder und nähten daraus Kleidungsstücke.

Umhang eines Cheyenne-Kriegers

BEKLEIDUNG

Umhänge (*Bisonfell*)
Mützen mit Ohrenklappen (*Bisonfell*)
Mokassins (*Leder*)
Mokassinsohlen (*Rohhautleder aus Bullenhaut*)
Leggings (*Leder*)
Fausthandschuhe (*Bisonfell*)
Hemden (*Leder*)
Mäntel und Capes (*Bisonfell*)
Kleider (*Leder*)
Gürtel (*Rohhautleder aus Bullenhaut*)
Unterkleidung (*Kalbsleder*)
Lendenschurze (*Leder*)
Kopfschmuck-Verzierungen (*Haare, Hörner*)

TIPIS UND EINRICHTUNGSGEGENSTÄNDE

Tipi-Bespannungen (*Kuhleder*)
Tipi-Türenklappen (*Kuhleder*)
Tipi-Auskleidungen (*Kuhleder*)
Bettdecken (*Bisonfell*)
Cache-Abdeckungen (*Rohhautleder*)
Tipi-Verzierungen (*Haare, Schwänze*)
Medizinkästen (*Rohhautleder*)
Truhen (*Rohhautleder*)

Arapaho-Bälle

ZEREMONIALGEGENSTÄNDE

Sonnentanz-Altäre (*Schädel*)
Rasseln (*Hufe, Rohhautleder*)
Pferdemasken (*Häute, Hörner*)
Leichentücher (*Leder*)

GERÄTE FÜR SPORT UND ERHOLUNG

Eisschlitten-Kufen (*Rippen*)
Würfel (*Knochen*)
Ballfüllungen (*Haare*)
Ballüberzüge (*Kalbsleder*)
Bespannung für Lacrosse-Schläger (*Rohhautleder*)

Oto-Traglastgurt

REITEN UND TRANSPORTE

Traglastgurte (*Leder*)

Sattelbespannungen (*Rohhautleder*)

Sattelpolsterüberzüge (*Leder*)

Sattelgurte (*Rohhautleder*)

Steigbügelüberzüge (*Rohhautleder*)

Schwanzriemen (*Rohhautleder*)

Packtaschen (*Rohhautleder*)

Einfache und doppelte Satteltaschen
(*Rohhautleder*)

Tabaksbeutel (*Kalbsleder*)

Beerenbeutel (*Leder von ungeborenen Kälbern*)

Zügel (*Rohhautleder, Haare*)

Honda-Ringe (*Horn*)

Zaumzeug (*Rohhautleder*)

Lassos (*Rohhautleder*)

Pferdestricke (*Rohhautleder*)

Vorderbeinfesseln (*Rohhautleder*)

Satteldecken (*Leder*)

Travois-Gurte (*Rohhautleder*)

Stangengurte (*Rohhautleder*)

Verschiedene dünne Lederriemen (Rohhautleder)

Pferdedecken (Leder)

Wassertröge (*Rohhautleder*)

Huf-„Eisen" (*Rohhautleder*)

Flöße (*Kuhleder*)

Schneeschuhe (*Rohhautleder*)

Cheyenne-Schild

Tierhautschaber einer Sioux

WERKZEUGE UND GEBRAUCHSGEGENSTÄNDE

Pfeilausrichter (*Höcker*)

Zerwirkgeräte (*Oberschenkelknochen*)

Griffe für Fleischklopfer (*Rohhautleder*)

Hacken (*Schulterblätter*)

Hammergriffe (*Rohhautleder*)

Kochtöpfe (*Magen*)

Wassereimer (*Magen*)

Löffel (*Horn*)

Becher (*Horn*)

Schöpflöffel (*Horn*)

Messer (*Knochen*)

Haarbürsten (*rauhe Seite der Zunge*)

Brennmaterial (*Mist*)

Fliegenklatschen (*Schwanz*)

Leim (*Hufe, Haut*)

Gerbmittel (*Gehirn, Fett, Leber*)

Seifen (*Fett*)

Nähfaden (*Sehnen*)

Nähnadeln (*Knochen*)

Hautschaber (*Knochen*)

Farbpinsel (*Hüftknochen, Schulterblatt*)

Federglätter (*Horn*)

Werkzeug zum Enthaaren von Seilen (*Schädel*)

WAFFEN

Schilde (*Rohleder vom Nacken der Bullen*)

Bogenumwicklungen (*Bullensehnen*)

Bogensehnen (*Bullensehnen*)

Pfeilspitzen (*Knochen*)

Befestigungen für Pfeilspitzen (*Sehnen*)

Pulverhörner (*Horn*)

Überzüge für Streitkeulen (*Rohhautleder*)

Verzierungen für Keulen (*Haare, Bart*)

Messerscheiden (*Rohhautleder*)

3 | Eine anpassungsfähige Lebensweise

Die von den Prärie-Indianern gefundenen Lösungen für menschliche Grundprobleme, wie Ernährung, Unterkunft und Sozialordnung weisen sie als einfallsreich und erfinderisch aus – Eigenschaften, die sich am deutlichsten in ihren Unterkünften zeigten. Das Tipi (*S. 2*) entsprach den Wohnbedürfnissen des umherstreifenden Bisonjägers am vollkommensten. Dieses Zelt aus Bisonhaut war transportabel, leicht aufzubauen, regendicht und wegen seiner geschickt angebrachten Rauchklappen auch bei brennendem Feuer gut belüftet.

Obwohl das Tipi zu einem Symbol für die Lebensweise der Prärie-Indianer geworden ist, verbrachten viele Stämme einen großen Teil des Jahres, wenn sie nicht auf Wanderschaft waren, in ortsfesten Erd- oder Grashütten. Aber keine von diesen Unterkünften der Prärie-Indianer konnte sich mit denen der Pueblo-Indianer messen, die im Südwesten in terrassenförmig angelegten Apartmenthäusern wohnten, in denen das Dach der jeweils unteren Wohnung den Balkon der nächsthöheren bildete.

Ein Arapaho-Krieger steht vor seinem Tipi in einem provisorischen Lager im Südwesten Oklahomas.

Indianer vom Stamme der Pawnee, die ihre Erdhütten hier als Tribünen benützen,
verfolgen eine Stammeszeremonie. Diese Unterkünfte für jeweils mehrere
Familien waren mit Pfosten und Tragbalken abgestrebt und mit Lagen aus
Weidenzweigen, Grassoden und Schlamm bedeckt. Mit einem Durchmesser von
mehr als 12 Metern boten diese Hütten sogar den kostbaren Pferden Platz.

Diese an einen riesigen Bienenstock erinnernde Wichita-Hütte in der Prärie von
Oklahoma besitzt ähnlich wie eine Erdhütte ein Balkengerüst, ist aber nur mit Gras-
büscheln gedeckt, die dem warmen Klima der südlichen Plains eher angepaßt
waren. Die Grasbüschel wurden durch dünne, elastische Holzstäbe niedergehalten.

In dem Handelszentrum Taos, New Mexico – für die Stämme der südlichen Plains ein Marktplatz für Pferde und Lebensmittel –, wohnten die Pueblo-Indianer in einem weitläufigen Apartmentkomplex aus luftgetrockneten Adobe-Ziegeln. Die einzelnen Räume waren recht klein und wurden je nach Bedarf angebaut.

Die wohlgeordnete Welt der Kriegerstämme

Ein Cheyenne-Baby, das seinen ersten Schrei ausstieß und seine kleinen dunklen Augen aufschlug, sah sich einem geordneten System von menschlichen Beziehungen, Institutionen und Wertvorstellungen gegenüber – einer Welt, die so eingerichtet war, daß sie die Erhaltung des Stammes sicherte und ein befriedigendes Leben von der Kindheit bis zum Greisenalter ermöglichte, wenn auch nicht garantierte.

Während der Schwangerschaft beachtete die werdende Mutter die entsprechenden Tabus; sie vermied es beispielsweise, irgendeinen ungewöhnlichen Menschen, ein seltsames Tier oder einen fremdartigen Gegenstand allzu lange anzustarren, weil sie fürchteten, ihr Kind könnte dann entstellt zur Welt kommen. Und sie hielt sich an eine Übung, mit der wohl jeder heutige Gynäkologe einverstanden wäre: Sie stand jeden Morgen vor Sonnenaufgang auf und machte einen Spaziergang. Aber sie tat dies, weil sie glaubte, Babys wüchsen in der Morgendämmerung, und das Spazierengehen helfe ihnen dabei.

Bei der Geburt, die entweder in einem eigenen kleinen Tipi oder, was üblicher war, in dem Tipi der Familie stattfand, waren ältere Frauen anwesend: die weiblichen Verwandten der Mutter und eine oder zwei weise alte Hebammen. Zur Geburt hockte die Mutter auf einem mit Heu gepolsterten Bisonfell und umklammerte mit den Händen einen vor ihr eingeschlagenen Holzpflock. In manchen Fällen wurde ein Medizinmann hinzugezogen, der in der Nähe saß, Gebete sang und eine Rassel schüttelte.

Nach der Entbindung kitzelte eine Hebamme die Mutter mit einem Finger oder einer Feder im Hals, damit sie die Nachgeburt ausstieß, die dann in einem Säckchen verknotet

Ein Futteral für die Nabelschnur

außerhalb des Lagers an einen Baum gehängt wurde. Sie durfte nicht vergraben werden, weil die Cheyenne glaubten, das könne dem Kind den Tod bringen. Die Frauen fetteten die Haut des Neugeborenen ein und puderten sie mit fein zerstoßenem getrockneten Bisonmist, Holzmehl aus verrotteten Pappelstämmen oder trockenen Sporen des Bovistes. Sobald die Nabelschnur später eingetrocknet und abgefallen war, nähte die Mutter sie in einen Hirschlederbeutel ein, dem sie die Form einer Schildkröte oder Eidechse gab (*links*) und der als Amulett am Hals des Kindes hing oder an seiner Kleidung befestigt wurde, um ihm ein langes Leben zu sichern. In den Tagen vor der Geburt tat der werdende Vater Dinge, die sonst für einen Cheyenne als unmännlich gegolten hätten. Er holte seiner Frau Brennholz und Wasser und machte sich häufig Gedanken über die Aussichten für eine problemlose Geburt. Der Stamm freute sich über jedes Neugeborene, vor allem über Jungen, die ja potentielle Krieger waren. Wegen der mit männlichen Beschäftigungen wie Jagd und Krieg verbundenen Gefahren gab es in den Stämmen im allgemeinen mehr Frauen als Männer. Aber alle Kinder waren willkommen. Oft schoß ein Vater, der von der Geburt seines Kindes erfuhr, sein Gewehr ab.

Das Neugeborene erhielt seinen Namen gewöhnlich von einem älteren Verwandten des Vaters – von den Großeltern, einem Onkel oder einer Tante. Jungen wurden oft nach einem Tier oder nach einer körperlichen Eigenschaft benannt, wobei der Name durch ein hinzugesetztes Adjektiv ergänzt wurde: Großer Büffel, Gefleckter Wolf, Kleiner Habicht oder Graues Wuschelhaar. Mädchennamen enthielten fast immer den Zusatz „Frau": Eulenfrau, Bisonkalb-Straße-Frau, Kleiner-Bach-Frau. Aber bis zum fünften oder sechsten Lebensjahr waren Spitznamen für Mädchen und jungen recht gebräuchlich. Der Kosename für einen kleinen Jungen konnte Moksois, der für ein kleines Mädchen Moksiis lauten. Beide Namen bedeuteten Dickbauch.

Winona, eine hochschwangere junge Sioux-Indianerin, steht zwischen den Tipis eines Indianerlagers in der Nähe von Fort Snelling, Minnesota, am Nordostrand der Great Plains.

Schon nach wenigen Wochen schnürte die Mutter das Baby auf ein Wiegenbrett, ein Holzgestell mit einem weichen Lederbeutel, das sie auf dem Rücken tragen konnte. Das Wiegenbrett war ein vielseitig verwendbares Gerät. Es konnte am Sattel eingehakt oder auf ein Schleppgestell gebunden werden; es konnte im Inneren eines Tipis aufgehängt oder an die Bespannung gelehnt werden, wenn die Mutter im Freien arbeitete. In jeder dieser Positionen besaß es einen Vorzug gegenüber den Wiegen oder Kinderwagen der Weißen: Schon lange bevor ein Indianerbaby sitzen konnte, war es auf diese Weise imstande, seine Umgebung sowie das Kommen und Gehen anderer Leute in aufrechter Körperhaltung zu beobachten. Selbst wenn das Kleinkind nicht auf dem Brett war, befand es sich oft in aufrechter Haltung, denn seine Mutter trug es manchmal auch in einer Deckenschlinge auf dem Rücken, wobei sein Kopf sich etwas höher als ihrer befand.

Die Mutter brachte ihrem Kind viel Zuneigung und Zärtlichkeit entgegen und stillte es nach seinem Belieben. Cheyenne-Kinder wurden oft bis zum vierten oder fünften Lebensjahr gestillt. Aber das Baby erlitt zumindest ein traumatisches Erlebnis. Die Cheyenne duldeten kein Kindergeschrei. Sie hielten es zu jedem Zeitpunkt für antisozial; außerdem konnte ein weinendes Baby etwaigen Angreifern die Position des Lagers verraten. Falls ein Baby weiterweinte, nachdem seine Bedürfnisse befriedigt waren, hängte seine Mutter es in seinem Wiegenbrett an einen Busch und ließ es sich dort allein ausweinen. So lernte das Baby, daß Weinen oder Schreien zwecklos war. Auf diese Weise tat es den ersten Schritt in Richtung auf die strikte Selbstbeherrschung hin, die für das Leben der Indianer charakteristisch war.

Die Kinder wurden schon frühzeitig in das harte Stammesleben integriert, das sich selbstverständlich zu einem großen Teil im Sattel abspielte. Im Alter von zwei bis drei Jahren ritten die Kinder mit ihren Müttern oder wurden auf einem gutmütigen Pferd im Sattel festgebunden. Mit fünf bis sechs Jahren hatte ein Junge vielleicht schon ein eigenes Pferd, das ihm sein Vater oder sein Großvater geschenkt hatte, und war ein guter Reiter, der mithelfen konnte, die Pferde zusammenzutreiben. Die gleichaltrigen Mädchen begannen ihren Müttern zu helfen, nach Wurzeln zu graben sowie Brennholz und Wasser zu schleppen.

Cheyenne-Kinder wurden ungewöhnlich abgehärtet und lernten, die Extreme eines naturnahen Lebens zu ertragen, indem sie im Hochsommer bei sengender Hitze unterwegs waren und im Winter im Freien arbeiteten und spielten. Ein Frontiersman namens Jacob Fowler beobachtete im Winter des Jahres 1821 spielende Indianerkinder auf dem zugefrorenen Oberlauf des Arkansas. Bei den Kindern handelte es

sich vermutlich um Comanche, Kiowa, Cheyenne und Arapaho, denn damals herrschte zwischen diesen vier Stämmen ein verhältnismäßig haltbarer Frieden. Fowler war ein guter Beobachter: „Das Wetter ist jetzt kalt, der Fluß zugefroren, das Eis sehr dick, und die Indianerkinder, die laufen können, bis hinauf zu großen Jungen, sind bei Tageslicht auf dem Eis – und alle so nackt, wie sie auf diese Welt gekommen sind. Sie treiben dort alle möglichen Sportarten, und obwohl der Frost sehr streng ist, scheint es ihnen recht warm zu sein, und sie sind so lebhaft, wie ich je Kinder im Hochsommer erlebt habe. Ich bin davon überzeugt, daß wir über tausend dieser Kinder gleichzeitig auf dem Eis gesehen haben, und einige von denen, die noch zu klein waren, um selbst gehen zu können, wurden von den größeren Kindern auf einem Stück Fell aufs Eis gesetzt, und in dieser Situation strampelt das Kleine und kräht und lacht den anderen zu, die um es herum spielen. Ich bezweifle, daß ein weißes Kind, das bei solchem Wetter in diese Situation versetzt würde, eine halbe Stunde lang überleben könnte."

Fowler machte keinen Unterschied zwischen den Kindern verschiedener Stämme. Es ist unwahrscheinlich, daß er Cheyenne-Kinder gesehen hat, die im Alter von vier oder fünf Jahren noch völlig nackt spielten, denn die Cheyenne waren streng, was Bekleidung und Sexualität anging. Die Eltern und ältere Ratgeber bestraften die Kinder selten, aber sie ermahnten sie ständig, nicht nur keusch und tugendsam, sondern auch ehrlich, ernsthaft, freundlich, bescheiden, fleißig und großzügig zu sein, damit sie etwas darstellten und nicht innerhalb des Stammes verspottet wurden und ins Gerede kamen. Auch hier führte die in frühester Kindheit begonnene Ausbildung direkt zu später praktizierten Verhaltensweisen. Als Erwachsener maß ein Cheyenne seinen Status an der Achtung, die ihm seine Stammesbrüder entgegenbrachten, und fürchtete sich davor, ihnen Anlaß zu Kritik oder Verachtung zu geben.

Tatsächlich imitierten die meisten Kinderspiele das Leben der Erwachsenen. Kleine Mädchen spielten mit Spielzeugtipis und Hirschlederpuppen; kleine Jungen trugen Pfeile und Bogen, die ihrer Größe entsprachen, mit sich herum. Die etwas älteren Kinder spielten Lager, indem sie winzige Tipisiedlungen aufbauten, in denen sie Scheinfamilien gründeten. Die Jungen gaben vor, auf die Jagd und in den Kampf zu ziehen und zählten Coups wie die erwachsenen Männer. Sie ritten auf Steckenpferden aus, um Bisons zu jagen, die von anderen Jungen gespielt wurden, die Feigenkaktusblätter an Stangen trugen. Ein Pfeil, der die auf dem Kaktusblatt markierte Stelle traf, galt als tödlicher

Schuß, und der Junge, der den Bison spielte, ließ sich daraufhin fallen und „verendete" – aber wenn der Schuß danebenging, griff der wütende Bison an, und es konnte dem Jäger passieren, daß er einen Schlag mit dem Kaktus abbekam. Manchmal angelten die Jungen Fische oder erlegten Vögel oder Kaninchen und brachten sie mit, damit die Mädchen sie zubereiten konnten. Die Jungen und Mädchen genossen auch die Gesellschaft der älteren Stammesangehörigen. Großväter verbrachten viele Stunden damit, ihren Enkeln Geschichten zu erzählen, und gaben so die Mythen und Sagen des Stammes weiter.

Aber sobald die Kinder zu Jugendlichen wurden, durften Mädchen und Jungen nicht mehr zusammen spielen. Nun war es Zeit, daß die Familie und der Stamm die Angehörigen beider Geschlechter auf ihr Leben als Erwachsene vorbereiteten. Mit 12 oder 14 Jahren machte ein Junge die erste richtige Jagd mit. Erlegte er einen Bison – der erste war im allgemeinen ein Kalb –, wurde er von seiner Familie in den höchsten Tönen gelobt. Sein Vater rief diese Neuigkeit im ganzen Lager aus; falls der Vater es sich leisten konnte, verkündete er gleichzeitig, er werde einem verdienstvollen Armen ein gutes Pferd schenken, oder er lud eine ganze

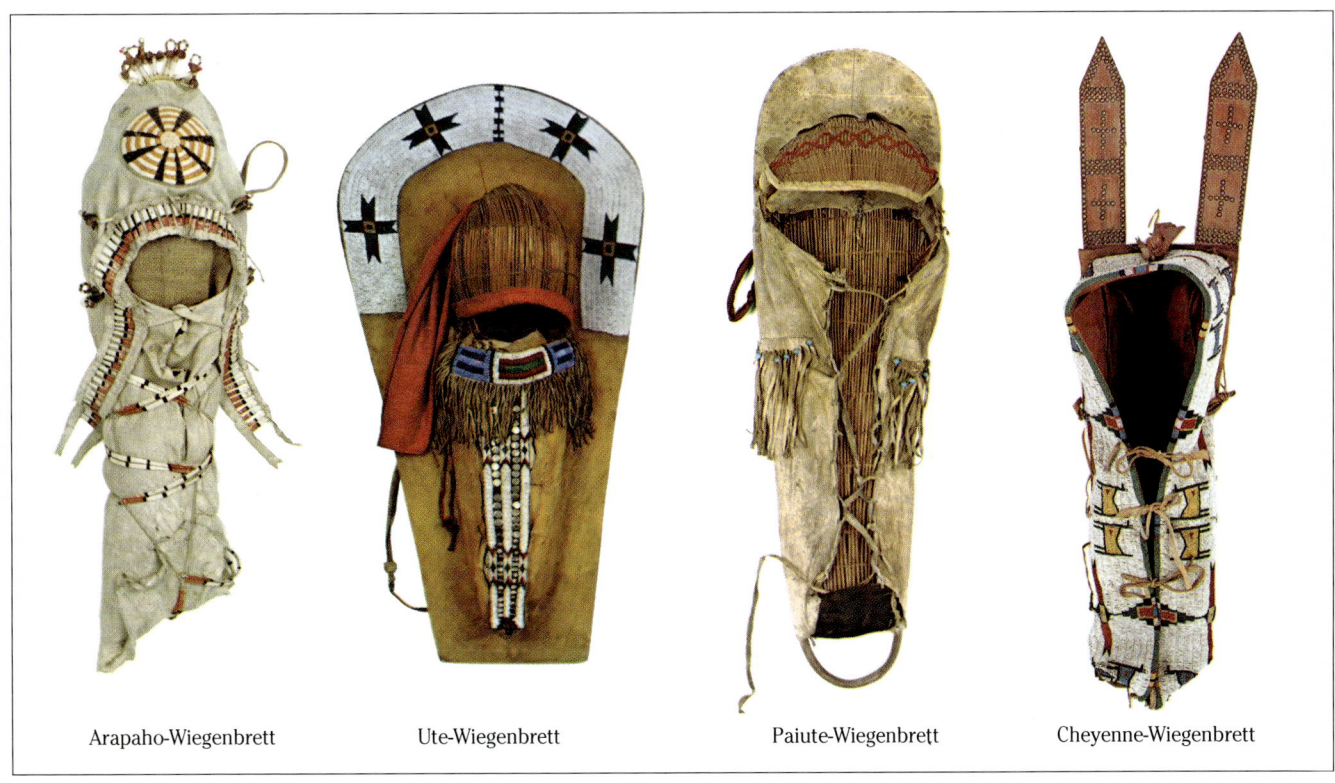

Arapaho-Wiegenbrett   Ute-Wiegenbrett   Paiute-Wiegenbrett   Cheyenne-Wiegenbrett

Gruppe bedürftiger Stammesbrüder zu einem Festmahl ein. Mancher Fünfzehnjährige hatte schon eine Kriegergruppe auf einem Raubzug begleitet. Er konnte sich den Kriegern nützlich machen, indem er Aufgaben wie Holzsammeln und Pferdehalten übernahm, und wurde von den Männern mit Respekt behandelt. Während der Expedition lernte der Junge Gefahren kennen, beobachtete die Männer im Kampf und wurde für männliches Verhalten gelobt.

Die Cheyenne kannten keine Initiationsriten für Knaben, aber jeder Junge sah, wie seine älteren Freunde geehrt wurden, und freute sich auf den Tag, an dem auch er wichtige Leistungen vollbringen würde. Sobald ein Junge einen Bison erlegt und die Entbehrungen und Gefahren eines Raubzuges miterlebt hatte, stand ihm die Würde eines Mannes zu, obwohl er vielleicht noch viel zu lernen hatte. In der Zwischenzeit beteiligte er sich bei beginnender Pubertät an rauhen Spielen mit seinen Altersgenossen.

Bei den Sioux spielten die Jungen die für Prärie-Indianer typischen Spiele, durch die Ausdauer und Zähigkeit gefördert wurden. Beim Schlag-Tritt-Spiel stellten die Jungen sich in zwei Reihen gegenüber auf, wobei jeder Spieler einen Fellumhang als Schild um den linken Arm gewickelt trug. Einer der Jungen rief: „Sollen wir sie bei den Haaren packen und mit den Knien ins Gesicht stoßen, bis sie bluten?" Dann stürmten die beiden Reihen aufeinander los und versuchten, Spieler der anderen Seite niederzutreten. Zweck dieses Spiels war es, sich mit dem Schild zu schützen und einen Gegenspieler zu Boden zu zwingen. Ein Junge, der zu Boden gegangen war und nicht von Spielern seiner Partei beschützt wurde, wurde an den Haaren gepackt und mit Knien ins Gesicht gestoßen, bis er blutete; dann durfte er weiterkämpfen. Das Spiel ging weiter, bis eine der Mannschaften den Rückzug antrat oder alle Spieler erschöpft waren. Iron Shell, ein älterer Sioux, erinnerte sich später: „Manche Jungen wurden schwer verletzt, aber danach redeten und lachten wir darüber. Nur selten wurde einer der Burschen wirklich wütend."

Ein weiterer rauher Sport der Sioux war das Feuerwerfspiel. Zwei Mannschaften häuften in etwa 50 Meter Entfernung Unterholz auf und setzten es in Brand. Jeder Junge bewaffnete sich mit einigen brennenden Stöcken, und die beiden Parteien rückten gegeneinander vor, wobei sie ihre brennenden Lanzen warfen oder sie als Keulen benützten. Zweck dieses Spiels war es, die Gegner in die Flucht zu schlagen und ihren brennenden Holzstoß zu erobern. Über das Feuerwerfspiel sagte ein alter Sioux: „Sobald man einem Gegner zwei oder drei Schläge versetzt hat, geht einem die Fackel aus. Dann bekommt man seinen Teil ab, bis die Fackel des anderen erlischt."

Mädchen im gleichen Alter hatten ihre eigenen Spiele: aufregend, aber weniger hart. Bei den Cheyenne spielten sie ein Geschicklichkeitsspiel, bei dem es darum ging, einen mit Antilopenhaar ausgestopften Lederball möglichst oft mit dem Fuß in die Luft zu befördern, ohne ihn zwischendurch den Boden berühren zu lassen. Sioux-Mädchen spielten eine Art Hockey, bei dem sie gekrümmte Stöcke benützten, um den Ball übers Spielfeld und ins gegnerische Tor zu treiben. Im allgemeinen wurden die Mädchen bei den Prärie-Indianern jedoch dazu angehalten, nicht durchs Lager zu streifen; wenn sie älter wurden, blieben sie in der Nähe ihrer Familientipis und wagten sich nur in Begleitung ins Lager. Unterdessen lernten sie, Mokassins zuzuschneiden und zu verzieren, zu nähen, mit Perlen zu sticken, zu kochen und Bisonhäute und andere Tierfelle zuzurichten und zu gerben.

Bei den Cheyenne gab es formelle Initiationsriten für Mädchen. Bei Eintritt der Menarche verkündete sein Vater im Lager, daß es eine Frau geworden sei (die Indianer benützten das Wort „Squaw" nicht, das die Weißen fälschlich aus einem bei den an der Ostküste lebenden Stämmen üblichen Ausdruck gebildet hatten). Falls er wohlhabend war, verschenkte er aus diesem Anlaß vielleicht ein Pferd. Das Mädchen löste sein Haar und badete; die älteren Frauen bemalten seinen Körper rot. Danach hüllte es sich in eine Bisonrobe und nahm am Feuer Platz. Holzkohle aus dem Feuer wurde mit Süßgras, Wacholdernadeln und weißem Beifuß bestreut, und das Mädchen beugte sich mit geöffneter Robe darüber, so daß der Rauch seinen ganzen Körper bestrich. Dann begab es sich in ein spezielles Tipi, in dem die Frauen ihre Menstruationsperioden verbrachten. Dort kümmerte ihre Großmutter sich um die junge Frau und belehrte sie, wie sie sich als Frau zu benehmen hatte. Zum Abschluß setzte das Mädchen sich nochmals dem Rauch aus, um seinen Körper zu reinigen, und kehrte wieder heim.

Die Frauen der Cheyenne waren für ihre Tugendhaftigkeit bekannt. Eine junge unverheiratete Frau trug gewöhnlich einen Keuschheitsgürtel aus Leder oder Seilgeflecht. Eine Cheyenne hat einen ausführlichen Bericht über ihr Leben als junge Frau, die Werbung und ihre Ehe hinterlassen. Kurz nachdem ihr erster Verehrer sich um sie bemühte, gab ihre Tante ihr folgende Ratschläge: „Es ist dumm, mit diesem jungen Mann allzu viele Blicke zu wechseln und ihm zuzulächeln – vor allem in der Öffentlichkeit. Er wird dich für leichtfertig halten. Wenn er dich nachts besucht, darfst du nie vor ihm weglaufen. Tust du das, beweist es nur, daß du albern und nicht genügend unterwiesen und dazu erzogen worden bist, die Aufmerksamkeiten eines Verehrers zu respektieren. Du darfst unter keinen

Umständen gleich ja sagen, wenn dein Verehrer dich zum erstenmal bittet, seine Frau zu werden, selbst wenn er noch so gut aussieht. Und wenn er wirklich viel von dir hält, wird er dich auch weiterhin besuchen. Wenn er nachts kommt, läßt du ihn nicht zu lange bleiben, sondern bittest ihn, wieder zu gehen. Läßt du ihn bei dir bleiben, bis er von selbst geht, denkt er, du seist in ihn verliebt, und achtet dich gewiß weniger. Du mußt stets sorgfältig darauf achten, daß das Leder [der Keuschheitsgürtel] gut verknotet ist. Du mußt daran denken, daß ein Mann, der deine Brust berührt...dich für sein Eigentum hält. Und falls er dich dann doch nicht heiraten will, wird er nicht verschweigen, was er dir angetan hat, und du wirst für unmoralisch gehalten werden. Und dann hast du keine Möglichkeit mehr, in eine gute Familie hineinzuheiraten. Kurz gesagt, du wirst nicht gekauft, was doch gewiß der Ehrgeiz aller jungen Frauen ist."

Die Cheyenne hatte wenig Zeit, die Ratschläge anzuwenden. Schon bald nach diesem Vortrag ihrer Tante kamen einige alte Männer aus einem anderen Lager und hielten bei ihrem Vater für einen jungen Mann aus ihrer Familie um ihre Hand an. Sie kannte ihren zukünftigen Gatten nicht, aber nach entsprechender Bedenkzeit stimmte ihr Vater zu. Am nächsten Tag wurden fünf gute Reitpferde und andere Waren zu ihrem Tipi geschickt. Ihre männlichen Verwandten ermutigten sie, das Angebot anzunehmen, und erwähnten auch, daß ihr Vater allmählich alt werde.

„Er sieht nicht mehr sehr gut. Dieser junge Mann kann die notwendigen Arbeiten für deinen Vater übernehmen. Aber wir wollen dir nichts gegen deinen Willen aufdrängen", fügten sie hinzu. Die junge Frau war unsicher, sagte aber: „Ich liebe meinen Vater und werde tun, was ihm für mich richtig erscheint."

Ihre Verwandten nahmen die fünf Pferde an und schenkten der zukünftig mit ihnen verschwägerten Familie ihrerseits fünf Pferde. Sie bestieg eines davon und ritt mit einer Abordnung in das nahe gelegene Lager ihres zukünftigen Mannes. Die weiblichen Verwandten des jungen Mannes kamen ihr entgegen, setzten sie auf eine Decke und trugen sie in sein Tipi. Sie betrat es und nahm neben ihm Platz. Die Frauen brachten Kleider, Schals, Ringe, Armreifen, Leggings und Mokassins. Sie kleideten sie prächtig, flochten ihr Zöpfe und malten ihr rote Punkte auf die Wangen. Dann kehrte sie in ihr eigenes Lager zurück, wo ihre Mutter und ihre Tante ein Hochzeitsmahl zubereitet hatten und wo ein neues Tipi für die Jungvermählten errichtet wurde. Nach einem Jahr brachte die junge Frau ihr erstes Kind zur Welt. Sie erinnerte sich: „Etwa von diesem Zeitpunkt an begann ich, meinen Mann wirklich zu lieben. Er behandelte mich stets mit großer Achtung und sehr viel Freundlichkeit."

Wie ein Indianer seinen Namen erhielt

Indianernamen bildeten eine eigene Sprache und enthielten Beschreibungen, Anspielungen oder sogar magische Bedeutungen. Ein Indianerbaby erhielt bald nach der Geburt einen Namen – gewöhnlich von einem Medizinmann oder einem Verwandten väterlicherseits –, und das gesamte Dorf nahm an dieser Feier teil. Das Kind konnte nach einem Tier, einer Naturerscheinung, wie Donner am Tag seiner Geburt, oder nach einer tapferen Tat benannt werden, die der Namensgeber vollbracht hatte. Eine Frau behielt im allgemeinen den Namen, den sie bei dieser Gelegenheit erhalten hatte, aber ein Mann ersetzte den ursprünglichen Namen oft durch einen neuen, der einen Akt persönlicher Tapferkeit pries, eine Begegnung mit einem ungewöhnlichen Tier festhielt oder durch einen Traum inspiriert worden war. Ein Mann, der jedoch eine Mißbildung oder eine andere charakteristische Äußerlichkeit aufwies, war sein Leben lang unter einem entsprechenden Spitznamen wie Buckel oder Große Hand bekannt. Da Indianernamen fast immer auf etwas Objektivem basierten, ließen sie sich leicht bildlich darstellen – häufig mit einem Strich zwischen der visuellen Darstellung des Namens und einem Menschenkopf, um den Besitz zu bezeichnen. Hier sind einige Unterschriften von Sioux abgebildet.

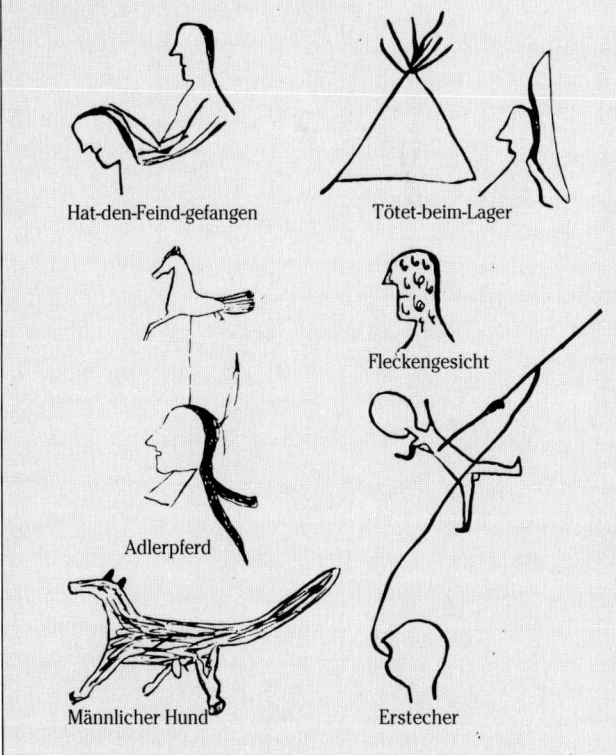

Hat-den-Feind-gefangen

Tötet-beim-Lager

Fleckengesicht

Adlerpferd

Männlicher Hund

Erstecher

Wie das Tipi errichtet wurde

Warm im Winter, kühl im Sommer und standfest genug, um stürmischen Winden zu widerstehen, war das Tipi eine bemerkenswert brauchbare Unterkunft – und konnte dennoch von zwei Frauen innerhalb einer Stunde errichtet werden.

Abgesehen von bestimmten Variationen bestand das Tipi grundsätzlich aus einem Überzug aus abgeschabten Bisonhäuten, der mit Sehnen zusammengenäht war und über ein Stangengerüst gezogen wurde. Die meisten Stämme benützten ein Dreibein aus besonders kräftigen Stangen, das die Hauptlast zu tragen hatte. Diese Hauptstützen wurden oben zusammengebunden und aufgestellt (*unten links*); danach wurden bis auf eine alle übrigen Stangen dagegengelehnt, festge-

zurrt und bei windigem Wetter an einem einzelnen Holzpflock im Inneren des Tipis verankert. Das Gerüst bildete keinen symmetrischen Kegel, sondern stand leicht schräg. Diese Asymmetrie erfüllte verschiedene Zwecke. Sie bewirkte größere Kopffreiheit an der Rückwand des Tipis; sie ermöglichte bessere Belüftung durch einen Rauchabzug außerhalb des Mittelpunkts; und da die Tipis fast immer nach Osten ausgerichtet waren, versteifte die steilere Vorderseite das Gerüst gegen die gewöhnlich von rückwärts auftreffenden vorherrschenden Westwinde.

Sobald die Stangen aufgestellt waren, wurde der zusammengefaltete Lederüberzug (*unten Mitte*) an einer Hebestange befestigt und in Position gehoben. Nun

war es verhältnismäßig einfach, den Überzug um die Stangen zu ziehen, den unteren Rand festzupflocken, die senkrechte Naht mit Holzstäben zu schließen und die Türklappe anzubringen. Schließlich wurden noch zwei dünnere Stangen außerhalb des Tipis in die Taschen der Rauchklappen gesteckt; durch Verstellen dieser Stangen ließen sich die Klappen Änderungen der Windrichtung anpassen oder ganz schließen. Das fertige Tipi (*unten rechts*) konnte nun die Einrichtungsgegenstände aufnehmen. Bei einem Bodenflächendurchmesser von etwa fünf Metern bot es reichlich Platz für Betten, einen Stapel Brennholz und andere Gegenstände, die manchmal wie unten in der Mitte gezeigt angeordnet wurden.

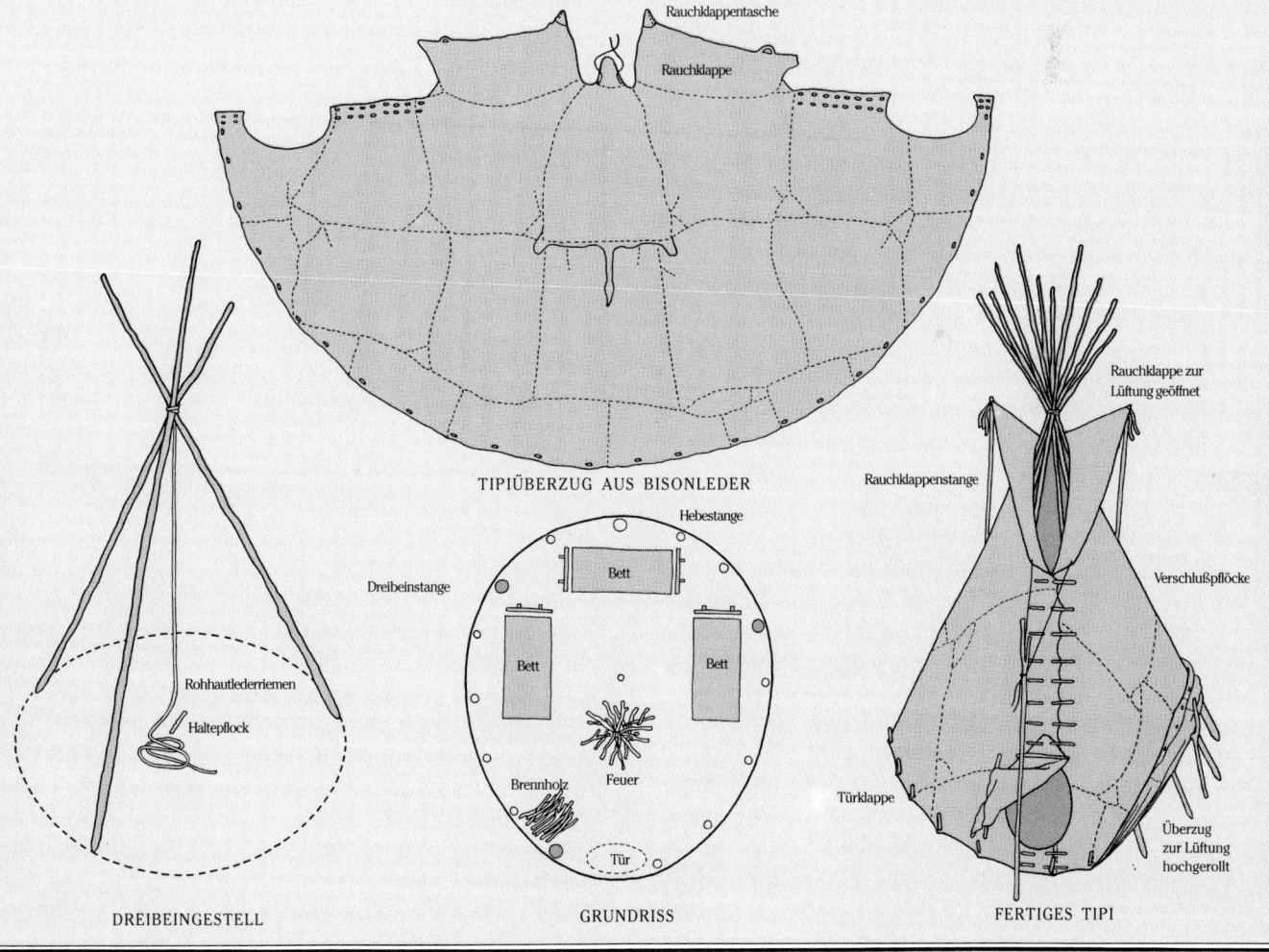

TIPIÜBERZUG AUS BISONLEDER

DREIBEINGESTELL

GRUNDRISS

FERTIGES TIPI

Zehn Stangen bilden das tragende Gerüst dieses Tipis auf den südlichen Plains. Das ungefähr 3,5 Meter hohe Tipi – etwas niedriger als es sonst allgemein üblich war – bot nach seiner Fertigstellung reichlich Platz für eine Familie und ihre Habe.

Dies war eine typische Ehe bei den Cheyenne gewesen aber mehr ein Bund zwischen zwei Familien als eine Liebesheirat. In diesem Fall handelte es sich auch um eine besonders unpersönliche Ehe; wahrscheinlich hatte die junge Frau, die zwar aus einer angesehenen Familie stammte, in eine höherstehende hineingeheiratet. Normalerweise dauerte die Werbung um eine junge Frau vier bis sechs Jahre, und die Umworbene hatte mehr Auswahlmöglichkeiten; in den meisten Fällen hatte es der Verehrer schwerer, die Geliebte für sich zu gewinnen. Ein junger Mann wartete vielleicht an einem Ort, an dem seine Angebetete vorbeikommen mußte, und hoffte auf ein paar Worte oder ein Lächeln. Sobald er dadurch Mut geschöpft hatte, erschien er vor ihrem Tipi, um mit ihr über alles mögliche zu reden – nur nicht über Liebe. Wenn alles günstig verlief, tauschten sie vielleicht Ringe aus Horn oder Metall, die ihr Eheversprechen besiegelten. Aber es war unwahrscheinlich, daß ein Mädchen dieses Versprechen einem jungen Mann gegenüber abgab, der noch nicht im Krieg gewesen war; bis dahin galt er noch als unreifer Junge.

Junge Männer, die auf der Prärie allein waren – als Späher, auf Reisen, beim Pferdehüten –, sangen sehnsüchtig von ihren Mädchen: „Meine Liebste, ich bin es, der hier singt. Hörst du mich?" Oder sie flehten: „Meine Liebste, komm aus dem Tipi; ich suche dich." Und: „Liebste, komm auf die Prärie, damit ich dir nah sein und dir begegnen kann."

Durch Flötenspiel sollte sich das Herz eines Mädchens gewinnen lassen, und es gab Zauberflöten, die angeblich selbst eine widerstrebende Maid betören konnten. Diese Zauberflöten waren eine Spezialität der Medizinmänner der Sioux. Sie wurden aus zwei ausgekehlten Hälften eines Wacholderstocks hergestellt, die zusammengeleimt und umwickelt wurden und fünf Fingerlöcher und ein Luftloch erhielten, das mit einem beweglichen Holzschieber in Form eines Pferdekopfes geschlossen werden konnte. Die Medizinmänner komponierten auch die Zaubermusik für ihre Flöten und verkauften das Musikinstrument und die Melodie einem eifrigen jungen Mann, der die Garantie erhielt, damit werde ihm kein Mädchen mehr widerstehen können – wenn die Melodie richtig gespielt wurde. In warmen Sommernächten waren die liebeskranken jungen Männer zu hören: Jeder von ihnen im Unterholz, aber in Hörweite des Tipis der Angebeteten, wo er seine klagende und erotische Melodie flötete.

Bei den Sioux fand das Werben um die Mädchen nach einem genau vorgeschriebenen Ritual statt. Ein junger Mann konnte mit einer jungen Frau vor ihrem Tipi zusammenkommen, sie mit in seine Bisonrobe einhüllen und sie vor ihren Angehörigen stehend umarmen und mit ihr flüstern. An einem schönen Sommerabend warteten unter Umständen mehrere Verehrer eines beliebten Mädchens, bis sie an

Tipi-Etikette

Korrektes Benehmen wurde auch bei den Prärie-Indianern durch umfassende, strenge und oft subtile Regeln bestimmt. Die unten aufgeführten Prinzipien sind Beispiele für einige Gebräuche, die jeder Indianer kannte und beachtete, wenn er einen Freund in dessen Tipi besuchte.

Steht die Tür offen, darf ein Freund das Tipi direkt betreten. Ist sie jedoch geschlossen, sollte er sich bemerkbar machen und warten, bis der Besitzer ihn zum Hereinkommen einlädt.

Wenn der Besucher das Tipi betreten hat, wartet er rechts, bis der Gastgeber ihn auffordert, auf dem Gästeplatz zu seiner Linken an der Rückwand des Tipis Platz zu nehmen. Eine Frau kommt nach dem Mann herein und geht nach links.

Zu einem Festmahl eingeladene Gäste bringen ihre eigenen Schalen und Löffel mit und essen alles; was ihnen aufgetischt wird. Kein Besucher sollte zwischen dem Feuer und einem anderen Anwesenden hindurchgehen, sondern statt dessen hinter den Sitzenden vorbeigehen, die sich ihrerseits nach vorn beugen, um Platz zu machen.

Frauen sollten nie im Schneidersitz wie Männer dasitzen. Sie dürfen auf den Fersen hocken oder sich setzen und die Beine seitlich anziehen.

In einer Männergruppe sollten nur die Älteren ein Gespräch beginnen. Die jüngeren Männer sollten höflich schweigen, falls sie nicht von einem älteren zum Sprechen aufgefordert werden. Wenn der Gastgeber seine Pfeife reinigt, sollten alle Besucher sich erheben und gehen.

die Reihe kamen. Die junge Frau konnte sich weigern, sich unter dem Kleidungsstück umarmen zu lassen, wenn ihr der Verehrer unsympathisch war, und sie konnte jederzeit wieder unter der Decke herausschlüpfen. Auf diese Weise konnten die jungen Sioux einander näherkommen, obwohl sie unter Aufsicht von Älteren standen.

Bei allen Prärie-Indianern und bei einigen ihrer Nachbarn wie den Apache wurde ein Heiratsantrag allgemein durch zum Geschenk angebotene Pferde ausgedrückt. Um formvollendet zu werben, schickte ein Verehrer die Pferde im allgemeinen zum Tipi des Mädchens und ließ den offiziellen Heiratsantrag durch einen Verwandten oder Freund überbringen. Wollte die Umworbene den Antrag ausschlagen, schickte sie die Pferde zurück oder ignorierte sie einfach;

führte sie die Pferde zur Tränke oder ließ zu, daß sie sich unter die Herde ihres Vaters mischten, nahm sie den Heiratsantrag dadurch an.

In Wirklichkeit war dieser Vorgang jedoch meistens nicht mehr als eine Formalität. Falls das Mädchen tatsächlich die Wahl hatte, wußte der junge Mann schon lange im voraus, ob es zustimmen würde oder nicht; falls die Hochzeit von den Familien arrangiert worden war, hatten bereits ernsthafte Verhandlungen stattgefunden, bei denen die Bedingungen zwischen den Beteiligten ausgehandelt worden waren. Das Hochzeitsfest selbst, zu dem unweigerlich ein großes Festmahl gehörte, fand dann nicht selten innerhalb der nächsten ein, zwei Tage statt. Zu diesem Zeitpunkt verließ die zukünftige Ehefrau offiziell ihre eigene Familie und begab sich zum Tipi ihres Mannes, wobei sie Pferde und andere Geschenke mitbrachte, deren Wert den von ihm gemachten Geschenken entsprach.

Ein Prärie-Indianer war Oberhaupt und Beherrscher seiner Familie. Er lebte in einer Gesellschaft, in der die Männer dominierten, und behandelte die Frauen in manchen Fällen auf grausame, sogar unmenschliche Weise als Untertanen. Beispielsweise wurden Ehebrecherinnen häufig dadurch bestraft, daß ihr Mann ihnen die Nase abschnitt. Aber trotz der Vorherrschaft der Männer führten die meisten Prärie-Indianerinnen ein ausgefülltes Leben voller Selbstachtung. Das zahlenmäßige Verhältnis zwischen Männern und Frauen war nicht ausgewogen, da viele Männer auf der Jagd und im Krieg umkamen. Ein Ergebnis des dadurch entstehenden Frauenüberschusses war die Vielweiberei; eine Gesellschaft von einigen hundert oder tausend Menschen, die stets mit einer möglichen Ausrottung rechnen mußte, führte die Institution der Vielehe ein. Die Tatsache, daß diese Frauen ihre Kinder bis zu fünf Jahre lang stillten und in diesem Zeitraum oft völlig auf eheliche Beziehungen verzichteten, machte die Polygamie noch attraktiver.

Die Polygamie war weit verbreitet, aber nicht vorherrschend. Bei den Apache, die wie die Cheyenne für die Tugendhaftigkeit und Treue ihrer Frauen bekannt waren, blieb die Vielweiberei stets eine umstrittene Einrichtung. Manche hielten sie für angebracht und zulässig; andere waren gegenteiliger Ansicht. Bedeutsamerweise schätzten diese angeblich so selbstbeherrschten und emotionslosen Menschen eines der persönlichsten aller menschlichen Brauchtümer: die Flitterwochen. Sobald die Neuvermählten bei den Apache die Hochzeitszeremonien hinter sich hatten, flüchteten sie zu zweit, um eine Woche oder noch länger miteinander allein zu sein. Vor der Hochzeit baute der zukünftige Ehemann eine Hütte in einigen Kilometern Entfernung vom Hauptlager. In dieser Laube, die zwischen Bäumen versteckt, mit Blumen geschmückt und mit Proviant versehen war, verbrachte das Paar seine Flitterwochen und war nur für einander da.

Später konnte eine Indianerin sogar anregen, daß eine neue Frau ins Tipi aufgenommen wurde. Für Frauen gab es mehr als genug Arbeit; deshalb war es um so besser, wenn man sie sich mit einer freundlichen Gefährtin teilen konnte. Das Eifersuchtsproblem wurde oft dadurch gelindert, daß ein Mann die Schwester seiner ersten Frau heiratete; dann bestand bereits Vertrautheit, und die erste Frau blieb meist Herrin des Haushalts. Die Trophäe für die meisten Frauen hätte bei den Cheyenne wahrscheinlich einem Mann namens Crooked Neck (Schiefhals) zugestanden; er hatte fünf Schwestern geheiratet. Als Crooked Neck zum Häuptling ernannt wurde, trennte er sich von drei Frauen, lebte aber bis zu seinem Tode mit den beiden anderen zusammen.

Eine Scheidung war einfach. Wollte ein Cheyenne sich von seiner Frau trennen, konnte er sie bei einer als Omaha-Tanz bekannten Stammeszeremonie „wegwerfen". Während dieser Zeremonie tanzte der aufgebrachte Ehemann allein und hielt dabei einen Stock in der Hand; dann näherte er sich der Trommel, versetzte ihr einen gewaltigen Schlag, warf den Stock in die Luft oder zu einer Gruppe von Männern hinüber und rief: „Da fliegt meine Frau; ich werfe sie weg! Wer diesen Stock bekommt, kann sie behalten!" Die Männer vermieden es sorgfältig, den Stock zu berühren, und hänselten sich gegenseitig, indem sie beispielsweise ausriefen: „Ich dachte, du hättest eben nach dem Stock gegriffen!" Wegen des großen Wertes, den Cheyenne auf das Urteil der Stammesöffentlichkeit legten, fand es eine Frau sehr beschämend, wenn ihr Mann sie auf diese Weise fortjagte.

Eine Frau konnte die Ehe auflösen, indem sie einfach zu ihren Eltern zurückging. Dabei nahm sie meistens die Kinder mit. Hatte sie als junge Frau von großzügigen Verwandten Pferde geschenkt bekommen, blieben diese Tiere und deren Nachkommen auch in der Ehe ihr Besitz; falls es zu einer Scheidung kam, nahm sie ihre eigenen Pferde mit.

Bei den Crow wurde ein Unterschied zwischen dem Besitz des Ehemannes und der Ehefrau gemacht. Gewehre, Munition, Bogen und andere Jagd- und Kriegsutensilien gehörten dem Mann; das Tipi, Kochgerät, Bisonfelle und ähnliche Dinge gehörten der Frau. Beide Ehepartner wußten, welche Pferde die ihren waren. Auf diese Weise waren sie stets gerüstet, ihren eigenen Weg zu gehen. Falls das Ehepaar neue Besitztümer eintauschte, wollte die Frau Gegenstände, die ihr gehören würden, und der Mann solche, die zu seinem Besitz zählen würden. Später mußte er unter Umständen feststellen, daß eine Scheidung für ihn unvorteilhaft wäre, weil seiner Frau mehr gehörte als ihm.

Lacrosse – ein hartes Kampfspiel

Bei den im Westen lebenden Indianerstämmen stand der Wettbewerbsgeist in hoher Blüte. Neben der Alltagsarbeit fanden sie stets Zeit für Spiele, auf deren Ausgang Spieler wie Zuschauer begeistert wetteten. Zu den beliebtesten Sportarten gehörten Pferderennen, Bogenschießen und Ringen, aber das dramatischste aller Spiele der Indianer war das stets mit einer Massenkeilerei verbundene Lacrosse, das die Choctaw aus dem Osten mitgebracht hatten.

Der Name Lacrosse, der von französischen Händlern stammte, bezog sich auf die bespannten Schläger, mit denen eine Holzkugel oder ein Hirschlederball getragen und geschleudert wurde. Bei den Choctaw hielt jeder der nach Hunderten zählenden Spieler zwei Schläger in den Händen. Auf seinen Reisen durch Indianergebiete hat der Maler George Catlin die Spannung und den Prunk eines dieser außergewöhnlichen Wettkämpfe festgehalten.

Ein Choctaw trägt einen Schweif aus Pferdehaaren und zwei Schläger.

Während der Maler George Catlin die Szene von einem Pferd aus beobachtete, fand am Abend vor einem Lacrossespiel eine Zeremonie auf dem Spielfeld statt. Die Spieler versammelten sich um ihre jeweiligen Tore, „und zum Rhythmus der Trommeln und dem Gesang der Weiber begannen beide Seiten den Ballspieltanz".

Das Lacrossespiel begann mit einem gewaltigen Ansturm. Während Catlin zusah, „entbrannte ein augenblicklicher Kampf zwischen den etwa sechs- oder siebenhundert Spielern, die sich gleichzeitig bemühten, den Ball mit ihren Schlägern zu fangen und ihn in ihre Hälfte und zwischen ihre jeweiligen Stangen zu werfen".

Ein Quell moralischer und physischer Unterstützung für eine Cheyenne war der Brauch, daß die Eheleute allgemein in der Nähe der Eltern der Frau lebten. Dadurch hatte die Frau stets mehr nahe Verwandte zur Hand, die ihr helfen oder sie verteidigen konnten, als ihr Mann. Zusätzlichen Einfluß gewann die Cheyenne durch ihren Beitrag zum gesellschaftlichen Prestige ihrer Familie. Eine gute Familie hatte viele Pferde; das Familienoberhaupt war ein guter Jäger und hatte sich oftmals im Kampf ausgezeichnet. Aber seine Frau mußte eine tugendhafte und erfahrene Hausfrau sein; sie mußte viele *parfleches* (Rohhautledersäcke) mit Dörrfleisch und anderen Vorräten ansammeln; sie mußte es gut verstehen, Kleidungsstücke und Zaum- oder Sattelzeug herzustellen und zu verzieren. Und sie mußte wohlerzogene Kinder aufziehen.

Bei den Sioux spielte die gesellschaftliche Stellung der einzelnen Familien eine ebenso große Rolle. Der Häuptling Red Cloud (Rote Wolke) wurde einer der besten militärischen Taktiker und Strategen der Indianer des Westens und war gleichzeitig ein brillanter Diplomat bei Verhandlungen mit den Weißen, obwohl er aus einer wenig angesehenen Familie stammte, und die Sioux begegneten ihm nie mit der Achtung, die sie ihm gezollt hätten, wenn er der Sohn einer bedeutenden Familie gewesen wäre.

Die Frauen überließen Kriege und Raubzüge im allgemeinen den Männern, aber sie halfen unter Umständen mit, ihre eigenen Lager zu verteidigen, begleiteten vielleicht eine Kriegergruppe, um für sie zu kochen und die Pferde zu halten, oder begaben sich auf ein in der Nähe gelegenes Schlachtfeld, um die getöteten Feinde auszuplündern und die Beute heimzuschleppen. Bei den Ute tanzten Frauen, die an Raubzügen teilgenommen hatten, ihren eigenen speziellen Kriegstanz in vollem Kriegsschmuck.

In einigen Ausnahmefällen wurden Frauen hervorragende Krieger. Beispielsweise wurde ein zehnjähriges Mädchen aus dem Stamm der Gros Ventre von Crow gefangengenommen. Es zeigte bald eine Vorliebe für Pferde und Jungenspiele, und der Indianer, der es gefangengenommen hatte, gestattete dem Mädchen, seine Pferde zu bewachen und sich im Bogenschießen zu üben. Aus dem Mädchen wurde eine junge Frau, die als Reiterin und Jägerin nicht ihresgleichen hatte. Als ihre Crow-Gruppe eines Tages in der Nähe einer Handelsstation lagerte, wurde sie von einer Kriegergruppe Blackfoot-Indianer überfallen. Sie verloren mehrere Männer, konnten sich aber noch in die befestigte Handelsstation retten. Dann erschienen fünf Blackfoot-Indianer, blieben außerhalb Gewehrschußweite und forderten zu Verhandlungen auf. Keiner der Crow oder der weißen Händler wollte sich zu ihnen hinauswagen, aber die Gros Ventre ritt

gutbewaffnet hinaus, um zu hören, was sie wollten. Die fünf Blackfoot-Indianer griffen sie in Sichtweite des Forts an. Sie erschoß einen mit ihrem Gewehr und verwundete zwei weitere mit Pfeilen; die beiden restlichen Angreifer flüchteten. Bei ihrer Rückkehr ins Fort wurde sie von ihren Gefährten mit großem Jubel empfangen und hieß seitdem Woman Chief (Weiblicher Häuptling).

Ein Jahr später führte Woman Chief eine Kriegergruppe gegen die Blackfoot-Indianer und erbeutete 70 Pferde und zwei Skalpe. Danach erhielt sie in den Kriegsräten der Crow Sitz und Stimme. Sie führte zahlreiche Raubzüge an und verteidigte das Stammesgebiet der Crow sogar gegen ihr eigenes Volk, die Gros Ventre. Bei der Kriegerzeremonie, bei der die Männer öffentlich von ihren mutigen Taten berichteten, konnte sie von mehr Coups erzählen als die meisten von ihnen.

Die Crow ehrten und achteten sie, aber keiner der Männer wollte solch eine außergewöhnliche Frau freien. Als ihr Pflegevater starb, übernahm sie sein Tipi und seine Familie. Als oberster Jäger und Krieger nahm sie die Vorrechte eines Mannes für sich in Anspruch – auch das Recht, heiraten zu dürfen. Im Laufe der Zeit „heiratete" sie nacheinander vier Frauen, die ihre Bisonfelle gerbten und die vielen Hausfrauenpflichten in ihrem Tipi übernahmen; denn solche Arbeit war eines Kriegers nicht würdig.

Woman Chief wurde bei den Crow zu einer lebenden Sagengestalt. Im Jahre 1851 schloß dieser Stamm endlich einen unsicheren und provisorischen Frieden mit den Gros Ventre, und drei Jahre später brach Woman Chief zu einer Pilgerfahrt zu ihnen auf. Als die Gros Ventre sie, die jahrelang ihr Feind gewesen war, erkannten, brachten sie sie heimtückisch um, ohne zu ahnen, daß sie nur ihre Angehörigen hatte besuchen wollen.

Wir kennen noch weitere Fälle, in denen Frauen sich als Krieger hervorgetan hatten, aber sie alle sind Ausnahmen von der Regel. Normalerweise verbrachten die Frauen den größten Teil ihrer Zeit mit Hausarbeiten, Belangen ihrer Familie und den zum Lagerleben gehörenden Zusammenkünften. Das Sammeln wildwachsender Pflanzen gehörte auch zu ihren Arbeiten. Jede Erwachsene besaß reiches Wissen über eine Vielzahl von Nutzpflanzen, die Farbstoffe, Weihrauch oder Medikamente lieferten, allein oder mit Tabak vermischt geraucht werden konnten oder – das Wichtigste von allem – eßbar waren.

Die am häufigsten verwendete Nährpflanze war die Prärierübe oder Indianerkartoffel, die bei den Franzosen *pomme blanche* hieß. Sie gedieh überall auf den High Plains und wurde im Frühjahr gesammelt. Bei einer Größe, die bis zu vier Hühnereiern entsprechen konnte, wurde sie roh oder

Diese Cheyenne-Haarbürste nützt auf geschickte Weise eine natürliche Bürste aus: den Schwanz eines Stachelschweins. Der Schwanz ist straff um einen kräftigen Stock genäht worden, nachdem man die Stacheln beschnitten hatte. Die Längsnaht entlang der Bürste ist mit Glasperlenstickerei verziert.

in Suppen und Eintopfgerichten gegessen und konnte in Scheiben geschnitten und in der Sonne getrocknet aufbewahrt werden. Wenn die Mädchen und Frauen der Cheyenne in die Prärie hinauszogen, um nach Rüben zu graben, bildeten sie kleine Gruppen, die zusammenarbeiteten, und faßten ihre Expedition manchmal als fröhlichen Ausflug auf. Kehrten sie dann ins Lager zurück, machten sie sich oft einen Spaß daraus, eine Kriegergruppe darzustellen, deren angebliche Feinde die im Dorf zurückgebliebenen Männer waren. Sie stapelten ihre Rüben in Sichtweite des Lagers zu einer Reihe von Haufen auf und bezogen dahinter Stellung, nachdem sie Stöcke und getrockneten Bisonmist als Munition gesammelt hatten. Eine der Frauen schwenkte daraufhin ihre Decke und stieß einen herausfordernden Kriegsschrei aus, auf den hin alle Männer, die gerade Lust zu einem Spiel hatten, aus dem Lager stürzten und sich zum Angriff bereitmachten. Einige Männer bestiegen klapprige alte Packpferde. Andere nahmen Rohhautledersäcke als provisorische Schilde mit. Dann stürmten sie mit lautem Geschrei gegen die Verteidigungsstellung der Frauen an, wo sie mit einem Hagel von Stöcken und Bisonfladen empfangen wurden. Den Spielregeln nach durfte jeder Mann, der ein bewährter Krieger war oder sein Pferd in der Schlacht verloren hatte, sich einige Rüben für seinen eigenen Bedarf nehmen, wenn es ihm gelang, durch dieses Sperrfeuer zu kommen, ohne getroffen zu werden.

Die Leistungen einer Cheyenne auf dem Gebiet der Handarbeiten galten soviel wie die Kriegstaten eines Mannes, und eine Frau beschrieb die von ihr verzierten Gegenstände ebenso stolz, wie ein Mann seine tapferen Taten aufzählte. Besonders geschickte Frauen bildeten eigene Vereinigungen, die bekannteste war die Stickerinnen-Gesellschaft. Dies war eine exklusive Gruppe, die zeremoniell die geheiligte Aufgabe erfüllte, Leder mit Stachelschweinstacheln oder Federkielen zu besticken.

Machte eine junge Frau sich Sorgen wegen eines kränkelnden Verwandten oder weil ihr Mann in den Krieg zog, gelobte sie vielleicht, eine Robe für einen Medizinmann

oder Krieger zu besticken, falls alles sich zum Guten wendete. Sie ging dann zu einem älteren Mitglied der Stickerinnen-Gesellschaft, brachte ihr ein Geschenk und erbat ihre Hilfe. Als erstes erklärte die ältere Frau ihr, nach welchem festgelegten Ritual sie ein Festmahl für die Gesellschaft zu geben hatte. Während des Festmahls zählte jede von ihnen die Bisonroben und andere Gegenstände auf, die sie in vergangenen Jahren verziert hatte. Dann beteten die älteren Frauen für die junge und unterwiesen sie in der Kunst der Stickerei wie in dem Ritual der Gesellschaft. Das Festmahl entsprach einem Aufnahmezeremoniell, aber in der Zeit danach unterrichtete die ältere Frau die Novizin weiter. Und sobald diese Arbeit fertiggestellt war, wurde die junge Frau in eine der geachtetsten Institutionen ihrer Welt aufgenommen. Die Stickerinnen-Gesellschaft erfüllte einen wertvollen Zweck, indem sie geduldige Arbeit und schöne Handarbeit ehrte, Handarbeitsmuster überlieferte und Frauen die Möglichkeit gab, sich innerhalb der Stammesgesellschaft Prestige zu erwerben.

Auch die Männer befaßten sich teilweise mit solchen Arbeiten, hauptsächlich mit der Herstellung von Trommeln, Zeremonialgegenständen, Tabakspfeifen, Kopfschmuck, Schilden, Speeren, Bogen und Pfeilen. Einige dieser Gegenstände wurden von spezialisierten Handwerkern hergestellt, aber fast jeder Mann mußte fähig sein, sich Pfeile und Bogen selbst anzufertigen. Bei den Sioux schnitt ein Pfeilmacher kräftige Schößlinge von Stachelbeere, Kirsche, Junibeere oder anderen Holzarten ab, schnürte sie zusammen und wartete, bis sie ausgetrocknet waren. Ein Pfeil hatte eine Standardlänge: die Entfernung zwischen Ellbogen und Fingerspitze eines Mannes, zu der noch die Länge des kleinen Fingers hinzukam. Sobald das Holz abgelagert war, schliff der Handwerker es glatt, indem er es durch eine Öffnung zwischen zwei in einer Hand gehaltenen Sandsteinen zog und drehte. Er richtete den Pfeil aus, indem er immer wieder daran entlangsah und die Krümmung dadurch beseitigte, daß er den Pfeil mit einem durchlöcherten Werkzeug aus Knochen oder Horn geradebog, wobei er manch-

Die Kochkunst der Prärie-Indianer

Trotz ihrer spartanisch anspruchslosen Lebensweise aßen die Prärie-Indianer überraschend abwechslungsreich. Und da manche Stämme sich ständig auf der Wanderschaft befanden, um den Bisonherden zu folgen, waren ihre Kochgerätschaften beschränkt, leicht und teilweise aus wegwerfbarem Material hergestellt.

Die wichtigste Nahrungsquelle für die nomadischen Indianer war selbstverständlich der Bison. Nach einer erfolgreichen Jagd brieten die Frauen große Fleischstücke an Bratspießen, die über das Feuer gehängt wurden (*Zeichnung unten rechts*). Gab es reichlich Nahrung, aßen die Indianer täglich drei Mahlzeiten; aber sie verschwendeten nur selten etwas. Sie warfen keine eßbaren Teile ihrer Beute weg, sondern zerschlugen sogar die Knochen, um das Mark zu kochen. Außerdem säuberten sie die Därme, verwendeten sie als Wursthäute und stopften sie mit Markfett und Fleischstreifen voll, die mit wilden Zwiebeln und Kräutern, wie Beifuß, gewürzt worden waren.

Die Indianerinnen verkochten Bisonfleisch auch zu Eintopf, wobei sie die auf der linken Zeichnung dargestellte raffinierte Kochmethode verwendeten. Sie banden einen Bisonmagen oder ein entsprechend großes Hautstück an vier Stangen und füllten diesen Beutel mit Wasser, Fleisch und Gemüse, wie wilden Erbsen und Prärierüben. Um das Wasser zum Kochen zu bringen, warfen die Frauen erhitzte Steine in den Beutel.

Die Indianer sorgten für Abwechslung auf der Speisekarte, indem sie Wapitis, Hirsche, Antilopen, Bergschafe, Wachteln und Kaninchen jagten. Manche Stämme der Prärie-Indianer aßen Fische, die sie mit Speeren oder Netzen fingen, während Fisch bei anderen Stämmen wie den Blackfoot-Indianern, Crow und Comanche tabu war. Die Wüstenbewohner fingen und brieten Schlangen und Insekten. Plains-Stämme wie die Mandan und Pawnee pflanzten Mais, Bohnen, Melonen und Kürbisse an. Im Laufe eines Jahres konnten die Frauen über ein Dutzend Arten wildwachsender Früchte pflücken, von Dattelpflaumen bis zu Wildkirschen, und noch mehr Wurzeln und Stengel ernten. Sie schälten die frischen Stengel der Eßbaren Disteln, die wie Bananen schmeckten; sie sammelten Wolfsmilchknospen und Hagebutten und zerschnitten die Früchte des Feigenkaktus, um sie Eintopfgerichten zuzugeben.

Während die Indianer sich auf dem Höhepunkt der Jagd- und Erntezeit vollstopften, wußten sie recht gut, daß magere Monate folgen würden. Deshalb konservierten sie Bisonfleisch, indem sie es in dünne Streifen schnitten, die an der Luft getrocknet wurden. Diese als *jerky* bekannten getrockneten Streifen ließen sich in einem Steinmörser pulverisieren, und das zerstoßene Dörrfleisch wurde mit getrockneten Beeren und Fett vermischt. Das Ergebnis war ein sehr proteinhaltiges Nahrungsmittel, das Pemmikan hieß.

Der Pemmikan war nicht nur nahrhaft, sondern ließ sich auch in Rohhautledersäcken monatelang aufbewahren. Manche Stämme lagerten Fleisch, getrockneten Mais, Gemüse und Obst in großen krugförmigen *caches* (Erdgruben) im Erdboden. Solche konservierten Nahrungsmittel halfen den Prärie-Indianern, die Wintermonate zu überstehen, bis die Prärie wieder blühte und unter den Hufen der Bisons erzitterte.

KOCH- UND BRATMETHODEN

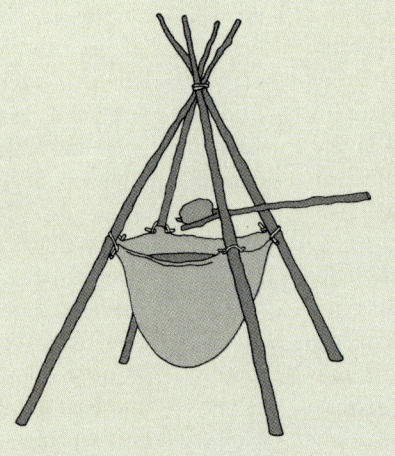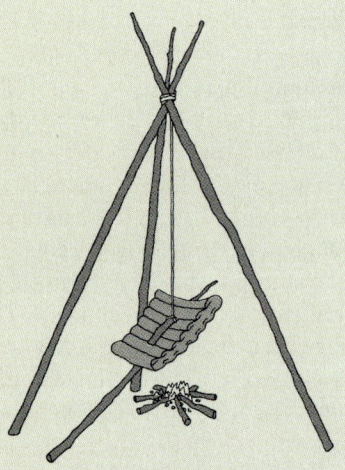

Der traditionelle Kochbeutel aus einem Bisonmagen (*links*) hielt drei bis vier Tage, bevor er durchlässig und durch die Wärme weich wurde. Die Indianer beseitigten den Beutel dann, indem sie ihn aufaßen. Um Fleisch zu braten, hängten die Indianerinnen den Braten an einem Holzspieß über das Feuer und befeuchteten den Riemen aus Rohhautleder, damit er nicht durchschmorte.

mal Fett auftrug oder das Holz erhitzte, um diesen Vorgang zu unterstützen. Danach schnitt er mit einem spitzen Knochen- oder Feuersteinwerkzeug dünne „Blitzlinien" ein, die im Zickzack den Schaft hinunterliefen. Diese Blitzspuren sollten dazu beitragen, daß der Pfeil schnell und gerade flog; vermutlich trugen sie auch dazu bei, ein Verziehen weitgehend zu verhindern. In einen Spalt an einem Ende band und klebte der Mann eine Pfeilspitze – im 19. Jahrhundert gewöhnlich aus Eisen – und ins andere Ende drei gespaltene Truthahn- oder Bussardfedern.

Obwohl die Prärie-Indianer auch handwerkliche Geschicklichkeit ehrten, konnte ein Mann sich das größte Prestige durch die Teilnahme an Kriegen und Raubzügen erwerben. Der Krieg war weder Spiel noch Sport, sondern eine äußerst ernsthafte Angelegenheit, und ein Symbol des Stolzes, mit dem Männer ihre Kampfeserfolge betrachteten, war das Haar des Feindes, das als Trophäe getragen oder zur Schau gestellt wurde.

Der Crow-Häuptling Rotten Belly (Brandiger Bauch), der Anfang des 19. Jahrhunderts lebte und sich meisterhaft auf Raubzüge verstand, hatte sein Hemd, seine Leggings und selbst seine Bisonrobe mit dem Haar der von ihm getöteten Feinde gesäumt. Im Jahre 1873 war Thomas Battey, ein Quäker, der vom U.S. Indian Bureau als Lehrer beschäftigt wurde, zum Frühstück in dem Tipi eines alten Kiowa eingeladen. Battey saß an der Rückwand des Tipis, als er spürte, das etwas Weiches sein Ohr streifte: ein großes Büschel Menschenhaar, das von einer Gerüststange herabhing. Er betrachtete diesen Beweis für die Tapferkeit seines Gastgebers näher und beschrieb ihn später: „Die noch frischen Skalpe waren zurechtgestutzt, über kleine Reife mit etwa vier Zoll Durchmesser gespannt und auf Stäbe gesteckt worden, indem man einen pfeilähnlichen Stab – nur dicker und etwa zwei Fuß lang – in der Nähe des Randes durch sie hindurchgestoßen hatte. Ich sah drei dieser Stäbe mit mindestens einem Dutzend solcher widerwärtiger Trophäen seiner früheren Tapferkeit, deren langes Haar herabhing." Die Frau dieses Kiowa war eine Mexikanerin, die vermutlich als junges Mädchen gefangengenommen worden war, und Battey fragte sich, ob die Skalpe ihrer Eltern sich unter den mindestens 36 Skalpen befanden, die er dort sah.

Aber bei den Prärie-Indianern wurde der höchste Kriegsruhm nicht durch das Skalpieren oder gar Töten eines Feindes erworben. Tapferkeit bewies man, indem man Coups erzielte: durch das Berühren eines Gegners mit der bloßen Hand oder einer Waffe. Die im feindlichen Lager erzielten Coups zählten am meisten, und der tapferste Mann war derjenige, der sich nicht mit einer Lanze oder einem Bogen und Pfeilen ins Lager des Feindes wagte, sondern nur einen

Tomahawk oder eine Peitsche mitnahm. Noch besser war es, wenn er nur einen Stock trug. Aber jede heroische Tat im Angesicht des Feindes zählte: Beispielsweise konnte ein Krieger eine Verteidigungsstellung allein angegriffen haben, der Retter eines verwundeten oder pferdelosen Kameraden gewesen sein, das eigene Pferd im Kampf verloren haben, als erster den Feind entdeckt oder bei einem Hinterhalt den Lockvogel gespielt haben.

Die Jagd war nicht so dramatisch wie der Krieg, aber sie war im Leben eines Cheyenne ebenso wichtig. Er jagte viele Tiere – Hirsche, Wapitis und Dickhornschafe –, indem er sich an sie anschlich, wenn sie zur Tränke kamen, oder sich dort auf die Lauer legte. Um einen wegen seiner Federn geschätzten Adler zu fangen, versteckte der Jäger sich in einer Grube und wartete darauf, daß der gewaltige Vogel auf den ausgelegten Köder herabstieß; dann griff er nach oben, packte den Adler und erwürgte ihn mit bloßen Händen. Er fing Fische und Schildkröten in Reusen oder mit Keschern aus Leder, Weiden oder Schilf.

Sein größtes Wild war der Bison, den er selbst nach der Einführung des Gewehrs am liebsten mit der Lanze oder dem Bogen erlegte, wobei er ein speziell ausgebildetes, schnelles Pferd ritt (S. 66). Die Bisonjagd war immer gefährlich: Ein Bisonbulle – besonders ein übelgelaunter brünstiger Bulle – war schwer zu erlegen und konnte selbst tödlich verwundet noch wie ein in die Enge getriebener Grizzly kämpfen. Jedes Jahr verloren einige Männer ihr Leben, weil sie vom Pferd fielen und zertrampelt oder aufgespießt wurden, wenn sie von einer durchgehenden Herde mitgerissen wurden.

Wenn die Bisons im Sommer und Herbst in großen Herden zogen, durften einzelne Jäger oder kleinere Gruppen nicht auf eigene Faust jagen. Jede Familie mußte die Möglichkeit erhalten, sich Fleisch und Häute zu sichern, bevor die erschreckten Tiere durchgingen und flüchteten. Die gemeinsamen Jagden wurden sorgfältig organisiert. Die Häuptlinge entschieden, wann eine Umzingelung stattfinden sollte, und bestimmten, welche der als Kriegergesellschaften bekannten Gruppen diese Jagd beaufsichtigen sollte. Die Mitglieder dieser Gesellschaft übten ihre Autorität strikt aus, so daß jeder Jäger eine faire Chance erhielt, Beute zu machen. Ertappten sie einen Mann dabei, daß er Bisons jagte, obwohl die Jagd von den Häuptlingen untersagt war, urteilten sie ihn auf der Stelle ab und peitschten ihn meistens aus – manchmal so sehr, daß er kaum noch laufen konnte. Sie berücksichtigten dabei die Schwere des Vergehens, den Schaden, den die Stammesinteressen erlitten hatten, und die Einstellung des Täters. Unter Umständen schnitten sie seinem Pferd ein Ohr ab oder töteten es, zerstörten seine Waffen, zerschnitten sein Tipi und zerhackten sogar die Gerüststangen.

Der magische Klang der Flöten und Trommeln

Wie die meisten Aspekte der Kultur der Prärie-Indianer hing auch die Musik eng mit ihrem Glauben an übernatürliche Mächte zusammen. Instrumente wie die rechts abgebildeten wurden allein oder bei öffentlichen Tänzen gespielt, und es gab Indianermusik für fast jeden Anlaß.

Jeder junge Mann hatte ein persönliches Lied, dessen Melodie und Text ihm seiner Überzeugung nach direkt durch die Macht seines Schutzgeistes übermittelt worden waren – eines Wolfs, eines Baums oder einer Blume. Um dieses Lied zu finden, fastete er allein in der Wildnis, bis ihm im Traum die Erleuchtung kam. Es konnte sich um ein schlichtes Bekenntnis handeln wie in dem Cree-Lied: „Es gibt nur Schönheit hinter mir, nur Schönheit vor mir." Der Indianer sang sein persönliches Lied in bestimmten Augenblicken seines Lebens, um die Verbindung zu den geheimnisvollen Mächten, die er im Traum gesehen hatte, wiederherzustellen. Falls sein Leben besonders erfolgreich war, wurde das zu einem großen Teil auf sein persönliches Lied zurückgeführt.

Eine junge Mutter sang vielleicht leise vor sich hin, um ihr Kind in den Schlaf zu wiegen. Und eine verliebte Cheyenne konnte auf das Lied eines Verehrers kokett mit dem Refrain antworten: „Nimm mich in die Arme, ich sehe nicht hin." Es gab satirische Verse, in denen Menschen verspottet wurden, die den Komponisten geärgert hatten. Krieger hatten ihre eigenen Lieder wie dieses, das von einem Sioux gesungen wurde, der Mitglied der Präriefuchs-Kriegergesellschaft war:

Ich bin ein Fuchs,
Ich soll eines Tages sterben.
Gibt es etwas Schwieriges,
Gibt es etwas Gefährliches zu tun,
So ist das meine Aufgabe.

Bei öffentlichen Zeremonien wurde Gesang mit Tanz und ausgeprägt rhythmischer Musik aus einer Vielzahl von Instrumenten kombiniert. Die Tänzer schüttelten Rasseln oder schlugen Handtrommeln, um ihre Schritte zu unterstreichen. Rasseln wurden aus Flaschenkürbissen oder Schildkrötenpanzern hergestellt, die mit Kieseln oder Samenkörnern gefüllt wurden. Zur Herstellung einer Trommel wurde Holz in heißem Wasser eingeweicht und zu einem Ring gebogen; dann wurde das Trommelfell mit Lederriemen straff über diesen Ring gespannt. Während die Trommeln mancher Prärie-Indianer wie ein Tamburin nur ein Fell aufwiesen, waren andere – wie die Ute-Trommel auf der Seite gegenüber – auf beiden Seiten mit Fell bespannt. Die Ute kratzten mit einem Stück Wapitigeweih über ein eingekerbtes Holzstück, das auf einem umgedrehten Korb lag (*nächste Seite unten*), um auf diese Weise die Schwingungen zu verstärken.

Die Pfeife und die Flöte waren die einzigen Blasinstrumente der Indianer. In die Schlacht reitende Krieger bliesen oft Pfeifen aus dem Flügelknochen eines Adlers – des Vogels, der Mut symbolisierte. Die blockflötenähnlichen Flöten, deren Fingerlöcher an der Oberseite lagen, wurden aus weichem Holz mit gerader Maserung wie Weide oder Holunder geschnitzt; das Holz wurde der Länge nach gespalten und ausgehöhlt; die Hälften wurden mit Leim zusammengeklebt und mit Rohhautlederriemen zusammengebunden, damit eine luftdichte Verbindung entstand.

Durch den Kontakt mit Weißen erweiterte sich der musikalische Horizont der Indianer, die dadurch die Notenschrift sowie Blechblas- und Saiteninstrumente kennenlernten. Die Apache bauten sogar ihre eigene Version einer Geige (*unten*), indem sie zwei Hirschsehnen über einen etwa einen halben Meter langen ausgehöhlten Klangkörper aus Holz spannten. Mit einem kurzen Pferdehaarbogen konnten sie ihre Zeremonien nun mit dem ungewohnten Klang der Geige begleiten.

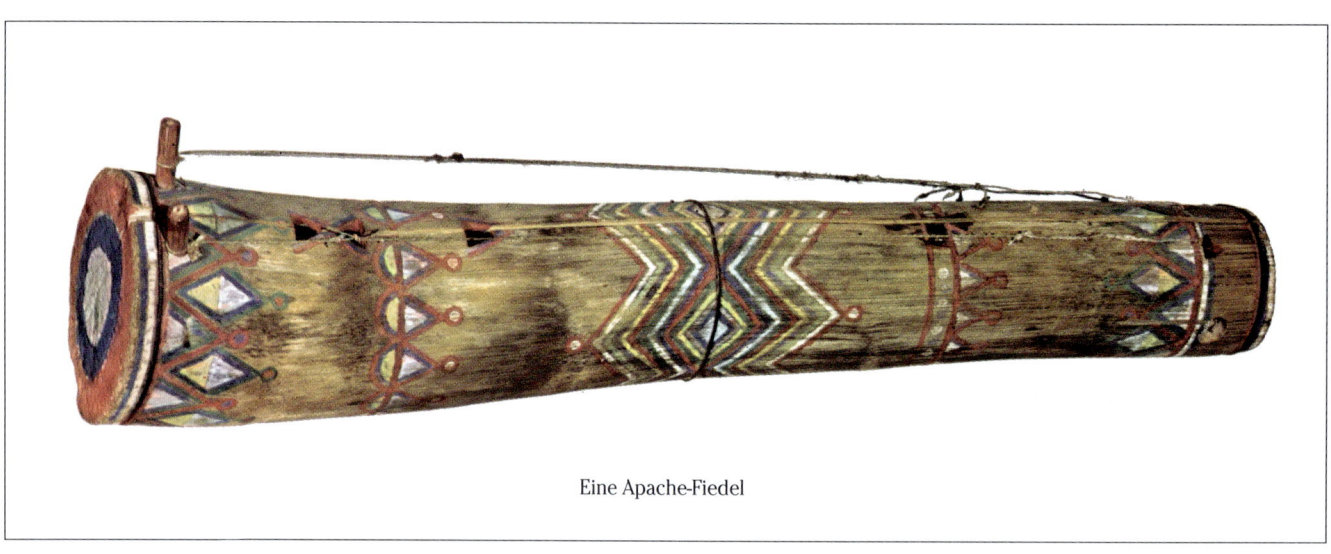

Eine Apache-Fiedel

Eine beim Liebeswerben der Sioux benützte Flöte

Eine zusammengeleimte und mit Lederriemen verschnürte Flöte

Eine mit einem Bisonbild geschmückte Trommel für religiöse Tänze

Eine während des Bärentanzes der Ute benützte Raspel

Diese Kriegergesellschaften stellten eine Besonderheit der zu den Prärie-Indianern gehörenden Stämme dar. Ihre Mitglieder waren durch gemeinsame Kampferlebnisse verbunden und besaßen eigene Geheimnisse und Zeremonien. Sie beaufsichtigten nicht nur die Jagden, sondern auch die großen Lager und ihre Verlegung. Sie waren die lebende Verkörperung der Kriegerethik. Die wichtigsten Kriegshäuptlinge der Cheyenne waren gleichzeitig auch die Anführer der Kriegergesellschaften.

Bei den Cheyenne gab es sechs solcher Gesellschaften: die Fuchssoldaten, die Wapitisoldaten, Rote Schilde, Hundesoldaten, Bogensehnen und Übermütige Hunde. Mit Ausnahme der Hundesoldaten, die innerhalb des Stammes eine eigene, deutlich abgegrenzte Gruppe bildeten, waren diese Männerbünde sich in Organisation und Funktion ähnlich, so daß die Hauptunterschiede lediglich in Festkleidung, Tänzen und Gesängen sichtbar waren. Bei ihren Zeremonien zogen vier von ihnen Mädchen aus guten Familien hinzu und verliehen ihnen eine Rolle irgendwo zwischen Maskottchen und Schutzpatronin der jeweiligen Gesellschaft.

Die vermutlich aristokratischste und exklusivste Kriegergesellschaft der Prärie-Indianer gab es bei den Kiowa: die Kaitsenko (die Wahren Hunde oder Gesellschaft der zehn Tapfersten). Sie wurden darauf eingeschworen, in jeder Schlacht in vorderster Linie zu kämpfen, bis sie siegreich waren oder untergingen. Von den zehn Mitgliedern trugen drei rote Tuchschärpen; sechs trugen rote Wapitilederschärpen, und der Anführer trug eine breite schwarze Wapitilederschärpe, die vom Hals bis zum Boden herabhing. In der Schlacht mußte er sich mit einem zeremoniellen Pfeil, den er durch seine Schärpe stieß, am Boden festnageln, um dort die Stellung zu halten, während um ihn herum der Kampf tobte, bis der Sieg errungen war – oder bis er von einem anderen Mitglied seiner Gesellschaft befreit wurde, weil die Lage aussichtslos geworden war. Häuptling Sitting Bear, der im Jahre 1840 bei dem großen Friedensrat 250 Pferde verschenkte, trug die schwarze Wapitilederschärpe und trug sie auch 1870 noch. Damals wurde sein Haar allmählich grau, aber er hielt sich noch immer aufrecht und stolz, und für seine Leute war er der tapferste lebende Kiowa.

Regierung und Gesetze wiesen bei den Prärie-Indianern große Unterschiede auf. Die in Südcolorado ansässigen Ute behandelten beispielsweise Diebstahl, Ehebruch und sogar Mord als Privat- und Familienangelegenheit. Bestahl ein Ute einen anderen, beschwerte der Geschädigte sich bei einem älteren Verwandten des Diebes; das Gestohlene wurde zurückgegeben und der Dieb von seinen Verwandten ausgepeitscht. Wurde ein Ehebruch entdeckt, nahm der Ehemann sich das Pferd seines Rivalen; war der Mann der Schuldige, fing die betrogene Ehefrau Streit mit der anderen Frau an oder nahm ihr etwas von ihrem Eigentum weg. Bei einem Mord verlangten und erhielten die Angehörigen und Freunde des Ermordeten eine Wiedergutmachung oder rächten sich, indem sie den Mörder umbrachten.

Edwin Denig, der Mitte des 19. Jahrhunderts Pelzhändler am oberen Mississippi war, beobachtete genau, wie die Crow ihre Streitigkeiten auszutragen pflegten. Er schrieb darüber: „Kleinere Diebstähle und Meinungsverschiedenheiten werden dadurch entschieden, daß beide Seiten sich nach Herzenslust beschimpfen. Dieses Spiel beherrschen Männer und Frauen gleich gut, und ihre Sprache bietet eine reiche Vielzahl schöner Schimpfworte, mit denen sie sich gegenseitig überhäufen. Die meisten Ausdrücke vergleichen das Gesicht und die Person des Beschimpften mit den widerwärtigsten in der Natur vorkommenden Dingen, sogar mit in der natürlichen Welt unbekannten Gegenständen."

Streitigkeiten oder Straftaten konnten ganze Indianergruppen gegeneinander aufbringen, aber trotzdem gelang es ihnen immer wieder, Auseinandersetzungen gütlich beizulegen, indem sie sich einfach die Meinung sagten. Dening schilderte diesen Vorgang: „Die am Platte River ansässige Gruppe nimmt manchmal Anstoß an der am Yellowstone. Jeder Reisende, der in den folgenden ein, zwei Jahren von einer Gruppe zur anderen kommt, bringt Drohungen, Beschimpfungen und trotzige Äußerungen mit. Wer die wahren Verhältnisse nicht kennt, müßte glauben, bei einem Aufeinandertreffen der beiden Gruppen sei ein Kampf unvermeidlich. Treffen sie sich jedoch nach diesen ganzen demonstrativen Drohungen, sind sie die friedfertigsten Menschen, die man sich vorstellen kann. Aber wenn sie auseinandergehen und einen Fluß zwischen sich haben, so daß niemand zu Schaden kommen kann, flammt ihr Krieg wieder auf, und schrecklich sind die Beschimpfungen, die über den Fluß gebrüllt werden, während Steine geworfen werden, die kaum den halben Fluß überwinden. Dann ziehen sie in verschiedene Richtungen, indem sie Rache schwören."

Während alle Prärie-Indianer Kriegshäuptlinge hatten, verfügten nicht alle Stämme über eine hochstehende Zivilregierung. Aber Stämme wie die Sioux und die Cheyenne entwickelten ein formelles, striktes System der Selbstverwaltung. Der Stammesrat der Cheyenne setzte sich aus 44 Häuptlingen zusammen. Wurde ein Kriegshäuptling zum Ratsmitglied gewählt oder ernannt, mußte er seinen militärischen Rang ablegen (er durfte allerdings Mitglied seiner Kriegergesellschaft bleiben). Der zivile Rat war die oberste Instanz; militärische und zivile Gewalt waren voneinander getrennt, und die Zivilregierung gab normalerweise den Ton an. Kriege und Kriegsruhm erschienen den Cheyenne lebenswichtig, aber sie wußten offenbar, daß die Einigkeit und Stabilität des Stammes noch wichtiger waren.

Um diese Einigkeit zu fördern, hatten sie das Stammesleben auf komplizierte Weise organisiert. Der Stamm der Cheyenne setzte sich aus zehn großen Gruppen zusammen. Ihr nomadisches Jägerleben und das Bedürfnis nach ausreichend Weideland für ihre Pferde zwangen sie dazu, in kleineren Gruppen zu wandern, die nur selten mehr als einige hundert Köpfe stark waren. Ihre Angehörigen kannten sich untereinander, und daraus entstand eine wichtige Loyalität der Gruppe gegenüber. Jeder Cheyenne konnte durch die Zugehörigkeit zu seiner Gruppe näher gekennzeichnet werden – beispielsweise als Omissis-Cheyenne, Hevataniu-Cheyenne und so weiter.

Außer zu besonderen Feierlichkeiten in den Sommermonaten kamen die einzelnen Gruppen selten zusammen. Aber sobald sie vereint waren, arbeiteten sie politisch in einem System zusammen, das so gerecht und ausbalanciert war wie die Bundesregierung des weißen Mannes in Washington. Das Gegenstück zum Kongreß der Weißen war der Stammesrat der Cheyenne mit seinen 44 Häuptlingen. Jede Gruppe entsandte vier ihrer Angehörigen in den Stammesrat; die vier zusätzlichen Ratsmitglieder waren die Oberhäuptlinge des gesamten Stammes. Diese Stammeshäuptlinge, die entweder aus den Reihen der Gruppenhäuptlinge ausgewählt oder von zurücktretenden Mitgliedern der vierköpfigen Führungsgruppe ernannt wurden, waren im allgemeinen für die wirklich wichtigen Entscheidungen zuständig. Alle Ratsmitglieder waren gewöhnlich zehn Jahre im Amt und wählten ihre Nachfolger selbst aus. Obwohl der Rat unter Umständen nur einmal im Jahr zusammentrat, wenn die Gruppen des Stammes sich versammelten, hielt er den Stamm in bezug auf Selbstverwaltung und hohe Politik zusammen. Auf diese Weise war er in einer Welt nomadischer Wanderungen ein wichtiges Element der Kontinuität und Stabilität.

Die Ratsmitglieder trugen innerhalb ihrer eigenen Gruppe den Titel Häuptling. Und jeder Häuptling galt als Vater und Beschützer aller Cheyenne seiner Gruppe. Im Idealfall war er ausgeglichen, gutmütig, energisch, klug, tapfer, freundlich und großzügig. Bat ein Angehöriger der Gruppe einen Häuptling, ihm einen bestimmten Gegenstand zu leihen, bekam er ihn im allgemeinen geschenkt. Von den vier Stammes- oder Oberhäuptlingen wurde erwartet, daß sie noch großzügiger waren. Bald nachdem High Backed Wolf ein Häuptling geworden war, wandte er sich an einen Krieger namens Pawnee, der wegen irgendeines Vergehens von einer Kriegergesellschaft ausgeplündert und verprügelt worden war. „Dies ist das erstemal, daß ich einem so armen Mann begegne, seitdem ich ein großer Häuptling geworden

bin", sagte High Backed Wolf. „Jetzt will ich dir helfen." Er hielt Pawnee einen strengen Vortrag darüber, wie ein Cheyenne sich zu benehmen habe, und schenkte ihm dann Kleidungsstücke, ein Pferd, ein verziertes Berglöwenfell und einen sechsschüssigen Revolver.

Ein Stammeshäuptling sollte über das Gefühl der Eifersucht erhaben sein. Ein gewöhnlicher Mann war vielleicht mit Schadenersatz zufrieden, wenn seine Frau mit einem anderen durchbrannte, aber ein Häuptling lehnte jegliche Entschädigung ab und versuchte, Gekränktsein oder Rachegelüste weit von sich zu weisen. Wenn er den Vorfall erwähnte und gleichzeitig abtat, sagte er zum Beispiel verächtlich: „Ein Hund hat mein Tipi beschmutzt."

George Grinnell, der große Erforscher der Cheyenne, hat geschrieben: „Ein guter Häuptling konzentrierte sich mit ganzem Herzen und ganzem Verstand auf die Aufgabe, seinem Volk zu helfen. Solche Sorge um seine Mitmenschen blieb nicht ohne Einfluß auf den Mann selbst; nach einiger Zeit spiegelte die Menschenfreundlichkeit, die ihn beseelte, sich auf seinem Gesicht wider. Sie waren Männer, deren Einstellung gegenüber ihren Mitmenschen wir alle nacheifern könnten." Da die Häuptlinge des Stammesrats innerhalb ihrer jeweiligen Gruppen dominierten, war ihre Einstellung für den Rest des Stammes beispielhaft.

Bei den Cheyenne wurden nicht nur Häuptlinge, sondern alle älteren Menschen wegen ihrer Weisheit verehrt. Da diese Indianer in ihrer Grundeinstellung konservativ waren, schätzten sie das Wissen und die Erfahrung der Alten und betrauerten ihren Tod zutiefst. Einem Toten wurden, unabhängig von seinem Alter, seine besten Kleider angelegt, und er wurde in eine Bisonrobe oder Decke gehüllt und auf einem Baum- oder einem Stangengerüst beigesetzt oder auf der Erde mit Felsbrocken bedeckt. Am Begräbnisort eines Mannes wurden manchmal seine Lieblingspferde getötet, und seine Waffen, Pfeifen und anderen wertvollen Besitztümer blieben bei ihm zurück. Eine Frau wurde mit ihren Gerätschaften, ihrem Grabstock und manchmal mit ihrem Bisonhautschaber bestattet. Die Verwandten klagten am Grab. Weibliche Trauernde, vor allem die Mutter und Frau des Toten, schnitten sich das Haar ab; trauerten sie um einen Mann, der an Verwundungen gestorben oder im Kampf gefallen war, zerschnitten sie sich die Stirn und Beine, bis Blut floß, und hackten sich vielleicht sogar einen Finger ab.

Die Cheyenne glaubten, mit seinem Tod sei der Mensch von aller Schuld erlöst. Ihrer Überzeugung nach wanderte der Geist des Verstorbenen eine Hängende Straße, die Milchstraße, zum Wohnsitz von Heammawihio, des Weisen Oben, hinauf – um dort nach Art der Cheyenne in alle Ewigkeit mit lange vermißten Lieben zusammenzuleben.

Die tragende Rolle der Frauen

Während die Männer auf die Jagd ritten oder in den Krieg zogen, hielten die Frauen das dörfliche Leben in Gang und sorgten für seinen Fortbestand. Und ihre mühsame Arbeit trug ihnen innerhalb des Stammes ein ähnliches Maß an Hochachtung ein. Frauen sammelten Früchte, Nüsse und Gemüse für ihre Familien; Frauen bestellten die Felder, wenn der Stamm zeitweise seßhaft war; Frauen bereiteten Pemmikan zu und machten Töpferarbeiten. Frauen übernahmen auch Schwerstarbeit: Sie stellten Tipis auf und bauten sie wieder ab, sammelten Feuerholz und gruben Wurzeln aus dem in der Sonne hartgewordenen Boden. Die Indianerfrauen waren weit davon entfernt, diese nie aufhörende Arbeit als Plakkerei zu betrachten, sondern führten sie mit gewisser Befriedigung aus – oder sogar mit fröhlicher Kameradschaft, wenn sie gemeinsam zum Beerensuchen oder Wurzelgraben unterwegs waren.

Besonders stolz waren die Frauen auf ihre Rolle als Künstlerinnen. Das Weben einer Decke oder die Herstellung einer Tipiauskleidung geschah in einem Geiste, der den Gegenstand heiligte und der Wohlfahrt der Familie oder des Stammes diente. Produktivität und Geschicklichkeit bei Handarbeiten bestimmten den Rang, den eine Frau innerhalb ihrer kleinen Gesellschaft innehatte. Die Frau, die Kleidungsstücke am schönsten bestickte oder die größte Anzahl von Bisonfellen gerbte, genoß unter ihresgleichen ebenso hohes Ansehen wie ein tapferer Krieger.

Puebloindianerinnen stehen vor einer Brenngrube und untersuchen Tongefäße, die mit Feuer gebrannt werden.

Eine Crow-Indianerin bringt Brennholz zum Tipi ihrer Familie am Yellowstone River.

Eine Apache sammelt Meskal, eine Kaktusart, deren geröstete, süße, fleischige Weichteile eine Lieblingsspeise der Indianer des Südwestens waren.

Eine Cheyenne zerstößt in einem Steinmörser Wildkirschen mitsamt den Kernen zu einem bei der Herstellung von Pemmikan verwendeten Brei.

Pueblo-Indianerinnen waschen Spreu und Schmutz von ihrem geworfelten Weizen, bevor sie ihn in flacheren Körben in der Sonne trocknen lassen.

Als ersten Schritt des Gerbprozesses spannten Cheyenne-Frauen die frischen Häute auf der Erde aus und schlugen sie mit Holzpflöcken fest. Im Hintergrund hängt in Streifen geschnittenes Fleisch an einer Leine in der Sonne, um zu dörren.

Diese reich verzierte Tipi-Auskleidung trug dazu bei, das Tipi einer einflußreichen Cheyenne-Familie im Winter zu isolieren.

Eine wesentliche Aufgabe der Prärie-Indianerinnen war das Zurichten von Tierhäuten. Gegenstände aus Leder – nicht nur aus Bisonhäuten, sondern auch aus Häuten von Wapitis, Hirschen, Antilopen und kleineren Tieren – machten einen Großteil der Besitztümer eines Stammes aus. Eine Indianerin begann den Gerbvorgang unmittelbar nach einer erfolgreichen Jagd. Als erstes breitete sie die frisch abgezogene Haut mit der Fellseite nach unten auf dem Erdboden aus und spannte sie mit Holzstäben (links). Dann schabte sie von der Oberseite Fleisch und Fett mit einem breitklingigen Schaber ab, der oft an einem Hirschhorngriff befestigt war. Ein guter Schaber war ein kostbarer Besitz, der oft von Generation zu Generation weitervererbt wurde. Um diesen Arbeitsgang abzuschließen, benützte die Frau ein weiteres Werkzeug: eine Abziehklinge aus Stein.

Sollte die Haut im Winter getragen werden, ließ sie die Fellseite unbearbeitet; war sie für Sommerkleidung oder einen Tipiüberzug gedacht, schabte sie die Haare ab. Zum Gerben benützte sie eine Mixtur aus Gehirn, Leber und Fett des Tieres. Aber die Haut wurde weniger durch chemische Prozesse weichgemacht als durch Walken, Strecken und Drücken, um das Gerbmittel zwischen die Fasern eindringen zu lassen. Die Haut wurde unermüdlich über einen straffgespannten Rohhautlederriemen oder manchmal auch durch ein Loch im Schulterblatt eines Bisons gezogen. Nachdem das Leder getrocknet war, wurde es über einem Feuer geräuchert, um es wasserabweisend zu machen.

Normalerweise brauchte eine Indianerin etwa sechs Tage, um ein Bisonfell zu gerben. Aber damit hatte die Arbeit erst begonnen, denn das Leder wurde oft zerschnitten, zu verschiedenen Gegenständen verarbeitet und mit Stachelschweinstacheln, Glasperlen und weiteren Ornamenten verziert. Die oben abgebildete Tipiauskleidung – mit gefärbten Maishülsen in waagerechten Reihen bestickt und mit Stoffrosetten und aufgehängten Hirschzehen geschmückt – war erst nach fast eineinhalbmonatiger Arbeit fertig.

Eine vor ihrer Strauchhütte oder Wickiup sitzende alte Paiute
ist dabei, einen Binsenkorb zu flechten. Das schaufelförmige
Gerät neben ihrem Kopf diente zur Getreideernte, bei der die
Körner in einen geflochtenen Tragkorb geschlagen wurden.

Bei den Stämmen des Westens erfüllten Körbe eine Vielzahl von Aufgaben. Für die links abgebildete Paiute-Frau, die in dem trockenen Great Basin lebte, war die Fähigkeit, aus den spärlich wachsenden Wüstenpflanzen etwas Nützliches anzufertigen, ebenso wichtig für das Überleben ihrer Familie wie die Geschicklichkeit, mit der ihr Mann jagte und kämpfte.

Indianerkörbe wurden aus den unterschiedlichsten Pflanzenfasern geflochten: aus Gräsern, Rindenstreifen, Yuccablättern und Binsen. Wurde dieses Material richtig getrocknet, war es trotz seines geringen Gewichts erstaunlich haltbar. Nach Entwürfen und Mustern, die von Generation zu Generation abgewandelt oder verbessert wurden, flochten Indianerinnen Teller ebenso wie Sandalen, Taschen für Wiegenbretter und Würfeltabletts für Spieler.

Besonders wichtig waren die Körbe, in denen Getreide und andere Samen, die nur zu bestimmten Jahreszeiten geerntet werden konnten, gelagert wurden. Tragkörbe, die bei Stämmen, die nur wenige Packpferde hatten, von Frauen auf dem Rücken geschleppt wurden, nahmen Bettzeug, Werkzeuge und Mokassins auf. Manche Gegenstände waren lediglich nützlich – wie die unten rechts abgebildete unverzierte Paiute-Wasserflasche (sie war mit Tannenharz ausgestrichen, um sie wasserdicht zu machen). In den meisten Fällen aber wurde Nützlichkeit mit dekorativem Aussehen verbunden. Man brauchte einen guten Blick für künstlerische Wirkung – und drei bis vier Monate Arbeitszeit –, um aus Weidenruten und Fasern der Teufelskralle den unten links abgebildeten wundervollen Pima-Getreidekorb zu flechten.

Ein spiralförmig aufgebauter Pima-Vorratskorb   Eine dicht geflochtene Paiute-Wasserflasche

Navaho-Webarbeiten wie diese Decke gelangten durch Tauschhandel bis auf die High Plains und nach Mexiko.

Ein weiterer Triumph für das am Nützlichen orientierte Kunsthandwerk der Indianerinnen waren gewebte Decken, besonders die der Navaho. Ihren Überlieferungen nach hatten die Navaho-Frauen die Kunst des Webens von einem übernatürlichen Wesen mit dem Namen Spinnenfrau gelernt. Tatsächlich waren ihre Lehrmeister jedoch die Pueblo-Indianer gewesen, von denen sie gegen Ende des 17. Jahrhunderts diese Kunst erlernt hatten. Die Pueblo-Indianer, die seßhafte Bauern waren, hatten ursprünglich selbstangebaute Baumwolle gewebt. Aber die Navaho begannen schon

bald, ihre neuen Fertigkeiten auf die Wolle von Schafen anzuwenden, die von den Spaniern in die Neue Welt eingeführt worden waren, wo sie den Kriegern des Stammes bei Überfällen auf Siedlungen der Weißen in die Hände gefallen waren.
Die geduldigen und geschickten Navaho-Frauen, die einen ungewöhnlichen Blick für neuartige Muster hatten, entwickelten die Kunst des Webens zu unübertroffener Vollkommenheit weiter. Von ihren Webstühlen kamen Gegenstände wie Kleider, Hemden, Ponchos, Satteldecken, Bettdecken, Schärpen und Zeremonialteppiche.

Diese Arbeiten waren so schön und eindrucksvoll, daß auch andere Indianerstämme sie hochschätzten und sie ein begehrtes Handelsobjekt bei allen Stämmen quer durch den ganzen Westen wurden.
Obwohl die Navaho eigene Farbstoffe herstellten, bezogen sie das leuchtende Rot, das in so vielen ihrer Erzeugnisse auftaucht, in Form von Stoffen, die im fernen Manchester gewebt worden waren. Nachdem die Navaho dieses ausländische Tuch eingetauscht hatten, trennten ihre Frauen es unverdrossen auf und verwendeten die Fäden für ihre eigenen herrlichen Muster.

Im Canyon de Chelly benutzt eine Navaho zwei Baumstämme als Stützen für ihren Webstuhl, auf dem sie in geduldiger Arbeit eine gestreifte Decke webt.

4 | Die Macht der Geister

Vier verkleidete Apache erflehen von den Berggeistern Erfolg auf der Jagd und im Krieg, während ein kleiner Clown ihre Bewegungen nachahmt.

Für die West-Indianer war alles in der Welt um sie herum mit Geistern und Mächten erfüllt, die das Leben der Indianer beeinflußten. Die Sonne, die Berge, der Biber, die Schlange, der Adler – alle besaßen ihre geheimnisvolle Kraft oder Medizin. Um überleben und gedeihen zu können, war eine ständige Aufeinanderfolge von Zeremonien notwendig – das sogenannte Medizinmachen –, durch das sich diese Geister wohlwollend stimmen ließen. Einige dieser Rituale waren einfach und persönlich – zum Beispiel die Sitte der Krieger, sich vor Himmel und Erde zu verbeugen und sich danach in die vier Himmelsrichtungen umzudrehen, während sie sich ihre Morgenpfeife anzündeten (*S. 26–29*). Andere, wie der hier gezeigte Apache-Tanz, waren komplizierte Zeremonien, die unter Anleitung eines priesterähnlichen Anführers tagelang andauern konnten. Er erklärte den Tänzern genau, was sie zu tun hatten, und wehe dem unaufmerksamen Teilnehmer! Nach einer alten Apache-Überlieferung wurde ein Tänzer, der seinen Kopfschmuck nicht genau nach Vorschrift aufsetzte, unweigerlich verrückt.

Wie es das Bestattungsritual der meisten Plains-Stämme erforderte, ruhen die Leichen zweier an natürlichen Ursachen gestorbener Indianer hoch oben in einem Baum, von dem aus ihre Seelen ungehindert zum Himmel aufsteigen können. Bei manchen Stämmen wurden Krieger, die im Kampf gefallen waren, auf den Plains zurückgelassen.

Ein von Religion beherrschtes Leben

Einige Jahre nach der großen Ratsversammlung am Pfeilspitzen-Fluß befand sich Eagle Chief (Adler-Häuptling), einer der Führer der Skidi-Pawnee, in einem Lager am Platte River, als eine Gruppe von Pawnee von einem Raubzug zurückkehrte. Die Krieger brachten mehrere Gefangene mit, die sie bei einem Überfall auf einen Nachbarstamm gemacht hatten. Bis auf einen wurden die Gefangenen sofort in die Pawnee-Gruppe aufgenommen und freigelassen, um ein normales Leben innerhalb des Dorfes zu führen. Diesem einen Gefangenen aber war ein anderes Los bestimmt. Er sollte Tirawa, dem höchsten Gott der Pawnee, geopfert werden, der sich der Gruppe dann hoffentlich gnädig erweisen würde. Tirawa würde mit diesem Mann zufrieden sein, denn er war jung, kräftig und gesund.

Vor dem Opfer bekam der Todeskandidat die erlesensten Delikatessen serviert und wurde mit zarter Rücksichtnahme behandelt. Zahlreiche Frauen erschienen, um nacheinander mit ihm zu essen, und jede sagte, bevor sie wieder ging: „Ich hoffe, daß Tirawa mich segnet, daß er Mitleid mit mir hat, daß meine Samen wachsen werden, wenn ich sie in die Erde lege, und daß ich von allem überreichlich haben werde."

Jahre danach beschrieb Eagle Chief das Ritual; im folgenden ist sein Bericht auszugsweise wiedergegeben.

„Nach vier Tagen gingen zwei alte Männer zu beiden Seiten des Dorfes, riefen laut und wiesen alle männlichen Dorfbewohner an, einen Bogen und einen Pfeil zu machen. Für jeden Jungen wurden ein Bogen und ein Pfeil angefertigt; für die kleinen Jungen kleine Bogen, die sie spannen konnten, und kleine Pfeile. Am nächsten Morgen war vor Tagesanbruch alles bereit. Jeder Mann trug seinen Pfeil und Bogen. Jede Frau hatte eine Lanze oder einen Stock. Alle verließen das Dorf auf der Westseite und warteten dort darauf, daß der Gefangene herausgebracht würde. Dort waren zwei kräftige Pfosten in die Erde gerammt und durch vier Querstangen miteinander verbunden worden.

„Bei Tagesanbruch führten Krieger den nackten Gefangenen zu den Pfosten, hoben ihn hoch, banden zuerst die linke und dann die rechte Hand an die oberste Querstange und fesselten danach die Füße an der unteren. Alle standen schweigend da, sahen zu und warteten; die Männer hielten ihre Waffen. Auf dem Boden unter dem Opfer war Holz für ein großes Feuer aufgehäuft, das jetzt angezündet wurde. Dann lief der Krieger, der den jungen Mann gefangengenommen hatte, mit Pfeil und Bogen dicht an das Opfer heran und durchschoß es mit dem heiligen Pfeil, dessen Spitze wie in der alten Zeit aus Feuerstein bestand, unter den Armen von einer Seite zur anderen. Das Blut lief nach unten ins Feuer. Auf ein Zeichen hin kamen alle Männer herangerannt und schossen ihre Pfeile in den Körper. Für die Jungen, die noch nicht selbst schießen konnten, tat es ein anderer. Die Pfeile waren so zahlreich, daß der ganze Körper vor Pfeilen starrte.

„Ein für diesen Zweck ausgewählter Mann kletterte jetzt hinauf und zog alle Pfeile bis auf den ersten aus dem Körper. Dann nahm er sein Messer, schnitt die Brust des Opfers auf, holte eine Handvoll Blut heraus und beschmierte damit sein Gesicht. Danach kamen die Frauen mit ihren Stöcken und Speeren nach vorn, schlugen oder stachen die Leiche und zählten dabei Coups.

„Inzwischen brannte das Feuer hoch und versengte den Toten; es wurde weiter genährt, bis der Leichnam verbrannt war. Und während der Rauch des Blutes und des verbrennenden Körpers zum Himmel aufstieg, beteten alle zu Tirawa, gingen am Feuer vorbei, griffen mit den Händen nach dem Rauch, führten ihn über ihre Körper und die ihrer Kinder und flehten Tirawa an, sich ihrer zu erbarmen und ihnen Gesundheit, Erfolg im Kampf und reichliche Ernte zu schenken. Der Mann, der den Gefangenen getötet hatte, fastete und trauerte vier Tage lang und flehte Tirawa an, sich seiner zu erbarmen, denn er wußte, daß er einem anderen Menschen das Leben genommen hatte."

Adler-Häuptling beschloß seine Erzählung mit einer nüchternen Feststellung: „Dieses Opfer schien Tirawa je-

Masken, wie diese Navaho-Gesichtsmaske als Symbol der Göttin des Beistandes, verwandelten Indianer in Idole, deren Kräfte dem Stamm im Krieg und bei der Bisonjagd halfen.

desmal zu gefallen, und wenn die Skidi es ihm darbrachten, schienen sie stets Kriegsglück und gute Ernten zu haben und befanden sich stets wohl."

Die Opferung eines gesunden jungen Mannes – oder häufiger eines von einem anderen Stamm entführten Mädchens – stellt ein gewalttätiges Extrem in den religiösen Sitten und Gebräuchen der Prärie-Indianer dar. Aber auch viele andere Stämme hatten Riten, die den Weißen grausam und abstoßend erschienen. Für die Indianer waren solche Handlungen jedoch natürlich und notwendig, um Unglück abzuwehren. Trotz der geschickten Anpassung der Prärie-Indianer an ihre Umwelt und ihres von einem eisenharten Willen getragenen Stoizismus war ihr Leben auf vielfältige Weise ungewiß. Sie waren in großem Ausmaß vom Wetter, von den Wanderungen der Bisonherden und dem Wachstum der Pflanzen abhängig. Der Tod durch Hunger, Seuchen oder räuberische Feinde war nie weit entfernt.

Um in einer derartigen Welt überleben zu können, empfanden die Indianer das Bedürfnis nach machtvoller Unterstützung. Diese erhielten sie von einer Vielzahl von Geistern, von denen die Natur belebt war. Geister gab es ihrer Überzeugung nach überall, und sie wurden fast immer mit einem sichtbaren Gegenstand, einem Tier oder einer Naturerscheinung in Verbindung gebracht. Sie wohnten in der Sonne und in der Erde, in Flüssen und Hügeln, in Gewittern und Regenbogen sowie in den verschiedensten Lebewesen – von der Libelle bis zum Bison. Diese heiligen Wesen besaßen die Macht, auf der Jagd und im Krieg Erfolg zu schenken, die Jungen zu beschützen, die Kranken zu heilen, Fruchtbarkeit zu garantieren und das Wohlergehen des Stammes zu sichern. Aber diese Macht wurde nur dann ausgeübt, wenn die Menschen ständig wieder die gleichen Zeremonien durchführten, die den Zweck hatten, ihnen die Unterstützung der übernatürlichen Kräfte zu sichern, von denen ihr Universum gelenkt wurde.

Diese religiösen Riten nahmen viele Formen an. Manche waren lediglich respektvolle kleine Gesten. Häutete ein Apache beispielsweise einen Hirsch ab, drehte er den Kopf des Tieres nach Osten – in die heilige Richtung, in der die lebenspendende Sonne aufging und aus der neues Leben für weiteres Wild kommen würde. Nahm ein Comanche zu einem offiziellen Festmahl Platz, schnitt er oft ein winziges Stück von irgendeiner Speise ab, hielt sie als symbolisches Opfer für irgendeine himmlische Gottheit hoch und vergrub den Bissen dann im Erdboden.

Erheblich komplizierter und anspruchsvoller waren die großen Zeremonien wie das Menschenopfer der Pawnee, die Gutes für das gesamte Dorf bewirken sollten. Sie wurden in wechselnden Zeitabständen durchgeführt, wenn die Grup-

pen eines Stammes zusammenkamen, um Kulthandlungen zu beobachten oder an Riten teilzunehmen, die aus Hunderten von formellen Abschnitten bestanden, deren Abwicklung über eine Woche lang dauern konnte. Dabei war es entscheidend, daß jeder Schritt gewissenhaft ausgeführt wurde, weil die Geister sonst verärgert waren und die Zeremonie nicht den beabsichtigten Zweck erfüllen konnte. Eines dieser komplizierten Rituale war der *massaum* oder Tiertanz der Cheyenne, der in Abständen von einigen Jahren aufgeführt wurde, um die Erde zu besänftigen und weiterhin reichliche Ernten zu sichern.

Die Vorbereitungen begannen damit, daß eine etwa acht Meter hohe Pappel gefällt und entastet wurde, wobei jedoch die obersten Äste am Baum blieben, damit – wie es in dem dazugehörigen Gebet hieß – „all die Bäume und Gras und Früchte gedeihen und stark werden können". Das Fällen wurde von einem Mann begonnen, der sich nach einem bestimmten Ritual richtete: Er holte viermal aus, hielt die Axt dreimal dicht vor dem Baum an und schlug dann beim viertenmal ins Holz (die Zahl Vier besaß eine große spirituelle Bedeutung, die mit den vier Haupthimmelsrichtungen zusammenhing). Frauen fällten den Baum dann ganz; sie sangen bei der Arbeit ein eindringliches Klagelied, das sich anhörte, als ob der Wind durch die Blätter der Bäume strich.

Der gefällte Baum wurde ins Dorf getragen und in der Mitte einer großen Hütte aufgestellt, in der dann der überwiegende Teil des Rituals stattfand. Auch dort war alles, was zu geschehen hatte, genau vorgeschrieben. Das Feuer durfte nicht mit Tannen- oder Wacholderholz unterhalten werden. Wenn eine Frau den Auftrag erhielt, einen heiligen Bisonschädel in die Hütte zu bringen, wurde sie angewiesen, dreimal in die falsche Richtung zu gehen und erst beim viertenmal hereinzukommen; in der Zwischenzeit sangen die Teilnehmer vier Lieder. Zu einem festgelegten Zeitpunkt des Rituals wurde ein Wolfsfell in einer genau bestimmten Reihenfolge aufgezeichnet: zuerst die linke, dann die rechte Vorderpfote, danach die rechte Hüfte und hinüber zur linken Schulter, die linke Hüfte und hinüber zur rechten Schulter und so weiter.

Diese feierlichen, gewissenhaft ausgeführten Prozeduren endeten am fünften Tag mit einem fröhlichen Höhepunkt, wenn die Männer die Felle verschiedener Tierarten anlegten – von Bison, Wapiti, Fuchs, Bär, Antilope, Kojote und anderen. Sie tanzten umher, kratzten, scharrten, stampften und gingen durch wie die Tiere, die sie verkörperten. „Gejagt" wurden sie von Mitgliedern der Gegenteil-Gesellschaft, einer besonderen Gruppe, die angeblich in Verbindung mit dem Donnergeist stand, hier jedoch eine hauptsächlich komische Rolle spielte. Die Gegenteil-Jäger taten alles rück-

wärts, hielten ihre Bogen umgekehrt, liefen rückwärts und benahmen sich auch sonst auf exzentrische, clownhafte Weise, die alle Zuschauer entzückte. Nachdem die Zeremonie beendet war, brach der Stamm zur Bisonjagd auf – fest überzeugt, reichliche Beute zu finden.

Die Cheyenne kannten eine weitere wichtige Zeremonie: die Pfeilerneuerung, ein viertägiges Ritual, das die Gewalt ihrer Waffen wiederherstellte, wenn ihre Existenz als Volk gefährdet war – beispielsweise während einer Hungersnot oder nach einer verlorenen Schlacht. Die Erneuerung betraf vier heilige Pfeile (von denen zwei übernatürliche Kraft über Menschen und die beiden anderen über Bisons besitzen sollten), die den Cheyenne vor langer Zeit von einem Stammeshelden namens Sweet Medicine (Süße Medizin) übergeben worden waren.

Wie bei anderen wichtigen Ritualen wurden bei der Pfeilerneuerungszeremonie alle einzelnen Schritte jedesmal in genau gleicher Reihenfolge eingehalten, und jedermann mußte sich genau an die Regeln halten. Im Lager herrschte bedeutungsvoll ernste Stimmung, und die einzigen Laute waren Gesänge, Gebete und Trommelklang, die aus einem heiligen Tipi drangen. Frauen und Kinder blieben in ihren Tipis. Die Männer bemühten sich, weltliche Tätigkeiten auf ein Minimum zu beschränken. Eine Kriegergesellschaft patrouillierte durchs Lager, um für Würde und Ordnung zu sorgen. Wenn ein Hund auch nur winselte oder knurrte, schlug ihm ein Krieger mit einer Keule den Schädel ein. Das Hauptereignis, das am zweiten Tag stattfand, war das Öffnen des Bisonlederbündels, in dem die Pfeile aufbewahrt wurden. Befanden die Pfeilbefiederungen sich nicht in einwandfreiem Zustand, wurde ein angesehener Mann – gesund, ausgeglichen, tapfer – dazu bestimmt, sie zu reparieren. Am dritten Tag bereiteten die Leiter der Zeremonie Zählstäbe aus Weidenholz vor, von denen jeder eine lebende

Ein bei Tagesanbruch auf einem Felsvorsprung am Rio Grande stehender einsamer Pueblo-Indianer opfert den Geistern der Wolke und der Sonne eine Prise Maismehl und bittet sie, Regen und Wärme für eine reichliche Ernte zu spenden.

Cheyenne-Familie darstellte – mit Ausnahme derer, in denen ein Angehöriger einen anderen Cheyenne ermordet hatte. Diese Stäbe wurden einzeln durch den Rauch von Weihrauchfeuern geführt, um jede Familie einzeln zu segnen. Am vierten Tag wurden die heiligen Pfeile ins Freie gebracht und dort allen männlichen Stammesangehörigen gezeigt: vom ältesten Großvater bis hinunter zum jüngsten Säugling.

Um sich Unterstützung aus dem Geisterreich zu sichern, wandten manche Stämme sich vor allem an eine Macht, die für größer als alle übrigen gehalten wurde. Für die Cheyenne war dieser Hauptgeist Heammawihio (der Weise Oben), der durch die Sonne repräsentiert wurde, aber mächtiger als die Sonne war, weil er mehr über das Wesen der Natur wußte als jeder andere. Das Gegenstück dazu war Aktunowihio (der Weise Unten). Diese beiden Geister verkörperten nicht Gut und Böse, sondern lediglich Mächte, deren Aufenthaltsort man sich in unterschiedlichen Richtungen vorstellte. Heammawihio hatte einen großen Vogel, Donner, der den Sommerregen befehligte und gegen die *minio*, die in Seen und Flüssen lebenden Wasserungeheuer, kämpfte. Wurde ein Cheyenne von einem der *minio* ergriffen, konnte er hoffen, von Donner gerettet zu werden. Außerdem gab es die *mistai* oder Gespenster, die Menschen erschreckten, indem sie unheimliche Geräusche machten oder in der Dunkelheit an der Bettdecke zupften. Sie waren nicht mit der menschlichen Seele, *tasum*, zu verwechseln, die nach dem Tode aus dem Körper aufstieg, um über die Hängende Straße – die Milchstraße – ins Land des Weisen Oben zu gelangen und dort für immer zu leben.

Das Leben nach dem Tode hatte große Ähnlichkeit mit dem auf der Erde. Auch im Jenseits lebten die Menschen in Lagern, waren Jäger, führten Krieg und gingen weiteren vertrauten Beschäftigungen nach. Im Land der Toten gab es keine Schrecken wie Gericht und Verdammung, und abgesehen von Selbstmördern konnte jedermann damit rechnen, es nach seinem Tod zu erreichen.

Die auf diese Weise von etwaigen Schrecken des Lebens nach dem Tode befreiten Religionen der Indianer konzentrierten sich darauf, angesichts der harten Realitäten des Lebens auf den Plains für Glück und Wohlstand zu sorgen. „Wir wußten einfach, daß wir hier waren", stellte ein alter Comanche fest. „Unsere Gedanken galten deshalb vor allem dem Verständnis der Geister."

Für alle Stämme der Prärie-Indianer lebten die nützlichsten und am häufigsten beschworenen Geister in Tieren. Beispielsweise galt der Wapitihirsch als wirksamer Helfer in Liebesangelegenheiten (die Indianer waren sehr von seiner Fähigkeit beeindruckt, Hirschkühe zu sich zu rufen). Der Bär war schwer zu erlegen und heilte nach Überzeugung der

Indianer seine Wunden selbst; deshalb traute man ihm zu, auch bei der Heilung menschlicher Verletzungen helfen zu können. Adler und Habichte mit ihren starken Krallen waren gute Helfer in Kriegszeiten. Dem Stinktier wurden viele übernatürliche Kräfte zugeschrieben; sein Schwanz wurde als Medizinbehälter verwendet oder im Krieg an Pferdeschweife gebunden, während sein Abbild oft auf Tipis und sogar auf die Samenkörner gemalt wurde, die von Frauen für bestimmte Glücksspiele verwendet wurden.

Manche Pueblo-Indianer im trockenen Südwesten schrieben Klapperschlangen die Kraft zu, Regen zu schicken. Im Frühjahr brachen die Pueblo-Indianer in die vier Himmelsrichtungen auf, um einige lebende Klapperschlangen zu fangen. In der dann folgenden Zeremonie tanzten die Männer paarweise, wobei jeweils einer die Schlange im Munde hielt, während der andere sie mit einem Federwisch streichelte, damit sie nicht biß. Die einschläfernde Wirkung des Streichelns (oder vielleicht das vorhergehende „Melken" des Giftes) verhinderte ernstliche Schlangenbisse. Nach dem Tanz trugen die Pueblo-Indianer ihre Gäste in die vier Himmelsrichtungen zurück und setzten sie behutsam auf die Erde, wo sie hoffentlich ihrer Verpflichtung nachkommen und Regen schicken würden.

Der Dachs konnte dazu beitragen, die Zukunft vorherzusagen. Bevor Cheyenne zu einem Raubzug aufbrachen, erlegten die Krieger manchmal einen Dachs, schnitten ihm den Bauch auf, entfernten die Eingeweide und ließen den Kadaver eine Nacht lang auf einer Unterlage aus Beifuß liegen, so daß das Blut in der Bauchhöhle zusammenlief. Am nächsten Tag ließen die Männer ihr Haar herab, gingen nackt an dem toten Dachs vorbei und starrten auf das Blut herab, das wie ein trüber Spiegel wirkte. Sah ein Mann sein Spiegelbild mit Runzeln und weißem Haar, wußte er, daß er noch lange leben würde; sah er sich jedoch skalpiert und mit blutendem Kopf, erkannte er darin ein schlechtes Omen und kehrte auf dem Kriegspfad um.

Auch eine Grille ließ sich für Weissagungen verwenden. Der Anführer einer Gruppe von Bisonjägern nahm sie in die Hand, wartete ab, bis das Tier sich beruhigt hatte, und sah dann nach, in welche Richtung die Fühler der Grille zeigten. In dieser Richtung sollten dann Bisons zu finden sein. Die Comanche vertrauten auf der Jagd auf einige weitere Helfer aus dem Tierreich. Sie forderten eine Krötenechse auf, ihnen zu sagen, wo Beute zu finden sei. Ihrer Überzeugung nach beantwortete das Tier ihre Bitte dadurch, daß es in die Richtung lief, in der Bisons anzutreffen waren. Sie glaubten auch, ein Rabe, der viermal um ihr Lager flog und krächzte, fliege dann auf die Bisons zu, um seinen indianischen Freunden zu Fleisch zu verhelfen.

Zeremonielle Kleider und Talismane

Als Symbole ihrer religiösen Überzeugungen schufen die Prärie-Indianer eine Vielfalt religiöser Kleidungsstücke und Sakralgegenstände. Die meisten dieser Gegenstände waren durch eine Vision inspiriert worden, die nach Ansicht der Indianer ein Kontakt mit der spirituellen Welt war. Manche Visionen hatten sich in so weit zurückliegender Zeit ereignet, daß sie Traditionen geworden waren; beispielsweise glaubten die Blackfoot-Indianer, der unten abgebildete Kopfschmuck sei einst einem Bibermedizinmann von einem Wapitihirsch geschenkt worden. Andere hatten ihren Ursprung in persönlichen Visionen. Alle wurden äußerst sorgsam behandelt, um ihre gute Medizin nicht zu gefährden.

Der von einem *gahe*-Tänzer (*S. 118–119*) getragene Apache-Kopfschmuck basiert auf der Vision eines Schamanen, dem einer der Berggeister, die den Stamm beschützten, erschienen war. Seine Form ist ein Ausdruck des Glaubens der Apache, daß die Geister geweihtragendes Wild wie Hirsche und Antilopen beschützten.

Dieser Sakralkopfschmuck einer Blackfoot-Indianerin (*links*) wurde während eines Sonnentanzes getragen. Um ihn tragen zu dürfen, schwor die Frau, den Tanz auszurichten, falls die Sonne ihr einen Wunsch erfülle. Wenn sie den Wunsch erfüllt bekam, mußte sie der Vorbesitzerin diesen Kopfschmuck für viele Pferde abkaufen.

Das Hemd eines Wettertänzers bei den Piegan verlieh seinem Besitzer die Kraft, Wolken während eines Sonnentanzes am Abregnen zu hindern. Der mit diesem Hemd Bekleidete tanzte zuerst nach Osten und dann nach Westen, um schließlich alle noch am Himmel stehenden Wolken zu beschwören.

Das Gotteshemd kombinierte indianischen Aberglauben mit christlicher Lehre. Ein auf feindlichem Gebiet verirrter Blackfoot-Krieger hatte eine Vision von einem Weißen, der ein mit Kreuzen bemaltes Hemd trug und zu ihm sagte: „Ich bin Gott, hab keine Angst, du wirst heimkehren und noch viele Jahre leben." Der Krieger kehrte heim und nähte sich dieses Hemd. Er trug es in vielen Schlachten und wurde niemals verwundet.

Dieses Kleid trug ein *berdache* oder Homosexueller bei den Ponka. Die Indianer glaubten, in der Pubertät erscheine den Knaben der Mond und biete ihnen einen Bogen und die Tragschlinge einer Frau an. Griff der Junge nur zögernd nach dem Bogen, gab der Mond ihm die Tragschlinge, die eine feminine Lebensweise symbolisierte. *Berdaches* dienten als Ehevermittler und versorgten oft in der Schlacht die Verwundeten.

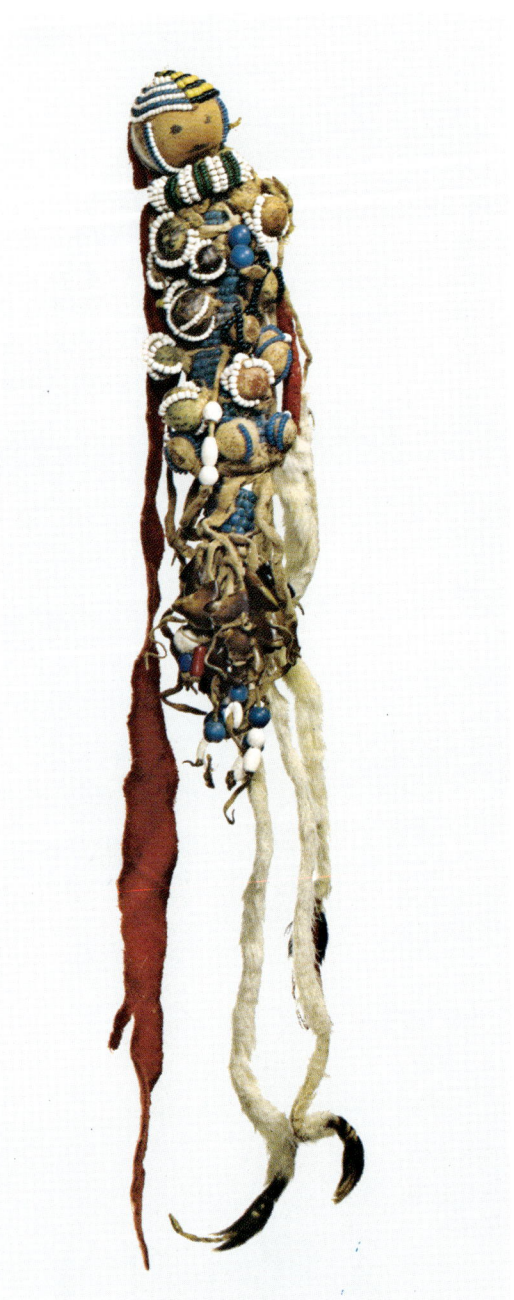

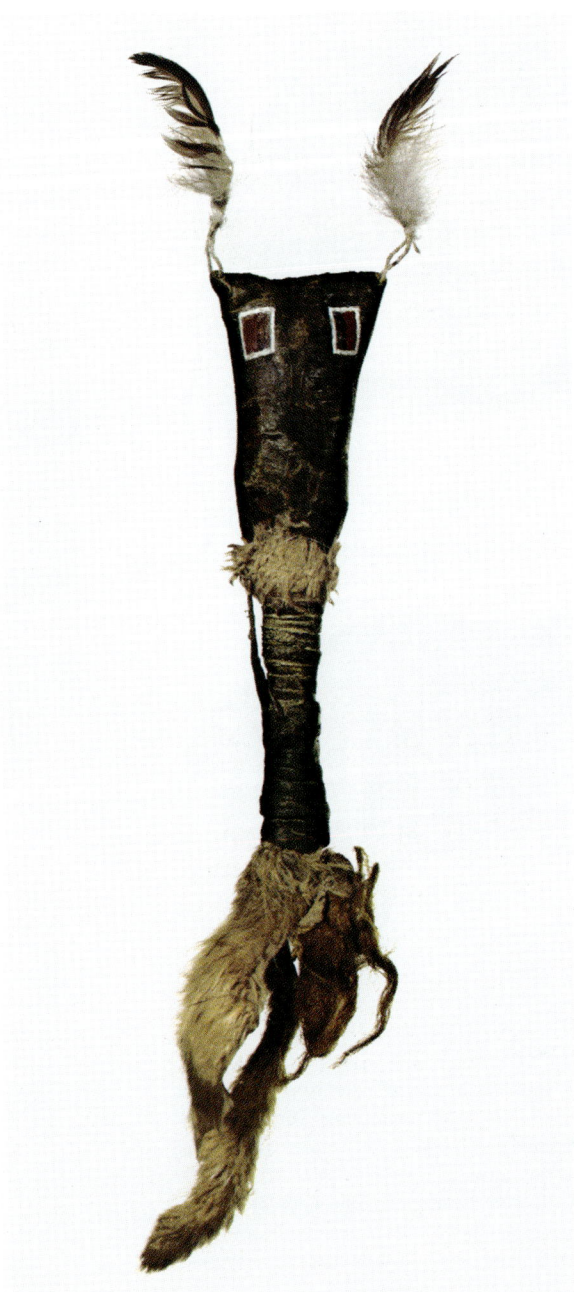

Diese Sonnentanzpuppe der Crow besaß die Macht, Rache zu gewähren. Wurde ein naher Verwandter eines Mannes von einem Feind getötet, ging der Trauernde zu einem Puppenbesitzer und bezahlte für das Recht, diesen Sakralgegenstand zu benutzen. Der Mann tanzte dann, das Gesicht der Puppe anstarrend, bis sie ihn in einer Vision anwies, wann und wo er seinen Feind töten sollte.

Eine Navaho-Rassel, die von einem Medizinmann geschüttelt wurde, gab bei feierlichen Stammesgesängen den Takt an. Diese ist mit Adlerfedern und Pumafell verziert. Zu religiösen Zwecken benutzte Rasseln waren so sehr Bestandteil der Plains-Kultur, daß in der allen Stämmen gemeinsamen Zeichensprache die dafür verwendete Schüttelbewegung als Symbol für alles Sakrale diente.

Dieses Medizinbündel, waxobe genannt, erfüllte jeden Osage-Krieger, der es betrachtete, mit neuem Mut. Es gehörte dem gesamten Stamm und wurde in regelmäßigen Abständen geöffnet, um zeremoniell zur Schau gestellt zu werden. Jeder Bestandteil des Bündels ist ein Tapferkeitssymbol: oben der Kopf und die Schultern eines Habichts, in der Mitte ein Menschenskalp mit geflochtenem Haar und unten eine Adlerkralle und der Teil eines Bisonschwanzes.

131

In jedem Stamm gab es bestimmte Männer, denen außergewöhnliche Fähigkeiten im Umgang mit Geistern nachgesagt wurden. Wichtige Stammeszeremonien wie etwa das Menschenopfer der Pawnee und die Pfeilerneuerung der Cheyenne wurden von ausgebildeten priesterähnlichen Führern beaufsichtigt, die eine lange Lehrzeit hinter sich hatten und alle Einzelheiten dieser Rituale auswendig beherrschten. Ein Priester besaß nicht von sich aus übernatürliche Kräfte; er leitete die Teilnehmer nur während dieser Riten an, die dann spirituelle Hilfe bewirkten. Aber es gab andere geachtete Stammesmitglieder, denen man eine selbständige Entfaltung übernatürlicher Kräfte zuschrieb. Dies waren die Medizinmänner.

Der Stand des Medizinmannes existierte in allen Stämmen des Westens, aber es gab für sie von Stamm zu Stamm – oder sogar von Generation zu Generation Abweichungen in Form und Funktion. Obwohl der Medizinmann manchmal bei großen Zeremonien als Priester fungierte, ließ seine persönliche Kraft sich jederzeit zum Wohle anderer gebrauchen. Er (oder sie, da ältere, verheiratete Frauen ebenfalls spirituelle Kräfte erlangen konnten) konnte seine Kraft dazu verwenden, die Zukunft vorherzusagen, Liebeszauber auszusprechen, verirrte Tiere aufzufinden oder gutes Wetter zu machen. Manche Medizinmänner fungierten als Stammesärzte und hatten unter Umständen sogar Spezialgebiete wie Blutkrankheiten, Knochenbrüche oder Kriegsverletzungen.

Die spirituelle Kraft eines Medizinmannes beruhte stets auf einem Traum oder einer Trance, gewöhnlich nach einer im Gebet verbrachten längeren Fastenzeit. Bei diesen Visionen übergab ein Geist – etwa in Form eines Bären – große Kraft und erklärte, wie sie anzuwenden sei. Viele Medizinmänner waren außergewöhnlich intelligent und besaßen eine starke Persönlichkeit. Ihre persönliche Ausstrahlung trug dazu bei, andere von der Verläßlichkeit ihrer Hilfe zu überzeugen. Für ihre Dienste verlangten die Medizinmänner teilweise hohe Honorare – bis zu zwei Pferden für einen schwierigen Fall. Versagten die Geister jedoch, galt die Medizin dieses Mannes als schlecht, und er sah sich seines Lebensunterhalts beraubt.

Obwohl meistens ein Medizinmann hinzugezogen wurde, wenn es sich um besonders dringende Probleme handelte, konnte jedermann spontan irgendeinen Gefallen von den übernatürlichen Mächten erbitten, und wenn er dabei richtig vorging, konnte seine Bitte durchaus Erfolg haben. Eine einfache Methode, sich Hilfe zu sichern, bestand darin, einer Felsklippe, dem Nordwind, der Sonne oder dem Donner – alles Wohnsitze sakraler Wesen – eine Opfergabe wie eine Feder oder einen schönen Pelz darzubieten.

Praktisch jeder junge Mann versuchte, irgendeine persönliche Kraft zu erlangen, die seinen eigenen Interessen förderlich sein würde. Diese persönliche Kraft konnte man sich mit Hilfe einer Vision verschaffen. Der junge Mann begab sich für einige Tage allein auf einen Hügel, fastete und suchte irgendeinen Kontakt zwischen sich selbst und der Natur. Falls er Glück hatte, erschien ihm im Traum ein Geist, der ihm bestimmte Sakralgegenstände oder -muster beschrieb, mit denen er sich in Zeiten der Gefahr übernatürlichen Beistand sichern konnte. Die Schilderung einer dieser Visionssucher ist erhalten geblieben – die des jungen Sioux Crazy Horse, der später einer der berühmtesten Krieger werden sollte.

Als Zwölfjähriger hieß er noch immer Curly (der Lockige), weil er lockiges Haar hatte; sein Vater, ein Medizinmann, trug den Namen Crazy Horse. Curly erlebte, wie Conquering Bear, ein alter Sioux-Häuptling von weißen Soldaten auf dem Oregon Trail erschossen wurde; zu der Schießerei war es wegen einer Bagatelle gekommen – weil Einwanderer eine Kuh verloren hatten. Der Anblick des sterbenden Häuptlings hatte den Jungen offenbar tief erschüttert. Er verließ das Lager und begab sich zu einigen aus Geröllhalden aufsteigenden Felsklippen. Dort fastete er, steckte sich scharfkantige Steine zwischen die Zehen und legte sich auf Kiesel, um wachzubleiben. Er marschierte einen Tag und eine Nacht auf seinem hoch gelegenen Aussichtspunkt umher, bemühte sich, Lieder zu finden, und hatte keine Eingebung. Seine Augen brannten. Am zweiten Tag wartete er auf einen Geist oder eine Eingebung und

132

Blackfoot-Krieger, die Hüte tragen, bringen Äste für das Gerüst einer heiligen Schwitzhütte ins Lager. Zu dem ritualisierten Bau dieser Hütte, die Bestandteil des Sonnentanzes der Blackfoot-Indianer war, gehörte es, daß die Reiter mit den Ästen singend wieder und wieder um das Tipi einer Medizinfrau galoppierten.

Wenn das Gerüst der Schwitzhütte fertiggestellt war, wurde es mit Bisonfellen überzogen; zur Beheizung diente Dampf, der von mit Wasser besprengten heißen Steinen aufstieg. Vor Betreten der Hütte betete man zu dem Bisonschädel (*links*).

fühlte sich unwürdig und zu jung. Er harrte einen dritten Tag lang aus. Dann wurde ihm übel und schwindelig. Er sah ein, daß er aufgeben mußte. Er wollte zu seinem Pferd zurück, das er an den Vorderbeinen gefesselt allein gelassen hatte, aber er schaffte es nicht mehr. Er blieb im Delirium unter einer großen Pappel liegen.

Ein Mann kam – zuerst auf einem braunen, dann auf einem gelb gefleckten Streitroß – und schien wie im Nebel zu schweben. Pfeile und Bleikugeln flogen auf die Traumgestalt zu, ohne sie jedoch zu treffen. Dann kam ein Sturm mit dunkel dräuenden Wolken und Donner auf; der Mann ritt durch den heftigen Sturm. Er hatte sich das Zickzackmuster eines Blitzes auf die Wange gemalt; auf seinem Körper waren die Spuren von Hagelkörnern zu sehen. Über seinem Kopf flog ein kleiner Rotbugbussard. Die Stammesbrüder des Mannes umringten ihn und streckten ihre Hände nach ihm aus. Das Seltsamste an dieser Vision war, daß Curly genau wußte, was dabei im Kopf des Mannes vorging, welche schmerzlichen und stolzen Gedanken ihn bewegten. Dann kam der Junge durch grobes Rütteln wieder zu sich und

sah, daß sein Vater und ein weiterer Mann sich wütend über ihn beugten. Die beiden hatten ihn gesucht. Jetzt machten sie ihm Vorwürfe, weil er sich versteckt hatte, so daß niemand wußte, ob die Crow, die Pawnee oder die weißen Soldaten ihn umgebracht hatten.

Einige Jahre später hielt sein Vater, Crazy Horse, ihm einen ernsthaften Vortrag über die Religion der Sioux und die Verantwortlichkeiten eines erwachsenen Mannes. Bei dieser Gelegenheit erzählte Curly zum erstenmal von seiner Vision. Sein Vater zweifelte nicht daran, daß der Mann in der Vision Curly selbst gewesen war. Danach gab der alte Crazy Horse seinen Namen an seinen Sohn weiter, und der junge Krieger sorgte dafür, daß die Sioux sich lange an diesen Namen erinnern würden. In Kriegszeiten griff er auf die persönliche Macht zurück, die ihm in seinem Traum gezeigt worden war, bemalte sich mit Spuren von Blitzen und Hagelkörnern und trug einen Rotbugbussard – seinen übernatürlichen Helfer – im Haar.

Persönliche Macht dieser Art war übertragbar, obwohl sie ursprünglich von einem einzelnen Menschen erlangt worden war. Auf diese Weise übergab der Vater dem Sohn einen Teil seiner eigenen Macht, indem er dem Jungen Curly seinen Namen Crazy Horse überließ. In anderen Fällen war ein Krieger, der große Erfolge gehabt hatte, vielleicht bereit, irgendein Symbol seiner Macht – eine Vogelschwinge oder ein ganzes Medizinbündel voller Sakralgegenstände – an einen anderen Mann zu verkaufen.

Alle von Geistern verliehenen Kräfte, ob gekauft oder in einer Vision erlangt, waren durch Tabus begrenzt, deren Verletzung die übernatürliche Hilfe wirkungslos machte. Der Besitzer einer solchen Kraft mußte oft darauf verzichten, bestimmte Speisen zu essen. Ein Mann, dessen übernatürlicher Helfer ein Adler war, durfte niemanden hinter sich umhergehen lassen, während er aß, denn die Indianer glaubten, dies beunruhige Adler. Übernatürliche Kräfte mußten auch vor dem schädlichen Einfluß von Fett und menstruierenden Frauen bewahrt werden. Bei den Comanche wurde ein Schild, dem die Fähigkeit zugeschrieben wurde, Kugeln und Pfeile aufzuhalten, oft mindestens einen Kilometer weit vom Lager entfernt aufbewahrt, so daß menstruierende Frauen nicht in seine Nähe kommen konnten; brauchte ein Krieger dann seinen Schild, ging er in einem Halbkreis zu der Stelle, wo er ihn versteckt hatte, und kehrte in entgegengesetzter Richtung ins Lager zurück, so daß er einen vollständigen Kreis beschrieben hatte.

Das Durchbrechen eines Tabus konnte schlimmste Folgen haben. Ein Mann, dessen übernatürliche Macht ihm gute Gesundheit garantierte, konnte krank werden oder sogar sterben, wenn er verbotene Speisen zu sich nahm. Und ein Krieger, dessen spiritueller Helfer ihn im Kampf beschützte, geriet in Lebensgefahr, wenn er die mit seiner Kraft verknüpften Bedingungen nicht peinlich genau einhielt. Genau das passierte Roman Nose (Adlernase), einem der berühmtesten Krieger der Cheyenne.

Roman Nose verdankte seine Unverletzbarkeit Kugeln und Pfeilen gegenüber einem Medizinmann namens White Bull (Weißer Stier), dem in einer Vision ein Zauberkopfschmuck erschienen war. Der Medizinmann fertigte diesen Kopfschmuck für Roman Nose an und hielt sich dabei an alle Einzelheiten der Vision. Er war mit schwarzer Farbe bemalt, die von einem Baum stammte, der durch Blitzschlag in Brand gesetzt worden war. Vorn über der Stirn ragte ein einzelnes Bisonhorn heraus. Die obere Öffnung war mit dem Balg eines Eisvogels bedeckt (der die magische Wirkung haben sollte, Schußwunden augenblicklich zu schließen, wie das Wasser sich sofort wieder schließt, wenn der Eisvogel herabstößt). An der rechten Seite wurde eine Fledermaus befestigt (die Fledermaus fliegt durch die Dunkelheit und läßt sich nicht fangen; folglich konnte der Mann, der diesen Kopfschmuck trug, unbesorgt nachts kämpfen). Als White Bull schließlich Roman Nose den Kopfschmuck gab, zählte er einige Tabus auf: Der Krieger durfte niemandem die Hand geben und nichts essen, was mit einem Metallgegenstand aus einer Schüssel genommen worden war.

Roman Nose hielt sich getreulich an diese Tabus, und die mit dem Kopfschmuck verbundene übernatürliche Kraft schien ihn zu beschützen. Obwohl er wegen seiner Größe ein kaum zu verfehlendes Ziel bildete – er war 1,90 Meter groß und wog 105 Kilogramm –, konnte er einen Angriff im Gewehrfeuer des Feindes vortragen, ohne jemals verwundet zu werden. Bei verschiedenen Anlässen ritt er unversehrt vor einer Schützenlinie von Soldaten auf und ab, die nur 30 Meter von ihm entfernt war.

Vor einem Kampf gegen 48 U.S. Scouts, der im Jahre 1868 auf Beecher's Island, Colorado, stattfand, aß Roman Nose versehentlich ein Gericht, das mit einer Metallgabel aus einem Topf geholt worden war. Als er seinen Fehler erkannte, schloß er sich den anderen Kriegern bei ihrem Angriff auf die weißen Soldaten nicht an. Obwohl die Indianer zahlenmäßig weit überlegen waren, stand es schlecht für sie, weil die Soldaten mit Repetiergewehren bewaffnet waren. Einer der Cheyenne ritt zu Roman Nose, der den Kampf beobachtete, und sagte: „Hier ist also der Mann, auf den wir angewiesen sind, und sitzt hinter diesem Hügel. Siehst du nicht, wie unsere Männer dort draußen fallen? Alle diese Krieger spüren, daß sie zu dir gehören – und du bist hinter diesem Hügel." Roman Nose war sich über seinen Wert als anspornender Führer durchaus im klaren und konnte es nicht ertragen, seine Männer sterben zu sehen. „Ich weiß, daß ich heute umkommen werde", sagte er. Aber er legte Kriegsbemalung an, setzte seinen Kopfschmuck auf und ritt los, um den Angriff der Indianer gegen die Stellung der Weißen anzuführen. Er galoppierte geradewegs in eine Schützenlinie mit schnell schießenden Spencer-Gewehren hinein. Als er die Soldaten schon fast erreicht hatte, streckte ihn eine Kugel nieder. Nachdem Roman Nose tödlich verwundet worden war, kämpften die Indianer nur noch halbherzig weiter und traten schließlich den Rückzug an.

Für die Indianer bestand kein Zweifel daran, daß Adlernases Tod nicht auf die überlegene Feuerkraft der weißen Soldaten oder seine eigene Tollkühnheit, sondern auf seine Mißachtung der rituellen Tabus zurückzuführen war. Ihr Vertrauen zu solchen Glaubensgrundsätzen spiegelte die Überzeugung der Kriegerstämme wider, innerhalb ihrer Religion sei eine Erklärung für sämtliche Ereignisse in der Welt der Indianer zu finden. Ihre Religion erklärte auch, wie die Welt selbst entstanden war. An langen Winterabenden lagen die Kinder der Cheyenne oft in einem Tipi ums Feuer gruppiert und hörten zu, wie ein alter Mann eine Schöpfungsgeschichte erzählte, in der die Schöpfung ihren Ursprung selbstverständlich in dem Zusammenwirken von den Tieren und einem übernatürlichen Wesen nahm.

„Vor langer, langer Zeit war alles Wasser, und ein Wesen trieb auf der Oberfläche. Bei ihm waren nur Schwimmvögel wie der Schwan, die Gans und die Ente.

„Das Wesen wollte festes Land machen, auf dem man gehen konnte, und rief dem Schwan zu: ‚Tauche durchs Wasser und sieh, ob du auf dem Grund Erde findest.'

„Der Schwan wollte einen Versuch wagen. Er stieß ins Wasser hinunter, aber die Mühe war vergebens; er konnte den Grund nicht erreichen. Er kam zurück und berichtete dies dem Wesen an der Oberfläche."

Der Erzähler schmückte diese Geschichte mit Dialogen und zahlreichen Einzelheiten über die Vögel aus, die nach Erde tauchten. Schließlich berichtete er, wie eine kleine Ente mit etwas Schlamm im Schnabel heraufkam. Das Wesen knetete den Schlamm, bis er trocken war, und setzte ihn dann in kleinen Haufen auf die Wasseroberfläche, woraufhin er sich ausbreitete und überall festes Land entstehen ließ. Auf diese Weise wurde die Welt erschaffen.

Eine uralte Legende der Cheyenne war so heilig, daß der Erzähler in einem gemurmelten Gebet um Vergebung bitten mußte, bevor er sie begann. Sie schilderte, wie die Indianer den Bison von einer Sagengestalt namens Gelbhaar-Frau geschenkt bekamen. Der Erzähler berichtete, daß der Stamm sich früher von kleinen Tieren wie Fischen, Gänsen und Enten hatte ernähren müssen. Eines Tages hatte solche Hungersnot geherrscht, daß die Häuptlinge zwei junge Männer auf die Suche nach Nahrung ausgeschickt und sie ermahnt hatten, erst zurückzukehren, wenn sie etwas Eßbares gefunden hatten.

Die jungen Männer marschierten acht Tage ohne Essen und wurden davon sehr schwach. Sie sahen einen hohen Berg und beschlossen, den Gipfel zu ersteigen, um dort zu sterben. Aber zwischen ihnen und ihrem Ziel floß ein Bach, und als sie ihn zu überqueren versuchten, bekam eine große Wasserschlange einen von ihnen zu packen und hielt ihn fest. Aus dem Berg vor ihnen kam ein Mann, der das Fell eines Kojoten trug und ein großes Messer in der Hand hielt. Der Kojote war als klug und listig bekannt, und dieser Kojotenmann besaß offenbar übernatürliche Kräfte. Er tauchte ins Wasser hinab und schnitt der Schlange den Kopf ab; dann führten er und eine alte Frau, seine Ehefrau, die jungen Männer zum Gipfel, wo die Felsen sich öffneten. Im Berginneren heilten die alten Leute die Männer und gaben ihnen zu essen.

Der alte Kojotenmann und seine Frau hatten eine blonde Tochter: Gelbhaar-Frau. Als der Alte vorschlug, sie sollten das Mädchen als Schwester oder Ehefrau mit sich nehmen, war einer der jungen Männer bereit, Gelbhaar-Frau zu heiraten. Der Kojotenmann ließ sie mit ihnen ziehen und machte ihnen viele Geschenke, zu denen auch die Kenntnis des Maisanbaus und der Bisonjagd gehörte; aber er warnte seine Tochter davor, jemals ihr Mitgefühl mit einem leidenden Tier auszudrücken.

Die Cheyenne waren überglücklich, als die beiden jungen Männer mit Gelbhaar-Frau zurückkehrten, denn von nun an waren sie von zahllosen Bisons umgeben und hatten reichliche Fleischvorräte. Aber eines Tages zerrten einige Jungen ein Bisonkalb ins Lager und warfen ihm Sand in die Augen. Gelbhaar-Frau sagte: „Mein armes Kalb!" Im gleichen Augenblick wurde ihr klar, daß sie gegen das ihr von ihrem Vater auferlegte Tabu verstoßen hatte. Noch am selben Tag verschwanden alle Bisons. Sie wußte, daß sie zu ihren Eltern zurückkehren mußte. Ihr Ehemann und der andere junge Mann begleiteten sie, und die drei wurden nie wieder gesehen. Der Legende nach brachten viel später andere mythische Gestalten den Bison zurück und sicherten dem Stamm dadurch erneuten Wohlstand.

Wie solche Mythen zeigen, nahmen die Indianer die Freigebigkeit der Natur niemals als selbstverständlich hin. Sie glaubten im Gegenteil, die Natur neige von sich aus dazu, dem Menschen ihre Gaben zu verweigern. Ihrem Weltbild nach wurden die Grundkräfte der Natur durch Tätigkeit verbraucht, und wenn der Mensch nicht etwas unternahm, um diesen Kräfteverbrauch zu beenden, würden die Tiere allmählich verschwinden, die Pflanzen verdorren und die Menschen langsam verhungern.

Zwanzig oder mehr Plains-Stämme nahmen in periodischen Zeitabständen Zuflucht zu einer Sonnentanz genannten feierlichen Zeremonie, um diese äußerste Katastrophe zu verhindern. Das Ritual verdankte seinen Namen der bei den Sioux üblichen Bezeichnung „Blick-zur-Sonne-Tanz", aber seine Bedeutung ging vielleicht eher aus dem Namen hervor, den die Cheyenne dem Bau gaben, in dem die Zeremonie abgehalten wurde: „Neues-Leben-Hütte" oder „Hütte des Schöpfers". Der Zweck des Rituals war nichts weniger als eine völlige Neuschöpfung der ganzen Welt.

Da der Sonnentanz seine höchste Entwicklungsstufe offenbar bei den Arapaho, Cheyenne und Oglala-Sioux erreichte, ist sein Ursprung – oder zumindest die Entwicklung aus primitiveren Zeremonien – einer dieser Gruppen zugeschrieben worden. Vermutlich stammt der Sonnentanz aus einem Gebiet am oberen Missouri, denn die Stämme, bei denen er üblich war, zogen auf ihren Wanderungen durch dieses Gebiet oder hatten Handelsbeziehungen dorthin. Die Mandan, die dieses Gebiet in der ersten Hälfte des

Die heilende Medizin des Medizinmannes

Obwohl der Schamane oder Medizinmann bei vielen Stämmen als Zeremonialpriester oder Wahrsager fungierte, bestand seine Hauptaufgabe darin, zur Verfügung zu stehen, um erkrankte Indianer behandeln zu können. In seiner Rolle als Heilkundiger trug der Medizinmann einen Beutel voller geheimer Zaubermittel und Talismane bei sich, um die bösen Geister zu vertreiben und den Patienten zu heilen; darunter waren getrocknete Finger, Hirschwedel, Trommeln, Rasseln und ein winziges Säckchen mit Heilkräutern (*unten*).

Diese Kräuter hatten oft tatsächlich eine heilende Wirkung. Die Dakota hatten mit den zerstoßenen Wurzeln des Stinkkohls ein Mittel gefunden, das Asthma linderte, und die Kiowa bekämpften Schuppen mit Seifenkraut. Gegen Übelkeit tranken die Cheyenne einen Abguß von wilder Minze, während die Cree winzige Fichtenzapfen kauten, um Halsschmerzen zu lindern. Manche Pflanzenkuren der Indianer waren von zweifelhaftem Wert:

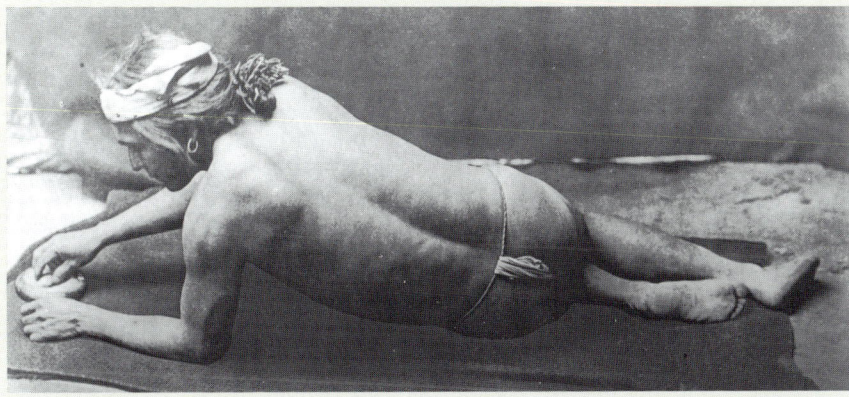

Ein auf seiner Decke ruhender Zuñi-Medizinmann bereitet im Steinmörser ein Medikament zu.

so glaubten die Hopi beispielsweise, der milchige Saft der Wolfsmilch fördere die Milcherzeugung bei stillenden Müttern. Dennoch verdankten nicht nur Indianer, sondern auch viele weiße Grenzbewohner ihr Leben der Heilung durch einen Medizinmann. Ein Cheyenne bewahrte William Bent davor, an einer Halsentzündung zu ersticken, indem er die entzündete Schleimhaut mit einer Sehne, die er mit Nachtschatten und Bisontalg

eingerieben hatte, entfernte. Und als Prinz Maximilian zu Wied im Jahre 1834 in Fort Clark an Skorbut zu sterben drohte, wurde er durch rohe wildwachsende Knoblauchzwiebeln gerettet. In Erkenntnis solcher nachweislicher Heilwirkungen nahmen die maßgebliche *U.S. Pharmacopeia* und die *National Formulary* offiziell insgesamt 170 indianische Heilmittel wegen ihres medizinischen Wertes in ihren Listen auf.

Tollkirsche: Tbc-Mittel bei den Comanche

Indianerrüben: Pawnee-Kopfschmerzmittel

Garbe: Ute-Salbe für Schnitte und Prellung

19. Jahrhunderts bewohnten, praktizierten eine besonders grausame Version des Sonnentanzes (*S. 142–149*).

Obwohl es von Stamm zu Stamm einige Abweichungen gab, existierten genügend gemeinsame Elemente, so daß der Sonnentanz als einheitliche Zeremonie betrachtet werden kann. Das Ritual fand im Spätsommer oder Frühherbst statt, wenn die Erde am fruchtbarsten zu sein scheint, und erstreckte sich über mehrere Tage. Es wurde von jemandem veranstaltet, der sich durch ein Gelübde dazu verpflichtet hatte. Diese Person brauchte weder Priester noch Medizinmann zu sein, sondern war nur irgendein Stammesangehöriger, der dringend einen spirituellen Gunstbeweis brauchte oder im Traum den Befehl erhalten hatte, diese Rolle zu übernehmen. Für die Zeremonie wurde eigens eine nach Osten offene Hütte errichtet, in deren Mittelpunkt ein gegabelter Pfosten stand. In dieser Gabel ruhten Sakralgegenstände, zu denen ein Bündel Zweige (das Nest des Donnervogels) und eine Bisonhaut gehörten. Die Teilnehmer tanzten lange um den Sonnenpfahl herum, starrten die Heiligtümer an und versetzten sich dadurch vielleicht sogar in eine gewisse Autohypnose.

Den dramatischsten Aspekt des Sonnentanzes stellten die damit verbundenen Kasteiungen dar. Die Teilnehmer, hauptsächlich junge Krieger, verzichteten auf Essen und Trinken, tanzten bis zur Erschöpfung und zerschnitten sich manchmal das Fleisch oder hackten sich Finger ab. Bei bestimmten Stämmen war es üblich, daß ein junger Mann, der gelobt hatte, sich während der Zeremonie zu kasteien, sich von einem Medizinmann auf beiden Seiten der Brust je zwei kleine Löcher durch die Haut und ins Fleisch schneiden ließ. Der Medizinmann schob Holzpflöcke durch diese Löcher und band daran zwei Seile fest, deren Enden oben an dem Sonnenpfahl befestigt waren. Nun begann der junge Krieger zu tanzen, wobei er die Seile straffte. Konnte er sich nicht losreißen, schnitt der Medizinmann schließlich das Fleisch über den Pflöcken auf, um ihn freizusetzen.

Die mit dem Ritual verbundenen Kasteiungen galten als Nachweis äußerster Aufrichtigkeit – unabhängig davon, ob dabei Blut vergossen oder nur stundenlang getanzt wurde. Chased by Bears (Von Bären Gejagt), ein Sioux, stellte dazu fest: „Der Körper eines Mannes gehört ihm allein, und wenn er seinen Körper oder sein Fleisch gibt, gibt er das einzige, was ihm wirklich gehört." Aber die Opfer des Sonnentanzes waren gut investiert. Nach dieser Zeremonie konnten die Indianer wieder mit Gesundheit, Fruchtbarkeit und reichlich Nahrung rechnen. Die Welt war erneuert; ihre gesamten Harmonien waren wiederhergestellt, und ihre übernatürlichen Kräfte waren wiederbelebt und von neuem bereit, zum Wohle des Stammes zu wirken.

Die Heilkunst der Schamanen

Bei manchen Indianerstämmen des Südwestens bereiteten die Medizinmänner in Fällen, in denen besondere Hilfe von den Geistern erforderlich war, mit mystischen Zeichen verzierte Sandbetten wie das rechts abgebildete zu, das nach einem Bericht aus dem 19. Jahrhundert über eine Geheimzeremonie der Navaho rekonstruiert wurde. Zahlreiche Stammesangehörige kamen zusammen, um das Ritual zu beobachten und ein Festmahl aus Maisbrei, Suppe und Hammelfleisch zu essen – alles auf Kosten des Patienten. Das Ritual begann damit, daß der Medizinmann den Boden des Tipis des Patienten mit einer dünnen Sandschicht bedeckte. Dann wählte er aus einem überlieferten Repertoire von Symbolen verschiedener Größe ein passendes Motiv aus. Das hier abgebildete Motiv symbolisiert die Götter des Säens und der Ernte und wäre im Frühjahr oder Herbst verwendet worden, um dazu beizutragen, eine reiche Ernte zu bringen sowie den Patienten zu heilen. Der Schamane führte seinen Entwurf aus, indem er Farbpulver zwischen Daumen und Zeigefinger herabrieseln ließ. Sobald das Bild – ein sogenanntes Sand- oder Trockengemälde – fertig war, legte der Medizinmann mit seinen Helfern den Kranken in seine Mitte, während sie Beschwörungsformeln sangen, um die bösen Geister aus seinem Körper zu vertreiben. Die Zuschauer nahmen jeder eine Handvoll Sand als Talisman mit. Nachdem die Zeremonie vorüber war, löschte der Schamane die letzten Spuren der Darstellung mit einem langen Stab aus.

Dieses Trockengemälde ist ein Tribut an die Navaho-Götter der vier Himmelsrichtungen. Der wichtigste Gott des Ostens (*oben*) ist weiß gemalt. An der rechten Hand hat er einige magische Symbole hängen, zu denen eine Rassel, ein Y-förmiger Glücksbringer und ein hakenkreuzförmiger Korb gehören, der die Ernte symbolisiert; er hebt seine linke Hand, um eine heilige Pflanze – in diesem Fall den Mais – zu schützen. Der Gott des Südens und sein Bohnenstengel sind blaugrau, der Gott des Westens und seine Kürbispflanze sind gelb, während der Gott des Nordens und seine Tabakpflanze schwarz dargestellt sind. Wäre dies ein echtes zeremonielles Medizingemälde, würden der Gott des Ostens und die Öffnung des die Götter umschließenden Regenbogens sich auf der heiligen rechten oder östlichen Seite befinden. Aber da gemäß einer Stammestradition kein Außenstehender ein vollkommenes Trockengemälde sehen darf, änderte der Schamane diese Zeichnung ab.

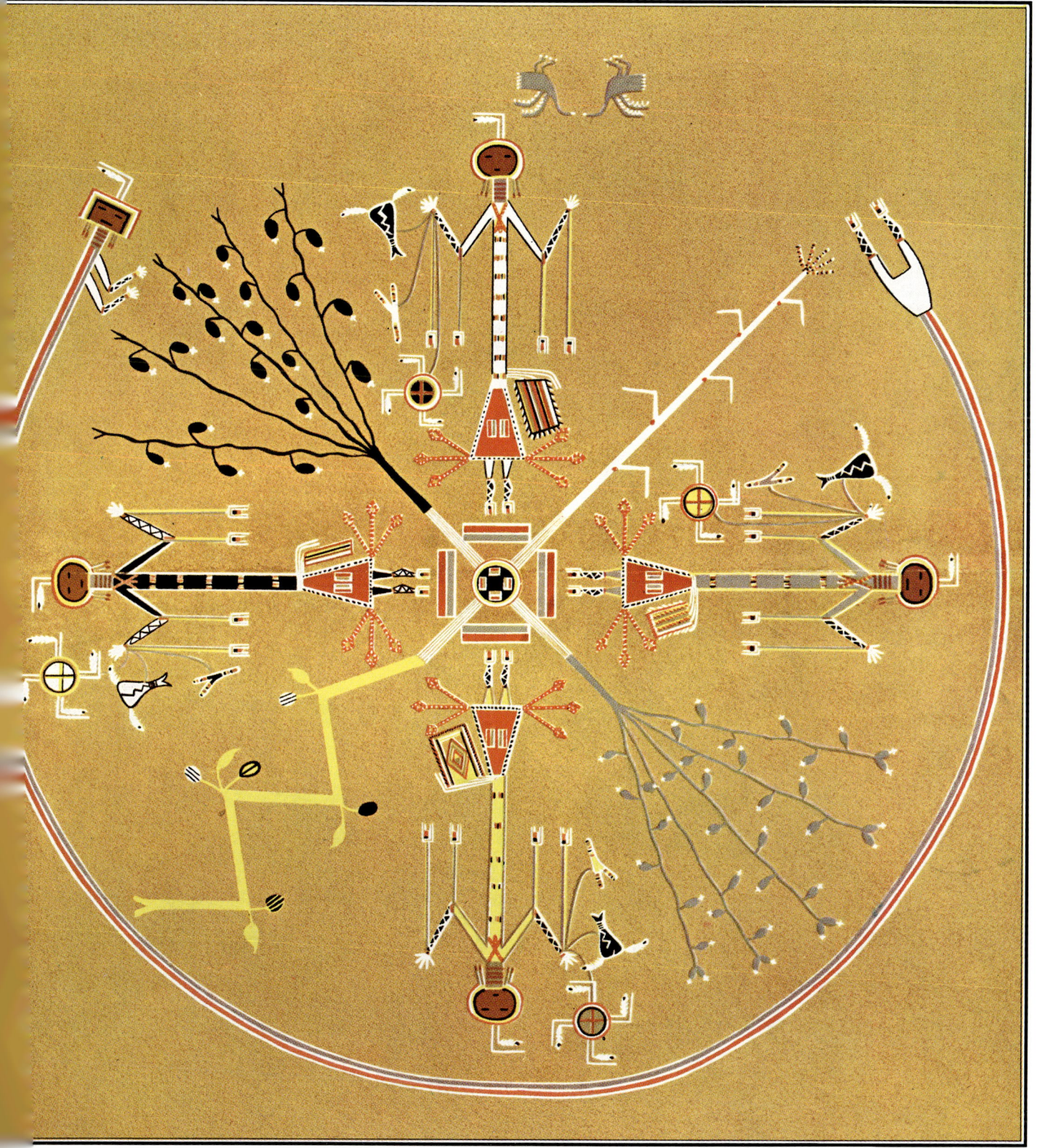

In Bisonfelle gekleidete Mandan tanzen, um für das kommende Jahr Bisons anzulocken.

Die grausigen Opferzeremonien der Mandan

Die wichtigste Zeremonie im Kulturkreis der Prärie-Indianer war ein Fest, das jedes Jahr im Sommer als eine Erneuerung des Stammeslebens und seiner Beziehung zur Natur stattfand. Eines dieser Rituale war das *o-kee-pa* der Mandan, das auf den folgenden Seiten wirklichkeitsnah auf Gemälden des aus Philadelphia stammenden Malers George Catlin, der sie in den dreißi-

ger Jahren des 19. Jahrhunderts gemalt hat, dargestellt ist. Während die sogenannten Sonnentanz-Zeremonien der anderen Plains-Stämme sich um Fruchtbarkeit und die Sonne drehten, sollte das *o-kee-pa* die Wassergeister versöhnen, weil die Mandan glaubten, die ganze Erde sei einst von Wasser bedeckt gewesen. Wie die meisten anderen Stämme führten die

Mandan jedoch auch Tänze zu Ehren des Bisons auf (*unten*). Das komplizierte *o-kee-pa*-Ritual endete mit einem qualvollen Höhepunkt, wenn junge Männer den Geistern in einer schweren Prüfung ihr eigenes Fleisch opferten. Durch die Gemälde Catlins bekamen die Weißen den ersten wirklichen Eindruck von den Indianerstämmen des Westens.

Beim festlichen Ritual des *o-kee-pa* stellten Stammesangehörige
Tiergeister dar, um deren Gunst die Mandan warben. Der
Schlangengeist brachte Regen, und der Biber – manchmal auch
„kleiner Bison" genannt – verkörperte Nahrung.

Andere Mandan-Tänzer, deren Körperbemalung Nacht und Tag symbolisieren sollte, erinnerten durch dieses Motiv an den Stammesmythus, nach dem vor langer Zeit die Erde geboren und die Dunkelheit durch das Licht verdrängt wurde.

Bei dem *o-kee-pa*-Folterritual hingen zwei junge
Männer an Lederriemen, die an unter ihrer Haut
steckenden Holzpflöcken befestigt waren. An
ihren Beinen hängende Bisonschädel machten sie
schwerer, während ältere Krieger sie mit
Lanzen anstießen. Bei dieser grausigen Mut-
probe wurden die meisten Männer innerhalb
von 20 Minuten bewußtlos. Sobald sie das
Bewußtsein wiedererlangt hatten, schleppten
sie sich zu dem maskierten Krieger (*rechts*), der
ihnen einen oder zwei Finger abhackte.

146

Die verstümmelten jungen Männer mußten sich dann noch einer letzten Prüfung unterziehen und vor der Medizinhütte in eine kreisförmige Arena laufen. Die meisten Initianden brachen zusammen und mußten geschleift werden, während die Riemen, an denen die Bisonschädel hingen, das Fleisch aus ihren Beinen rissen. Die Zuschauer beobachteten dieses Ritual aufmerksam, denn die Männer, die die Schmerzen am besten ertragen konnten, waren die zukünftigen Stammesführer.

5 | Die Invasion des weißen Mannes

Im Jahre 1829 richtete der Cree-Häuptling Speckled Snake (Gesprenkelte Schlange) folgende Worte an seinen Stamm, nachdem Präsident Andrew Jackson die Indianer gedrängt hatte, ihr Stammesgebiet im Süden zu verlassen und über den Mississippi zu ziehen: „Brüder! Ich habe schon viele Reden unseres Großen Vaters gehört. Aber sie haben stets mit den gleichen Worten begonnen und geendet: ‚Geht etwas weiter fort; ihr seid mir zu nah‘. Ich habe gesprochen.“

Der Häuptling sah deutlich voraus, was die Zukunft bringen würde. Bald sollten alle Indianer des Westens seinen Zorn teilen. Im Jahre 1841 brachte der erste Zug Waggons voller Pioniere über die Plains. Innerhalb von zwei Jahren hatten über 1000 Weiße diese Reise gemacht und den Alltag der Indianer gestört, obwohl die meisten über die Rocky Mountains weiterreisten. Nach dem Bürgerkrieg erschloß das eiserne Pferd dann den Westen. Siedler strömten ins Land: acht Millionen in zwanzig Jahren. Schließlich konnten die Indianer nicht mehr etwas weiter fortgehen. Es gab keine Ausweichmöglichkeit mehr.

Die Zivilisation in der eisernen Gestalt eines Zuges der Northern Pacific dringt durch Indianerland vor.

CIRCULAR.

TO THE OREGON EMIGRANTS.

GENTLEMEN:

It being made my duty, as Superintendent of Indian affairs, by an Act passed by the Legislature of Oregon, "to give such instructions and directions to Emigrants to this Territory, in regard to their conduct towards the natives, by the observance of which, they will be most likely to maintain and promote peace and friendship between them and the Indian tribes through which they may pass," allow me to say in the first place, that the Indians on the old road to this country, are friendly to the whites. They should be treated with kindness on all occasions. As Indians are inclined to steal, keep them out of your camps. If one or two are admitted, watch them closely. Notwithstanding the Indians are friendly, it is best to keep in good sized companies while passing through their country. Small parties of two or three are sometimes stripped of their property while on their way to this Territory, perhaps because a preceding party promised to pay the Indians for something had of them, and failed to fulfil their promise. This will show you the necessity of keeping your word with them in all cases.

There is another subject upon which I would say a few words. A number of the emigrants of 1845 took a cut off, as it is called, to shorten the route, leaving the old road; the consequence was, they were later getting in, lost their property, and many lost their lives. Some of those who reached the settlements, were so broken down by sickness, that it was some months before they recovered sufficient strength to labor.

A portion of the emigrants of 1846 took a new route, called the southern route. This proved very disastrous to all those who took it. Some of the emigrants that kept on the old road, reached this place as early as the 13th of September, with their wagons, and all got in, in good season, with their wagons and property, I believe, except a few of the last party. While those that took the southern route, were very late in reaching the settlements—they all lost more or less of their property—many of them losing all they had and barely getting in with their lives; a few families were obliged to winter in the Umpqua mountains, not being able to reach the settlements.

I would therefore recommend you to keep the old road. A better way may be found, but it is not best for men with wagons and families to try the experiment.

My remarks are brief, but I hope may prove beneficial to you.

Dated at Oregon City, this 22d of April, 1847.

GEO. ABERNETHY,
GOVERNOR OF OREGON TERRITORY AND
SUPERINTENDENT OF INDIAN AFFAIRS.

Mutter Erde wird Grundbesitz

Im Jahre 1859 versammelte sich eine Anzahl ehrenwerter Bürger von Denver in dem dortigen Blake & Williams Hotel, um eine kurze Rede von Little Raven (Kleiner Rabe), einem führenden Arapaho-Häuptling, zu hören. Der Häuptling sprach nicht lange, und einige Feinheiten seiner Ausführungen sind für immer verlorengegangen; der Dolmetscher, der offenbar zuviel Feuerwasser getrunken hatte, fiel schon frühzeitig von seinem Stuhl. Aber die Hauptpunkte der Ansprache sind überliefert. Er führte aus, er habe seine weißen Brüder gern und freue sich über die Goldfunde in der näheren Umgebung. Aber er gab auch der Hoffnung Ausdruck, daß die Weißen nicht allzu lange bleiben würden, und erinnerte sie daran, daß alles Land in der Umgebung von Denver den Arapaho gehörte.

Die Stadtväter schüttelten Little Raven die Hand und überreichten ihm Geschenke. Sie fanden ihn recht sympathisch; der Häuptling war ein liebenswürdiger und höflicher Mann, und einer seiner Gastgeber stellte etwas gönnerhaft fest, daß er „wie ein weißer Mann mit Messer und Gabel umgeht und seine Zigarren raucht". Aber die von dem Häuptling ausgedrückte Hoffnung, der Abzug der Weißen stehe unmittelbar bevor, hatte nicht mehr Gewicht als Flaum von einer Pappel, der von einem Wirbelwind über die Prärie geblasen wird. Die Weißen würden nie mehr fortgehen, und die Bürger Denvers machten sich keine allzu großen Sorgen wegen der Behauptung des Häuptlings, das Land „gehöre" den Indianern. Tatsächlich muß bezweifelt werden, daß sie sonderlich auf diesen Teil seiner Rede achteten. Trotzdem war der Begriff des Grundeigentums der springende Punkt des Konflikts zwischen Indianern und Weißen, als der weiße Mann ständig weiter in Gebiete vordrang, die bis dahin ausschließlich den Indianern gehört hatten.

Für die weißen Amerikaner war Land gleichbedeutend mit Immobilien: Grundbesitz, der verkauft, gekauft und genutzt werden konnte – um ihn unter den Pflug zu nehmen, Bodenschätze abzubauen oder Häuser darauf zu errichten. Außerdem war es Privatbesitz, der Einzelpersonen gehörte. Aber die Indianer meinten etwas anderes, wenn sie sagten, das Land gehöre ihnen. Das Land der Indianer gehörte ihnen allen. Ein Mann konnte Pferde, Bogen und Pfeile und andere zur Jagd benötigte Gerätschaften besitzen. Auf gleiche Weise konnten seiner Frau Pferde, der Tipiüberzug oder Kochgeräte gehören. Aber das Land war Gemeinschaftseigentum. Ganz allgemein ließ sich feststellen, daß das Land von dem Indianerstamm gemeinsam verwaltet, aber nicht im Sinne der Weißen besessen wurde. Das Land war etwas, das alle Stammesangehörigen schätzen mußten; nicht etwas, das von einzelnen ausgebeutet werden durfte. Als der Shawnee-Häuptling Tecumseh im Jahre 1806 gegen das Vordringen der Weißen in indianische Stammesgebiete protestierte, definierte er die Einstellung der Indianer: „Die einzige Möglichkeit, dieses Übel aufzuhalten, besteht darin, daß die roten Männer sich vereinigen, um das Land als ihren gemeinsamen Besitz zu beanspruchen, was es zuerst war und noch jetzt sein sollte. Kein Stamm hat das Recht, es zu verkaufen, selbst untereinander nicht, noch viel weniger an Fremde. *Ein Land verkaufen! Warum nicht die Luft, das große Meer wie die Erde verkaufen?*"

Die indianischen Emotionen reichten tief. Der Indianer des Westens sah sich als Bestandteil der Natur, mehr als ihr Untertan denn als ihr Eroberer. Vor allem sah er die Höhen und die weiten Entfernungen, die sich nur überwinden ließen, indem man Fuß- oder Hufabdrücke auf dem Land hinterließ. Die Erde enthielt viel Einsamkeit, und der Mensch schien kein wichtiger Faktor in ihrem Gefüge zu sein; die Erde trug jedenfalls Frucht, nachdem sie durch Samen, Regen und Sonnenschein befruchtet worden war – ohne menschliches Zutun. Nach indianischer Auffassung war das Land die Mutter Erde, und dies war einer der Gründe, weshalb kein Indianer glaubte, sie zu besitzen oder daß jemand anders sie besitzen könnte.

Wie Luther Standing Bear (Stehender Bär), ein Dakota-Sioux, schrieb: „Der Dakota war ein Naturliebhaber. Er liebte

---

Ein Verhaltenskodex für den Oregon Trail erteilt gutgemeinte und vernünftige Ratschläge für den Umgang mit Indianern. Das Rundschreiben wurde an vielen Stellen entlang der Route angeschlagen, seine Hinweise wurden aber nur selten beachtet.

die Erde und alle Dinge der Erde, wobei diese Zuneigung mit wachsendem Alter zunahm. Die alten Menschen lernten buchstäblich, das Erdreich zu lieben, und sie saßen oder lagen mit dem Gefühl auf der Erde, einer mütterlichen Kraft nahe zu sein. Für die Haut war es gut, die Erde zu berühren, und die alten Leute zogen gern ihre Mokassins aus und gingen barfuß über die heilige Erde. Der Boden war beruhigend, stärkend, reinigend und heilend."

Die Liebe der Indianer zu ihrem Land basierte ebenso häufig auf praktischen Überlegungen wie auf religiösen Überzeugungen. Eine Beschneidung des Stammesgebietes konnte bedeuten, daß sie ihr Kriegerleben aufgeben mußten: Das stolze Leben auf den Plains, die erregende Galoppjagd nach dem Bison, den im Morgengrauen ausgeführten Überfall aufs feindliche Lager und die Aufzählung tapferer Coups am abendlichen Lagerfeuer, während die Frauen und Kinder im Halbschatten der züngelnden Flammen bewundernd – und voller Respekt – zuhörten.

Bei der im Jahre 1867 in Medicine Lodge in Südkansas stattfindenden Ratsversammlung erklärte der Kiowa-Häuptling Satanta – White Bear – den Regierungskommissaren: „Ich habe gehört, daß ihr beabsichtigt, uns in einer Reservation in der Nähe der Berge anzusiedeln. Wenn wir seßhaft werden, werden wir blaß und sterben. Vor langer Zeit hat dieses Land unseren Vätern gehört; aber wenn ich flußaufwärts gehe, sehe ich Soldatenlager an den Ufern. Diese Soldaten fällen meine Bäume; sie erlegen meine Bisons; und wenn ich das sehe, könnte mein Herz bersten; ich fühle Trauer. Ich habe gesprochen." Satanta war ein brillanter Diplomat und ein politischer Denker, der als militant-progressiv charakterisiert werden konnte. Er hatte weiße Händler in seinem Land willkommen geheißen und selbst gelernt, ein Signalhorn der U.S. Army zu blasen. Es war eher rhetorische Geschicklichkeit als die Wahrheit, die aus seinen Worten sprach, als er sagte: „Vor langer Zeit hat dieses Land unseren Vätern gehört…", denn die geschichtsbewußten Kiowa erinnerten sich recht gut daran, daß sie aus dem Norden eingewandert waren. Aber Satantas Gerissenheit nützte ihnen nichts. Zwischen 1840 und 1870 wurde das Gebiet der Kiowa und Dutzender anderer Stämme mit fairen oder unfairen Methoden ins Eigentum des Staates übergeführt. Allein zwischen 1853 und 1857, auf dem Höhepunkt der Landnahme, überließen die Indianer den Weißen 704 000 Quadratkilometer.

Ganz gewiß war nicht allen Indianern bewußt, was sie da verkauften. Einige von ihnen begriffen durchaus, daß sie sämtliche Besitzansprüche abtraten. Andere waren der Meinung, nur Jagd-, Fischfang- oder Weiderechte einzuräumen, und behielten sich teilweise das Recht vor, die gleichen Gebiete selbst zu diesen Zwecken zu nutzen. Wieder andere Indianer glaubten, den Weißen nur zu gestatten, durch ihr Stammesgebiet zu ziehen.

Unabhängig davon, was die Indianer glaubten, nahm der Druck auf ihre ererbten Stammesgebiete in geometrischer Progression zu. Seit dem Jahre 1840 hatte sich die weiße Einwanderung in den Westen beschleunigt. Flußdampfer fuhren, weißliche Dampfwolken ausstoßend, den Missouri hinauf. Ganze Kolonnen von Ochsenwagen schlängelten sich den Platte River entlang nach Westen, durchquerten Wyoming, überwanden die Wind River Range und fuhren nach Oregon und Kalifornien weiter. Andere Wagenzüge folgten dem Arkansas und kamen den Canadian River stromaufwärts durch das Gebiet der Kiowa.

Zum Schutz der Auswanderer ließ die Bundesregierung überall im Westen Armeeposten errichten. Die Indianer hofften, diese Forts seien nur zeitweilige Niederlassungen, aber die Soldaten ritten Jahr für Jahr durchs Land, und das schmetternde Hornsignal von „Boots and Saddles" wurde ebenso ein Bestandteil der Landschaft des Westens wie die Kochfeuer der Apache und Kiowa – und ein Bestandteil, der starke Ressentiments weckte. Im Jahre 1875 begann die Butterfield Stage Line, die die Überlandpost beförderte, mit den ersten fahrplanmäßigen Fahrten quer durch den Westen: von Missouri aus über Indianergebiet, durchs Herz des Stammesgebiets der Comanche in West Texas, durchs Stammesgebiet der Apache in New Mexico und Arizona und weiter nach Los Angeles. Mit den Postkutschen und Flußdampfern trafen auch zahlreiche weitere Missionare ein, die eifrig bemüht waren, die Indianer zu dem Glauben an einen christlichen Gott zu bekehren.

Die Suche nach Gold blieb ein ebenso wirksames Lockmittel wie der Wunsch, Seelen zur höheren Ehre Gottes zu bekehren. Der im Jahre 1848 in Kalifornien ausbrechende Goldrausch lockte Zehntausende nach Westen – und bewirkte eine unvorhersehbare Tragödie. Schon früher hatten Händler die Pocken bei den Indianern eingeschleppt; jetzt gelangte die Cholera, die mit deutschen Auswanderern nach Amerika gekommen war, nach Westen und brachte ganzen Indianergruppen einen schmerzhaften und furchteinflößenden Tod. Nach zeitgenössischen Schätzungen fielen etwa die Hälfte aller der am oberen Arkansas lebenden Cheyenne dieser Seuche zum Opfer.

Außerdem blieben Kalifornien und Colorado nicht die einzigen Gebiete, in denen im Westen Gold zu finden war. Anfang der sechziger Jahre des 19. Jahrhunderts wurden Goldgräber bei Bannack City und Virginia City, Montana, fündig, was weitere Scharen von Weißen dorthin lockte. Für sie waren die High Plains noch immer die Große Amerika-

Eine Chronologie gebrochener Verträge

Fast unmittelbar nach Ankunft der Weißen in Amerika begannen Indianerstämme, Teile ihrer Stammesgebiete durch Verträge abzutreten. Der erste von 370 Verträgen zwischen den USA und Indianerstämmen wurde 1778 unterzeichnet; die indianischen Vertragspartner waren die Delaware, deren Stammesgebiet einst von Ohio bis zum Atlantik gereicht hatte. Als Gegenleistung für die Bereitschaft der Delaware, gegen die Briten zu kämpfen, sah der Vertrag die Gründung eines Indianerstaates unter Führung des Delawarestammes vor.

Aber im folgenden Jahrhundert wurde dieser angeblich bindende Vertrag durch eine Aufeinanderfolge von 18 neuen Verträgen entwertet, die die Delaware zu ständig neuen Wanderungen zwangen. Als sie schließlich in Oklahoma angekommen waren, mußten sich die wenigen Überlebenden dieses Stammes mit 65 Hektar Land pro Kopf zufriedengeben.

Weitere Verträge erwiesen sich als ebenso wertlos. Der letzte dieser langen Reihe wurde am 12. August 1868 mit den Nez Percé abgeschlossen. Nachdem die Nez Percé bereits sieben Achtel ihres Stammesgebiets – darunter auch ihr geliebtes Wallowa Valley in Oregon – abgetreten hatten, überließen sie der U.S. Army jetzt einen Teil ihrer Reservation und durften dafür das Wallowa Valley teilweise wieder in Besitz nehmen. Als dieses Gebiet von Pionieren überflutet wurde, appellierten die Indianer an den Großen Weißen Vater, und Präsident Ulysses S. Grant untersagte die Ansiedlung von Weißen durch einen Erlaß. Dann wurde in der Nähe Gold gefunden. Der Erlaß wurde prompt widerrufen, und die Indianer verloren das Wallowa Valley zum zweitenmal.

Im Jahre 1871 erklärte der Kongreß, die USA würden Indianerstämme in Zukunft nicht mehr als einzelne Nationen betrachten und keine weiteren Verträge mehr abschließen. Eine Erklärung dieser Art war kaum noch notwendig. Die Indianer, denen einst ganz Amerika gehört hatte, besaßen nur noch etwa 500 000 Quadratkilometer. Die Weißen dagegen hatten sich etwa 8 000 000 Quadratkilometer Land angeeignet.

Die Zerstückelung des Indianerterritoriums begann schon 1682, als William Penn von den Deleware Land gegen Waren eintauschte.

Der Methodist J. J. Methvin, einer der vielen Missionare, die bei
den Plains-Stämmen Seelen zu retten versuchten, wird hier im
Indian Territory mit einigen Kiowa-Kindern und dem Fahrrad
gezeigt, das er einem Pferd als Transportmittel vorzog.

nische Wüste, die nur existierte, um durchquert zu werden,
und auf ihrem Durchzug durchfurchten sie die Plains mit
Wagenspuren, schossen alles Wild und fällten sämtliche
Bäume entlang aller durch den Westen führenden Straßen.
Westlich des Mississippi schossen primitive Grenzersied-
lungen von Minnesota bis hinunter nach Arkansas aus dem
Boden, und weiße Siedler steckten ihre Homesteads ab. Von
Südwesten her trieben Rancher – Kalifornier, Texaner und
Mexikaner – ihre Longhorn-Rinder auf Indianerland und be-
haupteten, dabei handele es sich um freies Weideland, das
den Herden jedes Ranchers offenstehe. Mitte der sechziger
Jahre des 19. Jahrhunderts brachten die Weißen lärmen-
de eiserne Ungeheuer mit, die Rauch ausstießen, Feuer
schnaubten und auf einer Spur aus Eisen liefen.

Dieser Vorstoß weißer Pioniere wurde von eindrucksvollen Reden im amerikanischen Kongreß und von hochtö-
nenden Ausführungen in den Leitartikeln an der Ostküste
erscheinender Zeitungen begleitet. Es sei, trompetete der
New Yorker *Democratic Review* schon 1845, „unser offen-

kundiger Schicksalsauftrag, den uns von der Vorsehung für
die freie Entwicklung unserer sich jährlich vervielfachenden
Millionen geschenkten Kontinent mit Siedlungen zu überziehen". John L. O'Sullivan, der Herausgeber des *Review*,
schrieb zwar über die vorgeschlagene Annexion von Texas,
aber der Ausdruck „offenkundiger Schicksalsauftrag" und
die dazugehörige Einstellung wurden von den Expansioni-
sten aufgegriffen. „Es ist unsere große Aufgabe", verkündete
Senator John C. Calhoun aus South Carolina, „dieses weite
kontinentale Reich zu besiedeln."

Der offenkundige Schicksalsauftrag war in Wirklichkeit
eher ein nachträglicher Erklärungsversuch als eine trei-
bende Kraft. Der Frontiersman wollte Land, Gold, Chancen,
Bewegungsfreiheit und die Gelegenheit, der Welt zu beweisen, was er leisten konnte, wenn er nicht von den im Osten
eingeführten sozialen und wirtschaftlichen Spielregeln eingeengt wurde. Er hielt sich dabei an ein seit langem eta-
bliertes Prinzip, das als selbstverständlich galt – daß die
Ureinwohner Nord- und Südamerikas kein moralisches

Recht hatten, sich der Ausdehnung der europäischen Zivilisation in den Weg zu stellen.

Schon im Jahre 1516 hatte der englische Philosoph Thomas More das Wort Utopia geprägt und unter diesem Titel ein Buch über ein weises, sozialistisches Volk geschrieben, das in neuentdeckten Gebieten jenseits des Ozeans in einem idealen Staat lebte. More schilderte viele Gebräuche der Utopier, darunter auch die von ihnen angewandte Methode, wenn ihr Gebiet zu übervölkert zu werden drohte. Sie wanderten aus und erbauten eine neue Stadt „unter ihren eigenen Gesetzen im Nachbarland, dessen Bewohner viel… ungenutzten Grund haben".

More, der ironischerweise als liberaler Denker gilt, fuhr fort: „Aber wenn die Bewohner jenes Landes nicht mit ihnen leben wollen, um von ihren Gesetzen regiert zu werden, dann vertreiben sie diese aus den Grenzen, die sie für sich selbst bestimmt und festgelegt haben. Und wenn jene sich wehren… dann führen sie Krieg gegen sie. Denn sie halten dies für den gerechtesten Kriegsgrund, wenn irgendein Volk ein Stück Land leer und ungenutzt, zu keinem nützlichen oder gewinnbringenden Zweck besitzt und andere daran hindert, es zu gebrauchen und in Besitz zu nehmen."

Fast ein Jahrhundert später stimmte der holländische Rechtswissenschaftler Grotius mit More überein: „Gibt es auf dem Staatsgebiet eines Volkes irgendwelche verlassenen und unproduktiven Flächen, sollten sie auch Ausländern überlassen werden, sofern diese darum nachsuchen. Oder es ist recht, daß Ausländer sogar Besitz von solchen Ländereien ergreifen, weil unbestelltes Brachland nicht als jemandem gehörig betrachtet werden sollte." Aber Grotius fügte eine bedeutsame Einschränkung an. Das Eigentumsrecht an solchen Flächen, fuhr er fort, solle „ungeschmälert zugunsten der ursprünglichen Besitzer" erhalten bleiben.

Dies entsprach in großen Zügen der von der amerikanischen Regierung verfolgten Politik. Im allgemeinen waren die Vereinigten Staaten von Anfang an bemüht – zumindest auf den höheren Regierungsebenen –, die Rechte der Indianer entsprechend zu achten. Die Regierung erkannte das indianische Eigentumsrecht auf das Land an und bestätigte die indianische Souveränität in einem Vertrag nach dem anderen (S. 155). Die „Grundlage unserer Verhandlungen mit den indianischen Nationen", schrieb George Washington, „ist stets *Gerechtigkeit* gewesen und wird es auch in Zukunft sein" – eine Auffassung, der Thomas Jefferson sich später anschloß. Sofern indianische Gebiete „noch nicht von den Indianern abgetreten worden sind", erklärte er, „ist es notwendig, daß die Petenten zuvor ihr Recht käuflich erwerben". Jefferson verkündete die amtliche amerikanische Politik, die mit der Northwest Ordinance des Jahres 1787

eingeleitet worden war. Auch darin war eine gütige Politik vorgeschrieben worden: „Den Indianern gegenüber soll stets äußerste Redlichkeit gewahrt werden; ihr Land und ihr Besitz sollen ihnen niemals ohne ihr Einverständnis abgenommen werden; und in ihrem Besitz, ihren Rechten und ihrer Freiheit sollen sie niemals angetastet oder beeinträchtigt werden, es sei denn in vom Kongreß gebilligten gerechten und gesetzmäßigen Kriegen."

Das waren natürlich hochgesteckte Ziele, aber die Indianer hatten oft den Eindruck, der Große Vater, wie sie den jeweils amtierenden Präsidenten nannten, neige dazu, etwas zu versprechen und dann etwas ganz anderes zu tun. Trotzdem bleibt die Vermutung bestehen, der Unterschied zwischen den in Washington zum Ausdruck gebrachten hohen Idealen und der im Westen geübten Alltagspraxis beruhe weniger auf hinterlistigen Absichten der Weißen als vielmehr auf der fast unlösbaren Kompliziertheit des Problems. Schließlich hatte die amerikanische Nation im Jahre 1789 als eine kleine Ansammlung von Menschen begonnen – insgesamt nur etwa vier Millionen –, die in einer verhältnismäßig dünnen Linie entlang der Ostküste verteilt gewesen waren. Als Andrew Jackson im Jahre 1829 Präsident wurde, war die Bevölkerung bereits auf 12,5 Millionen angewachsen. Der Druck nach Westen war gewaltig, und auf diese Weise wurde der auf die Indianer ausgeübte Druck im Laufe der Jahre immer unerbittlicher.

Die amerikanische Regierung hatte bereits Gesetzesvorlagen eingebracht, die indianische Angelegenheiten betrafen, und Verträge mit den Stämmen abgeschlossen, bevor der Kongreß im Jahre 1806 im Kriegsministerium das Amt des „Superintendent of Indian Trade" einrichtete. Der neue Superintendent hatte die Aufgabe, das Faktoreisystem zu beaufsichtigen, durch das die Vereinigten Staaten alle in ihrem Zuständigkeitsbereich lebenden Indianer mit den wichtigsten Handelswaren zum Selbstkostenpreis versorgte. Das war ein hochanständiges Experiment, aber kommerzielle Interessen, bei denen es darum ging, im Handel mit den Indianern Gewinne zu erzielen, erzwangen im Jahre 1822 seine Beendigung. Im Jahre 1824 richtete der Kriegsminister in seiner Behörde ein Bureau of Indian Affairs ein, das den Auftrag hatte, durch einen Superintendenten und Agenten alle die Indianer betreffenden Angelegenheiten zu bearbeiten. Diese Dienststelle wurde im Jahre 1849 dem Innenministerium angegliedert.

Eine der Methoden, die die amerikanische Regierung im Umgang mit der Urbevölkerung anwendet, war die Umsiedlung – der Kauf indianischer Gebiete und der Transport ihrer früheren Besitzer in neue Stammesgebiete im Westen –;

Im Rahmen der von den Weißen geplanten Umsiedlung von Indianerstämmen in Reservationen nehmen die Dampfer *General Terry* und *Josephine* eine Gruppe von Sioux an Bord, um sie zur Standing Rock Agency im Dakota Territory zu bringen.

Die letzte Seite einer Petition zweier im Südwesten lebender Indianerstämme bittet um eine klare Festlegung ihrer Grenzen. Ein Übersetzer – ein Indianeragent oder ein Lehrer – hat die Namen der Unterzeichner neben ihre Symbole geschrieben.

diese Praxis stammte noch aus der Kolonialzeit. Die Indianer des Südostens, darunter auch die Masse der Cherokee (*S. 164*), wurden durch Übereinkünfte, die ihnen die weiße Macht aufgezwungen hatte, in Gebiete westlich des Mississippi umgesiedelt.

Die Erlebnisse der Creek in Alabama waren charakteristisch. Sie hatten sich den Gesetzen dieses Bundesstaates unterworfen; im Jahre 1831 führte ein Creek-Häuptling offiziell Beschwerde darüber, daß 1500 Siedler auf Indianerland Farmen absteckten. Washington reagierte darauf mit der Ankündigung, die Creek würden in eine Reservation im Westen umgesiedelt werden, und im Jahre 1832 kam es zur Unterzeichnung eines Vertrags, durch den sie ihr Stammesgebiet in Alabama aufgaben. Der Vertrag enthielt eine Klausel, nach der einzelne Creek auf Grundstücken in Privatbesitz in Alabama zurückbleiben durften. Aber Weiße brachten diese im Lande gebliebenen Creek schon bald um ihren Grundbesitz: Sie setzten den Eigentümer unter Alkohol und ließen ihn einen Kaufvertrag unterschreiben; sie fälschten Urkunden, und sie beeinflußten Gerichtsverhandlungen zu ihren Gunsten. Schon im Jahre 1835 gehörte keinem Creek mehr ein Grundstück in Alabama, und nach einem Aufstand wurden die restlichen Indianer zwangsweise in das Indian Territory umgesiedelt.

Die Reservation war alles andere als eine Ideallösung. Der ursprünglichen Planung nach war eine Reservation keineswegs ein Konzentrationslager, denn der Indianer konnte sie jederzeit verlassen. Tatsächlich mußte er sie verlassen – und verließ sie auch häufig –, wenn er auf der Jagd war. Die Reservation war den Indianern als Stammesgebiet garantiert und sollte von jeglichen Vorkaufsrechten oder Übergriffen von weißer Seite frei sein. In dem Vertrag oder der Übereinkunft zur Errichtung einer Reservation trat der betreffende Indianerstamm oft andere Gebiete an die Vereinigten Staaten ab. Im Jahre 1861 verzichteten beispielsweise die Arapaho auf ihren gesamten Landbesitz in Nebraska, Kansas, Colorado und Wyoming und behielten nur eine Reservation im östlichen Colorado. Neben Ausgleichszahlungen bot die Regierung oft noch bestimmte weitere Entschädigungsleistungen an. Dazu konnte beispielsweise gehören, daß die Regierung Schmiede, Müller, Lehrer und Landwirtschaftsexperten zu den Indianern entsandte. Solche Übereinkünfte bestimmten oft, eine finanzielle Entschädigung sei nicht auf einmal auszuzahlen, sondern in Form jährlicher Lebensmittel- und Gerätelieferungen zu leisten, zu denen kleinere Geldbeträge kamen, die bei einem lizensierten Händler ausgegeben werden konnten.

Theoretisch war diese Politik wohltätig; in der Praxis waren jedoch viele Beobachter der Meinung, das Annuitä-

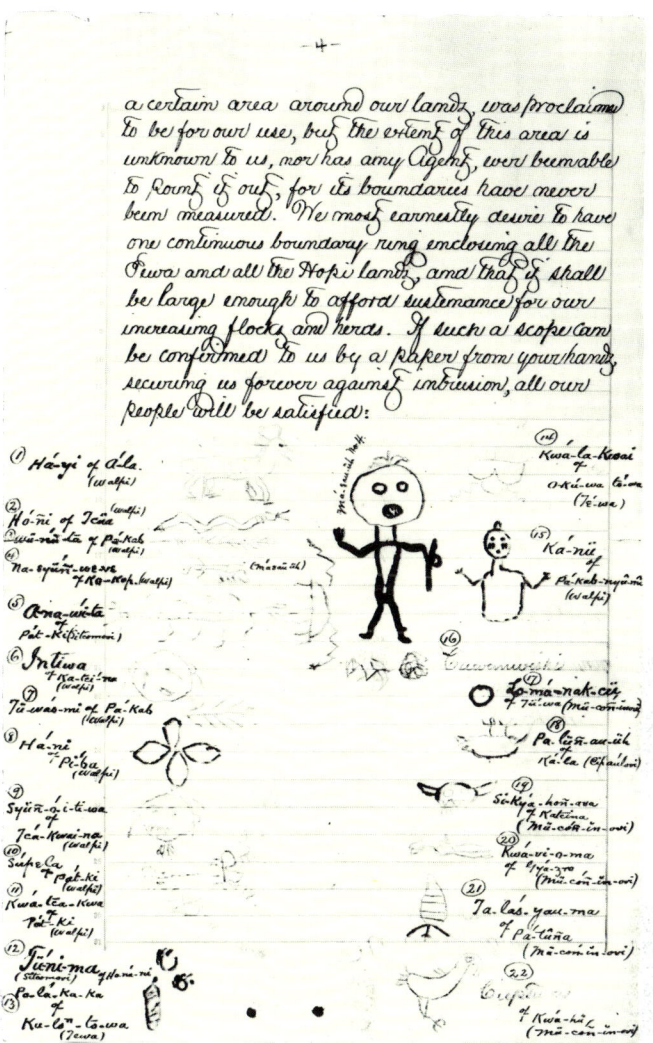

tensystem erziehe die Indianer zur Faulheit. Das traf bis zu einem gewissen Ausmaß zu und war kaum überraschend. Die Indianer, schrieb der Superintendent of Indian Affairs im Oregon Territory, „neigen nicht zu Fleiß und Sparsamkeit, solange sie ihre Bedürfnisse auf andere Weise befriedigen können". Daraus konnte man den Indianern kaum einen Vorwurf machen, aber dieses System hatte zudem weitere Fehler. Die im Rahmen des Annuitätsplans gelieferten Waren und Lebensmittel waren oft von schlechter Qualität oder den Bedürfnissen der Indianer ungenügend angepaßt. Außerdem litten die Indianer Hunger, wenn die Annuitäten wegen bürokratischer Fehlleistungen oder offener Diebstähle durch weiße Beamte oder Händler nicht bei ihnen ankamen.

Die Grundlage aller dieser Verfahren war die Überzeugung, es gebe nur eine Möglichkeit, die kriegerischen Indianer zu befriedigen: indem man sie zu Farmern machte. Sie

Auf einem passenderweise als Camp Supply (Vorrat) bekannten Lagerplatz im
Indian Territory hat ein Stamm sich mit seinen Pferden in einem Kreis versammelt,
um auf die Verteilung der staatlichen Annuitäten zu warten – regelmäßige
Lieferungen von Mehl, Zucker, Kaffee, Trockenobst und Gemüse. Diese
Almosen sollten dazu beitragen, den Bisonjägern ihr Wanderdasein zu verleiden.

Diese beiden Mandan gehörten zu den 31 Überlebenden ihres einst 1600 Köpfe starken Stammes, der 1837 von den Pocken heimgesucht worden war. Derselben Seuche fielen etwa die Hälfte der 4000 benachbarten Arikara und Hidatsa zum Opfer.

sollten friedliche Ackerbauer und Viehzüchter werden wie der weiße Mann und Jagd und Krieg des roten Mannes aufgeben. Aber nur wenige Krieger interessierten sich für Landwirtschaft; in ihren Augen war das alles Frauenarbeit. Und selbst wenn sie bereit gewesen wären, Farmer zu werden, waren die an der Ostküste entwickelten landwirtschaftlichen Methoden, mit denen die Regierungsstellen die Indianer vertraut zu machen suchten, auf den trockenen Plains nur selten anwendbar.

Eine Schlüsselrolle im Rahmen der amerikanischen Indianerpolitik fiel dem Indianeragenten zu: einem Angestellten des Bureau of Indian Affairs, der den manchmal gefährlichen Auftrag hatte, Stämmen – die unter Umständen feindselig waren – Versorgungsgüter und Annuitäten auszuliefern und nach Möglichkeit dafür zu sorgen, daß die abgeschlossenen Verträge von beiden Seiten eingehalten wurden. Falls die Indianer zu diesem Mann Vertrauen hatten und falls er seinerseits Mitgefühl mit ihnen empfand, konnten die Ideale dieser Politik gelegentlich mit der Realität übereinstimmen. Aber gute Indianeragenten waren selten; William Bent (*S. 169*) gehörte zu den Großen. Aber es gab zu wenige Männer seiner Art.

Ein weiterer guter Agent, der Bent gleichkam, war der aus den Bergen stammende Thomas Fitzpatrick, der bei den Indianern Broken Hand (Gebrochene Hand) hieß. Fitzpatrick, der im Jahre 1846 zum Agenten für die Stämme an den Arkansas, Platte und Kansas Rivers ernannt wurde, gehörte zu den wenigen Menschen in Amerika, die sich über die mit seiner Aufgabe verbundene ernste Verantwortung im klaren waren; zu den von ihm betreuten Stämmen gehörten viele der kriegerischsten Indianer des Westens: Sioux, Shoshoni und Arapaho. Auf seinen engagierten Rat hin beschloß die Regierung die Errichtung eines Forts in Laramie, dem Standort einer alten Pelzhandelsstation am Zusammenfluß der Laramie und North Platte Rivers im Südosten des jetzigen Bundesstaates Wyoming.

Im Frühjahr 1850 sah Fitzpatrick über 50 000 Goldgräber auf ihrem Weg zu den Goldlagerstätten in Oregon und Kalifornien an Fort Laramie vorbeiziehen und in ihrem Kielwasser Tod und Zerstörung auf den Plains hinterlassen: verdorrendes Gras, Tausende von toten Bisons und Tote bei Indianern wie bei Weißen – vor Hunger und an der mit den Wagenzügen eingeschleppten Cholera gestorben. Trotzdem blieben die Sioux ruhig. „Ich habe keinen Grund gehabt, mich über die Indianer oder ihr Verhalten in den beiden vergangenen Jahren zu beschweren", berichtete Fitzpatrick. Aber die Klagen der Indianer waren zahlreich, und Fitzpatrick fürchtete, es sei nur noch eine Frage der Zeit, bis die Indianerstämme sich zum Kampf gegen die weißen

Siedler und gegeneinander erheben würden; außerdem fand er, die Indianer hätten eine Entschädigung für die auf ihren Gebieten angerichteten Schäden und die Dezimierung der Bisonherden verdient, und meinte, die „Gerechtigkeit", von der George Washington vor wenig mehr als 50 Jahren gesprochen hatte, müsse nun verwirklicht werden.

Es gelang Fitzpatrick – einigermaßen zu seiner eigenen Verblüffung –, den Kongreß davon zu überzeugen, entsprechende Mittel bereitzustellen, damit in Laramie eine große Konferenz aller Stämme, für die er zuständig war, stattfinden konnte. Sein Ziel war es dabei, die Sicherheit der Wagenzüge zu garantieren, indem er die Indianer veranlaßte, ihnen das Durchfahrtsrecht durch ihre Gebiete zu gewähren, und die Grenzen ihrer jeweiligen Stammesgebiete verbindlich festzulegen, um Kriege zu verhindern, die sich über die gesamten Plains ausbreiten konnten. Erstaunlicherweise kamen im Herbst 1851 tatsächlich Vertreter der meisten Stämme nach Laramie, darunter auch Gruppen der Sioux und der Crow, die Todfeinde waren. Sogar eine Delegation der Shoshoni, die sowohl mit den Sioux als auch mit den Cheyenne verfeindet waren, traf aus ihren Jagdgründen im Westen ein. Insgesamt kamen 10 000 Vertreter von neun Stämmen zusammen: die größte Indianerversammlung, die Nordamerika je gesehen hatte. Ein weißer Beobachter fand es sehr bedauerlich, daß kein „Maler oder Daguerreotypist" anwesend war. Es war geradezu ein Wunder, daß die Indianer der zentralen und nördlichen Plains, von denen jeder Stamm seine Tapferkeit und Macht zur Schau stellte, sich friedlich versammelten und mit ehrlichen Absichten einen Vertrag unterzeichneten.

Ein ebenso großes Wunder war die Tatsache, daß die Stämme eine Begrenzung ihrer jeweiligen Jagdgründe akzeptierten. Auf diese Weise schien es möglich, den Frieden auf den Plains zu sichern, indem die Landnutzungsrechte der Stämme beschnitten wurden. Die Indianer erklärten sich unter anderem damit einverstanden, daß die Regierung in ihrem Gebiet Straßen baute und Stützpunkte der U.S. Army errichtete; als Entschädigung dafür sollten sie 50 Jahre lang Annuitäten im Werte von jeweils 50 000 Dollar erhalten. Der amerikanische Senat setzte diese 50 Jahre später während des Ratifizierungsvorganges auf zehn Jahre herab (die der Präsident auf 15 erhöhen konnte).

Beide Seiten handelten in guter Absicht, aber selbst ein Vertrag dieser Art konnte nicht lange Bestand haben. Die Weißen betrachteten das Gebiet der Plains-Stämme noch immer als ein reines Durchgangsgebiet; sie sahen nicht voraus, wie viele Tausende von Weißen es in den kommenden Jahren durchqueren würden – und wie viele beschließen würden, sich dort niederzulassen. Auch die

Die vorbildlichen „Wilden"

Eine der umfangreichsten Vertreibungskampagnen begann im Jahre 1829, als Präsident Andrew Jackson im Kongreß eine Gesetzesvorlage einbrachte, die eine Umsiedlung der Indianer aus dem Süden bezweckte: in „ein reichlich bemessenes Gebiet westlich des Mississippi…, das den Indianerstämmen garantiert werden soll, solange sie dort leben". Jacksons großzügige Ausdrucksweise konnte das Elend in keiner Weise beschönigen. Durch Kongreßbeschluß sollten 60000 Indianer ihre bewaldete Heimat verlieren und einer ungewissen Zukunft ausgeliefert werden. Das für sie bestimmte „Indian Territory", später der Bundesstaat Oklahoma, lag in den baumlosen Southern Plains.

Ausgerechnet die von dieser Ausweisung betroffenen Indianer hatten bereits begonnen, die Kultur der Weißen anzunehmen. Die Cherokee, Chickasaw, Choctaw, Creek und Seminole waren als die Fünf Zivilisierten Stämme bekannt. Damals lebten viele dieser Indianer in Blockhütten, trugen handgewebte Kleidung, züchteten Vieh und pflügten ihre Felder mit Ochsen. Mischehen mit Weißen beschleunigten den kulturellen Anpassungsprozeß, und die meisten Häuptlinge konnten Englisch lesen und schreiben und waren rechtskundig.

Aber da der Kongreß mit Jackson der Ansicht war, eine Assimilation sei ausgeschlossen, mußten alle Stämme des Südens ihre Heimat verlassen – auch die fortschrittlichen Cherokee. Im Jahre 1838 wurden die meisten Cherokee mit Waffengewalt von ihren Farmen in Tennessee und Georgia geholt, in Lagern zusammengetrieben und unter militärischer Bewachung nach Westen abtransportiert. Auf diesem Marsch nach Westen starb

Das Cherokee Female Seminary bei Tahlequah entsandte Absolventinnen an weiße Colleges.

jeder vierte Indianer an Ruhr, Masern, Keuchhusten oder einer anderen Krankheit. Ein Augenzeuge berichtete, daß „selbst alte Frauen, die scheinbar bereits mit einem Fuß im Grabe standen, mit schweren Traglasten auf dem Rücken mitmarschierten".

Als die Ausgesiedelten den Nordosten Oklahomas erreichten, hatten nur 14000 Cherokee überlebt. – Sie hätten ein in seinem Lebensnerv getroffenes Volk sein müssen. Aber sie erneuerten ihre Anstrengungen zum Aufbau einer Gesellschaft auf der Grundlage der besten Errungenschaften der weißen Zivilisation. Nachdem sie Tahlequah zu ihrer Hauptstadt bestimmt hatten, errichteten sie wieder ihr dreistufiges Regierungssystem mit Legislative, Exekutive und Jurisdiktion, über denen ein fünfköpfiger Oberster Gerichtshof stand. Sie brachten

wie zuvor eine Zeitung auf englisch und in ihrer eigenen Sprache heraus (die Cherokee hatten als einzige Indianer ein eigenes Alphabet entwickelt). Außerdem errichteten sie Grundschulen und Seminare – Oberschulen entsprechend – für Jungen und Mädchen (oben).

Kaum hatten sie sich auf den Plains eingewöhnt, rückten die Weißen näher und forderten die Öffnung des Indian Territory für weiße Siedler. Es sollte nicht lange dauern, bis das Land der Cherokee, wie es der Cherokee Advocate, ausdrückte, erneut „die Begierde jener erweckt und denen den Mund wäßrig macht, die es bisher verstanden haben, jede indianische Gemeinschaft, mit der sie in Verbindung gekommen sind, durch Betrug um ihr angestammtes Erbe zu bringen oder es ihr durch überlegene Gewalt zu rauben".

Indianer konnten dies nicht ahnen. Sie waren bereit, ein paar Forts und ein paar Durchreisende zu dulden, aber keinen Ansturm ganzer Horden, die ihre Mutter Erde besetzten.

Nach nur drei Jahren und einem kleineren Zwischenfall wurde der Vertrag von Laramie jedoch bereits zerrissen. Im Sommer 1854 versammelten die Indianerstämme sich vor Fort Laramie, um ihre Annuitäten in Empfang zu nehmen. Ein Sioux schoß auf eine lahmende Kuh und schlachtete das Tier, das entweder einer Wagenkolonne entlaufen oder von ihr zurückgelassen worden war. Ihr Eigentümer, der auf Schadenersatz hoffte, beschwerte sich bei dem Kommandeur von Laramie, und ein hitzköpfiger junger Leutnant, John L. Grattan, brach eifrig auf, um den schuldigen Indianer festzunehmen. Dazu hatte die U.S. Army jedoch kein Recht, denn der in Fort Laramie geschlossene Vertrag sah vor, daß sowohl Weiße als auch Indianer nur von ihresgleichen bestraft werden sollten. Nach langen Verhandlungen und Protesten weigerten die Indianer sich, den Sioux an die Soldaten auszuliefern. Grattan ließ eine Salve abschießen; ein einflußreicher Häuptling wurde tödlich verwundet, und in dem daraus entstehenden Kampf wurden Grattan und seine 30 Mann starke Abteilung restlos aufgerieben. Grattan wurde mit 24 Pfeilen im Körper tot aufgefunden. Die U.S. Army schickte selbstverständlich Strafexpeditionen aus, die Indianer setzten sich selbstverständlich zur Wehr, und der durch den Vertrag von Fort Laramie erreichte Frieden blieb dabei auf der Strecke.

Das Experiment von Laramie war allerdings keineswegs der einzige Versuch der Regierung, der damals fehlschlug. Zu den betrüblichsten Experimenten, die im Zuge der Umsiedlungsmaßnahmen in Reservationen angestellt wurden, gehörte die im Bürgerkrieg stattfindende Zwangsumsiedlung der Navaho nach Bosque Redondo in New Mexico. Eine Schlüsselrolle bei dieser Aufeinanderfolge von Ereignissen spielte Christopher (Kit) Carson, der wahrscheinlich bekannteste Fährtensucher, Führer, Händler, Jäger, Trapper und Soldat in der Frühzeit des amerikanischen Westens. Damals war Carson gerade Soldat, und sein Vorgesetzter war Brigadegeneral James Carleton.

Die mit den Apache verwandten Navaho waren ein Kriegerstamm, aber sie hatten von den Pueblo-Indianern und den Spaniern die Grundzüge des Ackerbaus, der Schafzucht und der Weberei erlernt. Als sie in den Jahren 1861 und 1862 sahen, daß die Weißen sich untereinander zerfleischten, begannen sie, amerikanische und mexikanische Siedlungen zu überfallen und zu plündern. Die Regierung der Vereinigten Staaten, die in ihrem größeren Krieg östlich des Mississippi nur wenig Erfolg hatte und deshalb nicht sonderlich viel Geduld aufbrachte, beschloß, das Navaho-Problem energisch

und endgültig zu lösen. Militär sollte die Indianer aus ihren kargen Wüstengebieten in Nordarizona und New Mexico vertreiben und sie nach Osten in eine Reservation am Pecos River eskortieren: nach Bosque Redondo (d. h. „rundes Wäldchen"), wo Fort Sumner stand und wo bereits eine Gruppe aufständischer Apache angesiedelt worden war.

Im Sommer 1863 nahm Colonel Kit Carson an der Spitze der 1st Cavalry der New Mexico Volunteers den Kampf gegen die Navaho auf und ritt auf die Hochebene hinaus, die von Canyons durchschnitten und mit Felsgipfeln durchsetzt ist. Das Hinterland war bis dahin nur wenig von Weißen erforscht und unzulänglich kartiert worden. Carson warb Ute-Späher und -Fährtensucher als Führer an und kam dabei auf eine raffinierte Idee, wie das Navaho-Problem zumindest teilweise zu lösen wäre. Er schlug General Carleton vor, seinen Ute zu gestatten, einige der von ihnen gefangengenommenen Navaho zu behalten. Diese Indianer konnten nach New Mexico verkauft werden, wurden auf diese Weise „zivilisiert" und würden der Regierung keine Sorgen mehr machen. Zum Glück wurde sein Vorschlag abgelehnt.

Tatsächlich hatte Carson den vor ihm liegenden Feldzug völlig falsch eingeschätzt. Er erkannte nicht, wie verwundbar seine Gegner waren – und die Navaho waren sich ebenfalls nicht darüber im klaren. Das Land, auf dem sie lebten, lieferte gerade eben das Lebensnotwendige, und die Invasion der Weißen bedeutete ihr Verderben.

Carson bezog mit seinen Truppen in Fort Canby Quartier, am Ausgang des Canyons Bonita. Und von einem weiter westlich gelegenen Stützpunkt aus, der Pueblo Colorado hieß, begann er, eine Politik der verbrannten Erde zu verwirklichen. „In etwa zwei Stunden Entfernung vom Lager", berichtete Carson über sein erstes größeres Unternehmen, „entdeckten und vernichteten wir ungefähr 30 Hektar Mais. Drei Stunden später lagerten wir in Weizen- und Maisfeldern. Den Weizen (etwa 6 Hektar) verfütterten wir an die Tiere, und der Mais (etwa zwanzig Hektar) wurde vernichtet." Außerdem verwüstete er einige weitere Felder, tötete mehrere Indianer, nahm einige gefangen, erbeutete 43 Pferde und Maultiere, eine Herde mit 100 Schafen und Ziegen und eine weitere mit 1000 Tieren.

Später im gleichen Monat ritt er durch das Stammesgebiet der Navaho und vernichtete Ernten, darunter auch, wie er berichtete, „große Mengen von Kürbissen und Bohnen" und in einem großen Talgrund „nicht weniger als 40 Hektar mit Mais, wie ich ihn schöner nie gesehen habe". Die Navaho waren zu zerstreut und zu schlecht organisiert, um sich ernstlich zur Wehr setzen zu können. Sie wußten, daß sie geschlagen waren, aber sie schreckten davor zurück, sich zu ergeben, weil sie fürchteten, die USA wollten sie ausrotten.

Bison, die mit weittragenden Gewehren erlegt worden sind, bedecken die Prärie. Das Fleisch abgehäuteter Tiere wurde oft der Verwesung überlassen.

„Der Bison ist fort, und die roten Jäger müssen Hungers sterben"

Den Prärie-Indianern war es ursprünglich als eine profitable Angelegenheit erschienen, den weißen Mann mit Bisonfellen zu beliefern. Sie hatten schon immer für ihren eigenen Bedarf gejagt, und indem sie jetzt einfach mehr Bisons erlegten, konnten sie sich Gewehre, Tabak, Whiskey und andere Waren verschaffen. Um 1840 lieferten sie jährlich etwa 100 000 Bisonfelle an Händler, die sie an der Ostküste verkauften.

Durch die intensivere Bejagung durch Indianer nahm der Gesamtbestand an Bisons allmählich ab, obwohl es in der Mitte des 19. Jahrhunderts noch immer schätzungsweise 50 Millionen nordamerikani-sche Bisons gab. Bald übernahmen jedoch Weiße den größten Teil der Jagd und begannen, die Tiere mit verheerender Gründlichkeit abzuschlachten. Wenn sie sich gegen den Wind an eine Herde anschlichen und sich 200 bis 500 Meter von ihr entfernt hinter einem Felsen oder einem Busch versteckten, konnten sie die Tiere einzeln abschießen, ohne dadurch die weidende Herde zu beunruhigen. Auf diese Weise konnte ein Jäger pro Tag bis zu 150 Bisons erlegen. Danach häuteten Abdecker die Tiere ab und spannten die Felle auf der Erde aus, um sie dort trocknen zu lassen (*unten*). Die Bisonzungen wurden geräu-chert und im Osten als Delikatesse verkauft. Diese organisierte Massenvernich-tung ganzer Bisonherden begann in den sechziger Jahren des 19. Jahrhunderts, die bis dahin regelmäßigen Wanderungen der Bisons zu beeinträchtigen. Dadurch waren die Prärie-Indianer wiederum gezwungen, ihre traditionellen Jagdgründe zu verlassen. Aber wohin die Indianer auch zogen, folgten ihnen fast unmittelbar Jäger, Soldaten und Pioniere. Deshalb klagte der Sioux-Häuptling White Cloud zu Recht: „Wo immer die Weißen sich niedergelassen haben, ist der Bison fort, und die roten Jäger müssen Hungers sterben."

In diesem texanischen Jagdlager sind Bisonfelle zum Trocknen auf der Erde ausgespannt, und die Zungen der Tiere hängen an dem Gestell rechts.

Carson setzte seinen Feldzug den ganzen Herbst lang fort und erbeutete nicht nur Vieh und vernichtete Feldfrüchte, sondern brannte auch Dörfer nieder, aus denen die Indianer vor seinen Truppen flüchteten. Er ließ auch zahlreiche Obstgärten mit Pfirsichbäumen umhauen. Als kaltes Wetter einsetzte, begannen die Navaho, sich zu ergeben – allerdings noch immer höchst mißtrauisch. Dann gaben immer mehr auf und stellten sich. Sie waren entkräftet, manche fast nackt. Sie hatten von Piñonnüssen gelebt und nicht einmal gewagt, Feuer zu machen, um sich zu wärmen, weil sie Angst gehabt hatten, von den Soldaten entdeckt zu werden. Carson, dessen Leute bis Jahresende fast eine Million Kilogramm Navaho-Getreide vernichtet hatten, schien urplötzlich zu begreifen, was er angerichtet hatte; er forderte fast verzweifelt warme Decken und Verpflegung für die Indianer aus dem Osten an.

Im Januar 1864 eroberte er die letzte große Navahofestung, den Canyon de Chelly, der ihm gewaltig und uneinnehmbar erschienen war, während er sich in Wirklichkeit als praktisch unverteidigt erwies. Einige von Carsons Leuten hatten erfrorene Füße; bei den Navaho gab es eine Anzahl steifgefrorener Leichen. Für die Indianer war die Lage ausweglos geworden, und sie ergaben sich in Scharen, sobald sie die Überzeugung gewonnen hatten, daß sie nicht umgebracht werden würden.

Dann begann der bei den Navaho als Lange Wanderung bekannte Marsch: nach Südosten durch die Tunicha Mountains, durch unwegsames Gebiet zum Rio Grande, flußaufwärts nach Santa Fe, von dort aus wieder nach Südosten und auf die ihnen unbekannten Plains hinaus. Die U.S. Army eskortierte sie in Konvois und stellte einige Ochsenwagen für die Alten und Kranken, während alle übrigen marschieren mußten. Kleidung und Verpflegung waren unzureichend. Eine 2500 Mann starke Gruppe hatte bereits vor dem Abmarsch 126 Erfrorene und Verhungerte zu beklagen und verlor auf dem Marsch weitere 197 Mitglieder. Andere Gruppen erlitten aus den gleichen Gründen Verluste, und einige Indianer wurden sogar von Weißen, Mexikanern oder anderen Indianern, die noch eine alte Rechnung zu begleichen hatten, entführt und in die Sklaverei verschleppt. Der Marsch endete in Bosque Redondo, wo Carson zum Aufseher ernannt worden war.

Die Reservation wäre vielleicht für die bereits dort angesiedelten Apache ausreichend gewesen; sie konnte die nun hinzukommenden über 8000 Navaho keinesfalls ernähren. Die Lage erwies sich als hoffnungslos. Die Navaho lebten zu eng beieinander. Sie hatten das Gefühl, in der Fremde, im Exil zu sein. Sie wollten nicht mit den Apache zusammenleben. Da sie eher ein Volk von Viehzüchtern und

Hirten waren, konnten sie sich nicht an die seßhafte Lebensweise von Ackerbauern gewöhnen.

Unter Aufsicht von Wärtern hoben die Gefangenen etwa 50 Kilometer Bewässerungsgräben aus, nahmen 800 Hektar Land unter den Pflug und pflanzten hauptsächlich Mais an. Aber Schädlinge befielen ihren Mais und vernichteten im ersten Jahr die gesamte Ernte; im zweiten Jahr war der Schaden fast ebenso groß. Dann trat der Pecos über seine Ufer und zerstörte ihre Bewässerungsanlagen.

Daher waren die Indianer auf die von der Regierung gelieferten Nahrungsmittel angewiesen, um überleben zu können. Diese Rationen waren oft spärlich und ungenießbar; die Navaho waren keine auf Weizenmehl basierende Ernährung gewöhnt. Am Pecos fanden sie auch keine Eicheln und wilden Kartoffeln wie in ihrer Heimat. Außerdem verabscheuten sie das alkalische Pecoswasser.

Dieses Elend wurde noch dadurch verstärkt, daß es nicht genug Brennholz gab. Die Indianer marschierten bei jedem Wetter fast 20 Kilometer weit, um Mesquitewurzeln als Brennmaterial zu suchen, und rieben sich dann die Rücken auf, wenn sie die Wurzeln zurückschleppten. Nachts pfiff der Wind durch ihre Behelfsunterkünfte aus Zweigen und Leinwand; manchmal hockten sie auch zusammengedrängt in Erdlöchern. Die Apache überfielen inzwischen Navaho-Lager und stahlen Decken und Kleidungsstücke.

Im Norden des Navaho-Gebiets kamen weiterhin weiße Siedler in Schwärmen ins Indianerland: begierig nach billigem Land und der Freiheit unter dem weiten Himmel. Diese Invasion auf den Plains bedrohte bereits das freie Leben der Kriegerstämme, und diesmal hatten die Indianer nicht die Absicht, stillzuhalten, während ihre überlieferte Lebensweise vernichtet wurde. Unerklärlicherweise begriffen die Weißen nicht, was die auf den Plains aufsteigenden Rauchsignale bedeuteten. Nach dem Ankauf eines Indianergebiets hatte Präsident Millard Fillmore zuversichtlich erklärt: „Auf diese Weise ist eine ausgedehnte Fläche wertvollen Landes für eine Besiedlung und landwirtschaftliche Nutzung erschlossen worden, und alle Gefahr eines Zusammenstoßes mit diesen starken und kriegerischen Gruppen konnte glücklicherweise beseitigt werden." Diese optimistische Behauptung stand in völligem Gegensatz zu einer Äußerung des Sioux-Häuptlings Red Cloud, dem in der bevorstehenden Tragödie auf den Plains eine der Hauptrollen zufallen sollte: „Wessen Stimme ist in diesem Land zuerst erklungen? Die Stimme des roten Volkes, das nur Pfeile und Bogen hatte. Was in meinem Land geschehen ist, habe ich nicht gewollt, habe ich nicht verlangt; weiße Menschen ziehen durch mein Land. Wenn der weiße Mann in mein Land kommt, hinterläßt er eine blutige Spur."

Die undankbarste Aufgabe im Westen

Kein Mann befand sich jemals mehr im Kreuzfeuer als der Indianeragent. Er wurde von der amerikanischen Regierung ernannt, um bei den Indianern zu leben, und verteilte die Annuitäten, die oft nicht rechtzeitig eintrafen. Er allein sollte die Scharen von Händlern kontrollieren, die seine Indianer betrogen und ihnen illegal Whiskey verkauften. Er sollte die Indianer zu Farmern ausbilden, obwohl ihre Stammesgebiete häufig zu trocken waren, um landwirtschaftlich genutzt werden zu können – und obwohl die Regierung in vielen Fällen die falschen Gerätschaften lieferte. Der Agent hatte außerdem den Auftrag, die Ansiedlung von Weißen auf Indianerland zu verhindern. Aber auch in dieser Funktion war er praktisch machtlos, da die Regierung den Forderungen landhungriger Pioniere nachgab. Für alle diese Mühen erhielt er ein niedrigeres Gehalt als ein Dorfpostmeister. Deshalb ist es kaum überraschend, daß die meisten Indianeragenten Versager oder Betrüger waren – und daß die wenigen pflichtbewußten Männer unter ihnen letzten Endes doch erfolglos blieben.

Keiner spürte die Widersinnigkeiten seiner Position deutlicher als William Bent (*oben*). Er war für die Tätigkeit eines Indianeragenten außergewöhnlich gut qualifiziert, da er jahrelang als angesehener Händler bei den Cheyenne und Arapaho gelebt hatte (im Jahre 1840 war der große indianische Friedensrat am Arkansas in der Nähe seines Forts abgehalten worden). Er beherrschte ihre Sprachen und war mit einer Cheyenne verheiratet. Als der Goldrausch am Pikes Peak in den Jahren 1858–59 Tausende von Goldgräbern ins Gebiet der Cheyenne und Arapaho brachte, appellierten die Indianer an Bent, weil er der einzige

William Bent mit Arapaho-Häuptling Little Raven (*links*) und dessen drei Kindern.

Weiße war, zu dem sie volles Vertrauen hatten. Zu Bents Überraschung bewirkte sein Einsatz für die Indianer, daß die amerikanische Regierung ihn zum Agenten für diese Stämme ernannte. In dieser Position kämpfte er eifrig für die indianische Sache und schrieb nach Washington: „Ein durch Hungersnot und Ausrottung bedingter verzweifelter Krieg ist unvermeidlich, wenn er nicht durch prompte Maßnahmen verhindert wird." Aber Bent mußte einsehen, daß die Macht des weißen Mannes zu groß war, als daß ihr jemand hätte widerstehen können. Nachdem er einen neuen Vertrag vorbereitet hatte, durch den das Indianergebiet drastisch verkleinert werden sollte, legte er enttäuscht sein Amt nieder.

Aber auf jeden Bent kamen zahllose korrupte Indianeragenten. So traf im Jahre 1869 in einer Reservation ein neuer

Agent ein, um seinen Posten zu übernehmen, und stellte fest, daß sein Vorgänger seit einem Monat verschwunden war. Die Kasse war leer, aber dafür lagen unbezahlte Rechnungen in Höhe von 14 000 Dollar vor. Die Indianer hatten seit vier Jahren keine der ihnen als Entschädigung für abgetretenes Land zugesicherten Annuitäten mehr erhalten.

William Barnhart, der Agent in der Umatilla Reservation, wurde abgelöst, weil er einen Indianer getötet hatte. Sein Nachfolger, Timothy Davenport, stellte fest, daß es dort einen festbesoldeten Lehrer, aber keine Schule gab. Letzterer hatte vielmehr als Barnharts Privatsekretär fungiert; er gab Davenport gegenüber offen zu: „Die Agentenstelle in Umatilla ist 4000 Dollar im Jahr wert." Das Jahresgehalt eines Indianeragenten betrug dagegen nicht mehr als 1500 Dollar.

Das Massaker in Minnesota: Sioux auf dem Kriegspfad

Bishop Henry B. Whipple

Colonel Henry H. Sibley

Im Jahre 1862, als Nord- und Südstaaten im Bürgerkrieg gegeneinander kämpften, bekam der Grenzstaat Minnesota die Raserei einer noch grundlegenderen internen Auseinandersetzung zu spüren. Die Santee-Sioux, die ein Jahrzehnt traumatischer Veränderungen in einer schmalen Reservation am oberen Minnesota River ertragen hatten, führten den ersten großen Angriff der Indianerkriege, die den Westen Amerikas viele Jahre lang erschüttern sollten.

Elf Jahre zuvor hatte der Stamm 97 000 Quadratkilometer seiner Jagdgründe für einen Pauschalbetrag von 1 665 000 Dollar und die Zusicherung weiterer jährlicher Zahlungen abgetreten. Seitdem waren einige ernstgemeinte Versuche gemacht worden, die Indianer allmählich in die Gesellschaft der Weißen einzugliedern. Indianerfamilien wurden Ziegelhäuser angeboten (rechts), wenn sie sich bereit erklärten, ihr Jägerdasein aufzugeben und Farmer zu werden. Viele der Indianer, die von dieser Möglichkeit Gebrauch machten, lebten jedoch weiterhin in ihren Tipis und benützten die Häuser als Scheunen. Zu diesem Bruch mit ihrer Kultur kam noch, daß die Sioux allmählich immer abhängiger von Handelswaren wurden, was sie zu einer leichten Beute für weiße Händler machte, die ihnen Kredit gaben und dann direkt bei der Regierung kassierten. Auf diese Weise bekamen die Indianer wenig von den Annuitäten zu sehen, für die sie ihr Erstgeburtsrecht verkauft hatten. Ihr Zorn erreichte schließlich den Siedepunkt, als die jährlich zu leistende Zahlung nach einem Winter, in dem sie dem Hungertod nahe gewesen waren, nicht rechtzeitig einging.

Die Indianer brachen aus ihrer Reservation aus und ermordeten über 450 Siedler, bevor sie von einer hastig aufgestellten Truppe unter Führung von Colonel Henry Sibley (oben rechts) zurückgeschlagen wurden. Selbst Bischof Henry Whipple (oben links), ein barmherziger, verständnisvoller Mann, der später Präsident Lincoln bat, die meisten der Aufständischen vor dem Galgen zu bewahren, beschrieb die Überfälle als „das entsetzlichste Indianermassaker der Geschichte".

Nach diesem Aufstand hielten viele der empörten Weißen sich an die Richtschnur, nackte Gewalt sei das einzige Gesetz, das die Indianer des Westens begriffen – während andere wie Whipple für friedliche Verständigung warben. Danach folgten abwechselnd Kämpfe und Waffenstillstände, bis dann die U.S. Cavalry im Jahre 1876 aufbrach, um diesem Wechsel in der großen Schlacht gegen die Sioux am Little Bighorn ein für allemal ein Ende zu bereiten.

Zwischen zwei gegensätzlichen Kulturkreisen stehend,
waren die Santee-Sioux einer Zerreißprobe ausgesetzt,
der sie letztlich erlagen. Diese Aufnahme wurde an dem
Tag gemacht, als das Massaker der Sioux losbrach.

Die Sioux-Krieger verschonten einige Weiße, darunter auch den Siedler Myers (im Hintergrund winkend), die freundlich zu ihnen gewesen waren.

Große Ereignisse haben oft triviale Anlässe, und das Massaker in Minnesota bildet in dieser Beziehung keine Ausnahme. Am Sonntag, dem 17. August 1862, kamen vier Sioux-Krieger nach einem Jagdausflug zu Fuß in ihre Reservation zurück. In der Nähe des kleinen Hauses des Siedlers Robinson Jones entdeckten sie einige Hühnereier in einem Nest. Als einer der Krieger nach den Eiern griff, forderte ein anderer ihn auf, sie liegenzulassen, weil sie einem Weißen gehörten. Daraufhin ließ er sie wütend auf der Erde zerschellen und warf dem anderen vor, er sei ein Feigling. „Ich habe keine Angst vor Weißen", antwortete dieser, „und um das zu beweisen, bring' ich einen um." Kurze Zeit später waren Jones, seine Frau, seine Tochter und zwei Nachbarn tot – von

den Sioux erschossen –, und die Indianer galoppierten auf gestohlenen Pferden in die Reservation zurück.

Nachdem sie berichtet hatten, was sie getan hatten, wurde hastig eine Ratsversammlung aus mehreren Sioux-Dörfern einberufen. Die Häuptlinge berieten die ganze Nacht lang. Sie standen vor der Wahl, die Mörder demütig den Weißen auszuliefern oder einen Krieg gegen sie zu führen. Beide Lösungen fanden Befürworter. Little Crow (Kleine Krähe), der bedeutendste Häuptling, warnte die anderen: „Tötet einen, zwei, zehn, und zehnmal zehn werden kommen, um euch zu töten" – eine prophetische Warnung, die jedoch unbeachtet blieb. Little Crow ließ sich von den anderen Häuptlingen dazu überreden,

am nächsten Morgen einen Angriff auf die staatliche Agentur bei Redwood Falls zu befehlen. Was dann folgte, geht aus einer Zeugenaussage hervor: „Gruppen versammelten sich und ritten in die Nacht hinaus, um die Siedler zu ermorden." Obwohl die Indianer einige Gefangene machten und sogar etliche Siedler, die sie als ihre Freunde betrachteten, verschonten, wurden fast alle Weißen auf der Stelle getötet.

Nachdem der Aufstand niedergeschlagen worden war, wurden schaurige Geschichten über Terror und Grausamkeit der Indianer von John Stevens, einem einheimischen Maler, in einem Panorama unbeholfener Bilder dargestellt und in ganz Amerika gezeigt. Diese Bilder stammen aus der erwähnten Serie von John Stevens.

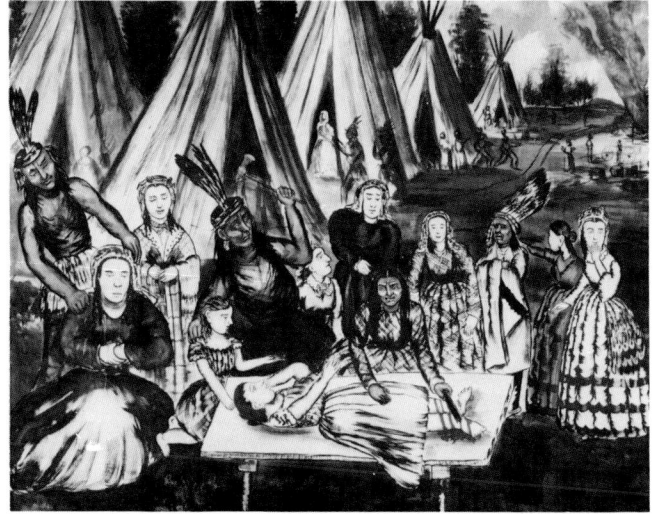

Beim Weizendreschen wird ein Siedler von einer Gruppe von Kriegern umzingelt. Er wurde getötet und skalpiert; seine Pferde wurden geraubt.

Während Indianer ihre weißen Gefangenen bedrohen, schneidet eine Squaw einem Mädchen in Gegenwart seiner Mutter (*links*) die Beine auf.

Die von einer Sioux-Gruppe gefangene Julia Smith will verhindern, daß ihre Mutter erschossen wird. Doch starben beide durch dieselbe Kugel.

Auf der Flucht: Eine Gruppe von Missionaren, Lehrern und
ihren Familien rastet am fünften Tag des Massakers während ihres
Zuges nach Osten auf der Prärie. Da sie von befreundeten
Kriegern gewarnt worden waren, hatten sie noch fliehen können.

Eine Mutter und ihre Kinder sind nach einer schrecklichen Flucht wieder vereint. Der elfjährige Merton Eastlick schleppte seinen kleinen Bruder 80 Kilometer weit in Sicherheit, nachdem sein Vater und seine beiden Brüder ermordet worden waren. Wie durch ein Wunder über lebte Mrs. Eastlick und fand ihre Söhne wieder.

Viele Opfer des Massakers in Minnesota waren Menschen, die den Sioux nicht mehr angetan hatten, als daß sie Weiße waren und in Minnesota lebten. Für jene Lehrer und Missionare (links), die es sich zur Lebensaufgabe gemacht hatten, den Indianern zu helfen, war der Aufstand ein besonders grausamer Rückschlag. In vielen Familien waren die Frauen und Kinder schutzlos, weil die Männer als Soldaten bei den Nordstaatenarmeen standen. Aber der Zorn der Indianer konzentrierte sich auf Personen, von denen sie in der Vergangenheit mißhandelt worden waren. Dazu gehörte Andrew Myrick, ein hartherziger Ladenbesitzer, der den Indianern im Frühsommer weiteren Kredit mit der Bemerkung verweigert hatte: „Sollen sie doch Gras fressen, wenn sie hungrig sind!" Sein Mund war mit Gras vollgestopft, als er tot aufgefunden wurde.

Vier Wochen nach Beginn des Aufstandes wurden die Sioux von Militär und der hastig aufgestellten Miliz unter Colonel Sibleys Befehl entscheidend geschlagen. Von den 2000 indianischen Männern, Frauen und Kindern, die sich ergaben, wurden 392 vor Gericht gestellt und 307 in einem Schnellverfahren zum Tode verurteilt. Sibley war dafür, die Urteile sofort zu vollstrecken. Aber Bishop Whipple aus Minnesota reiste nach Washington und bat um Gnade – ein Entschluß, den seine weißen Gemeindemitglieder einmütig verurteilten. „Ich fordere", schrieb der bestürzte Kirchenmann in einer formellen Bittschrift, „daß die Bevölkerung die Schuld für dieses große Verbrechen dort sucht, wo sie liegt, und sich erhebt, um mit einer Stimme die Reform eines grausamen Indianersystems zu verlangen, das uns stets die gleiche Ernte aus Leid und Blut eingebracht hat." Nach eingehender Würdigung wandelte Präsident Lincoln die meisten Todesurteile in Haftstrafen um; er bestätigte sie jedoch in allen Fällen, in denen Vergewaltigungen und Morde nachgewiesen worden waren.

Am 26. Dezember 1862 wurden 38 Sioux-Krieger zu einem eigens für sie errichteten Galgen geführt und gleichzeitig gehenkt. „Als die Plattform fiel", berichtete ein Augenzeuge, „erklang ein nicht lautes, aber langgezogenes Hurra von den Soldaten und der Bevölkerung." Drei der Anführer des Massakers fehlten jedoch. Little Crow war nach North Dakota entkommen. Zwei weitere Häuptlinge (links) flohen nach Kanada und wurden später entführt und in die USA zurückgebracht, wo sie der Galgen erwartete. Little Crow kam im Sommer nach Minnesota zurück und wurde beim Beerensuchen von einem Farmer hinterrücks erschossen.

Auf die gefangenen Sioux-Häuptlinge Shakopee (*oberes Photo*) und Medicine Bottle (Medizinflasche) wartet in Minnesota der Galgen. Beide flüchteten nach dem Massaker nach Kanada, wurden aber gefangen und über die Grenze zurückgeschmuggelt.

Shakopee und Medicine Bottle hängen in Fort Snelling am Galgen. Während Shakopee die Stufen zum Galgen emporstieg, soll er eine Lokomotive pfeifen gehört und daraufhin erklärt haben: „Wenn der weiße Mann kommt, geht der Indianer."

Nebel hüllt das umzäunte Lager am Minnesota River ein, in dem 1700 Sioux, die sich nicht an dem Massaker beteiligt hatten, einen verzweifelten Winter verbrachten, bevor sie zwangsweise in eine westlich gelegene Reservation umgesiedelt wurden.

Durch die Nachwirkungen des Bürgerkrieges befand sich die Indianerpolitik in völliger Unordnung. An der Grenze kämpfte Militär gegen die Plains-Stämme, die einen Guerillakrieg gegen das Vordringen der Weißen führten. Grausamkeiten und Massaker auf beiden Seiten entzündeten Leidenschaften und erzeugten Schuldgefühle, so daß sich bei Weißen wie bei Indianern eine Kriegs- und eine Friedenspartei herausbildeten. In Colorado erbrachte eine Massenversammlung von Bürgern 5000 Dollar zur Bezahlung von Indianerskalpen, wobei für Skalpe „mit Ohren dran" eine Prämie von 25 Dollar ausgesetzt wurde. In Washington befürwortete eine starke politische Koalition eine Beschwichtigungspolitik – aus humanitären Gründen und weil sie glaubte, die Nation könne sich keinen neuen Krieg leisten. Daher beschloß der Kongreß im Jahre 1867, eine Friedenskommission einzusetzen. Sie bestand zu gleichen Teilen aus humanitär eingestellten Zivilisten und unbeugsamen Militärs wie General William Tecumseh Sherman (*unten, dritter von links*). Falls es der Kommission nicht gelingen sollte, einen Verhandlungsfrieden zu erreichen, .standen vier Regimenter in Bereitschaft, „um den gewünschten Frieden zu erkämpfen".

Mitglieder der Friedenskommission lassen sich 1868 in Fort Laramie mit einer Indianerin photographieren.

Cheyenne Village Aug. 29th/64.

Maj. Colley.

Sir

We received a letter from Bent. wishing us to make peace. We held a consel in regard to it all came to the conclusion to make with you providing you make peace with the Kiowas, Commenches Arropohoes Apaches and Siouxs.

We are going to send a messenger to the Kiowas and to the other nations about ens going to make with you.

We heard that you some prisoners in Denver. We have seven prisoners of you which we are willing to give up providing you give up yours. There are three war parties out yet and two of Arropohoes. they have been out some time and expect now soon.

When we held this counsel there were few Arropohoes and Siouxs present. we want true news from you in return, that is a letter

Black Kittle & other Chieves

Brought to Mr. Lyon Sunday Sept 4th 1864 by One Eye —

Der blutbefleckte Weg zum Krieg

Im Frühwinter des Jahres 1864 feierten die Weißen in Denver einen großen militärischen Sieg über die Indianer. Schlagzeilen der dortigen *Rocky Mountain News* vom 8. Dezember verkündeten die erregende Nachricht:

GROSSE SCHLACHT MIT INDIANERN!
DIE WILDEN ZERSPRENGT!
500 INDIANER GETÖTET
UNSERE VERLUSTE 9 TOTE, 38 VERWUNDETE

Unter einer weiteren Überschrift – „Ausführlicher Bericht" – brachte die Zeitung eine Schilderung der Schlacht, die neun Tage zuvor am Sand Creek im östlichen Colorado geschlagen worden war. Der Artikel basierte hauptsächlich auf einem kurzen Bericht von Colonel J. M. Chivington, einem ehemaligen Methodistenpfarrer, der jetzt Kommandeur des Militärbezirks Colorado war. In seinem Bericht führte er aus: „Heute morgen bei Tagesanbruch habe ich ein Cheyenne-Dorf von hundertdreißig Hütten und zwischen neunhundert und tausend Krieger stark angegriffen. Wir haben die Häuptlinge Black Kettle (Schwarzer Kessel), White Antelope (Weiße Antilope) und Little Robe (Kleine Robe) sowie vier- bis fünfhundert weitere Indianer getötet; außerdem haben wir zwischen vier- und fünfhundert Pferde und Maultiere erbeutet." Für seine eigene Truppe hatte er nur Lob: „Alle haben sich vortrefflich geschlagen."

Am 12. Dezember berichtete die Zeitung, Colonel Chivington, den sie jetzt das „alte Schlachtroß" nannten, werde noch am gleichen Abend in Denver eintreffen. Das 3rd Regiment, das den größten Teil seiner Streitmacht gestellt hatte, würde bald folgen. Ein am selben Tag veröffentlichter Brief eines Soldaten frohlockte: „Wir sind auf den Feind gestoßen und haben das Feld behauptet. Die ‚Unblutigen Dreier' haben westlich des Mississippi den größten Sieg über die Wilden errungen... Wir haben den Stamm vollständig vernichtet und glauben, daß er die Siedler in Zukunft nicht mehr belästigen wird." Als die Soldaten des Regiments durch Denver paradierten, wurden sie als Retter der Grenze bejubelt. Einige traten in den Pausen einer Theatervorstellung auf und erhielten Beifall, als sie Indianerskalpe vorzeigten und ihre Heldentaten erzählten.

Aber der „Ausführliche Bericht" der *Rocky Mountains News* erwies sich als keineswegs vollständig. Beispielsweise fehlte darin ein merkwürdiger Zusatz, den Colonel Chivington seiner Meldung an den Kommandierenden General des Bereichs Kansas angefügt hatte. „Ich kann diesen Bericht nicht schließen", hatte Chivington geschrieben, „ohne zu erwähnen, daß das Betragen von Cap. Silas S. Soule zumindest unklug gewesen ist, indem er sagte, er danke Gott, daß er keine Indianer getötet habe, und dergleichen Ausdrücke gebrauchte." Dieses Schlußwort schien nicht recht mit dem triumphierenden Tonfall des ursprünglichen Berichts übereinzustimmen. Und dies war nicht die einzige Kontroverse, die in dem ersten Bericht unterschlagen worden war. Einige wenige Offiziere und Mannschaften hatten Gewissensbisse wegen der Rolle, die sie bei diesem Gefecht gespielt hatten; einige schrieben deswegen an Washingtoner Dienststellen. Aus ihren Briefen und aus denen mitfühlender Händler und Indianeragenten ließ sich allmählich ein ganz anderes Bild der Schlacht rekonstruieren. Und noch vor Monatsende erfuhren die Pioniere des Colorado Territory zu ihrer Verblüffung, daß der Kongreß und die U.S. Army die Schlacht am Sand Creek untersuchen würden. Die Vorwürfe: Chivingtons Soldaten hatten Indianer ermordet, die unter dem Schutz der U.S. Army zu stehen glaubten; die meisten indianischen Toten waren Frauen und Kinder; tote Indianer waren verstümmelt worden.

Wie sich herausstellte, war Chivingtons Bericht nicht nur unvollständig, sondern auch in fast allen Punkten bewußt unwahr. Zwei Händler, die sich zum Zeitpunkt des Überfalls in dem Indianerlager aufgehalten hatten, sagten aus, das Dorf habe aus 80 bis 100 Hütten mit nicht mehr als 500 Menschen bestanden. Zwei Drittel von ihnen waren Frauen und

---

Am 29. August 1864 diktierte der Cheyenne-Häuptling Black Kettle den links abgebildeten Brief mit einem Friedensangebot. Trotzdem wurden drei Monate später 123 Cheyenne am Sand Creek mit unmenschlicher Brutalität niedergemetzelt.

Kinder gewesen. Allmählich schälte sich heraus, wie die Ereignisse aus indianischer Sicht wirkten.

Black Kettle und seine Cheyenne waren tatsächlich in Frieden gekommen, hatten nach den Anweisungen der Soldaten zu leben und zu kampieren versucht und waren der Überzeugung gewesen, unter der Vormundschaft der Regierung zu stehen. Tatsächlich hatte Black Kettle sich seit einigen Jahren mehr als jeder andere Plains-Häuptling bemüht, seinen eigenen Stamm davon abzubringen, auf den Kriegspfad gegen die Weißen zu ziehen. Erst zwei Jahre zuvor hatten die Sioux in Minnesota durch einen blutigen Aufstand (*S. 170–179*) ihrem Zorn über das Vordringen der Weißen und nicht gehaltene Versprechen Luft gemacht. Seitdem waren auf den Spuren der Goldgräber immer mehr Siedler ins Indianerland gekommen und hatten auf den alten Bisonweiden Colorados Straßen und Farmen angelegt.

Seit Frühsommer des Jahres 1864 wurden Friedenswillige wie Black Kettle in den Hintergrund gedrängt, und die kriegerische Fraktion der High-Plains-Indianer setzte sich durch. Die Indianer blockierten über einen Monat lang die Hauptverkehrsstraße zwischen dem Osten und Denver; für Denver bestimmte Post mußte mit dem Schiff nach Süden befördert, über die Landenge von Panama transportiert und von dort aus über San Francisco weiterbefördert werden. Die Einwohner von Denver hörten wahre Berichte über Grausamkeiten – Überfälle, Vergewaltigungen, Verstümmelungen und Entführungen. Im Juni wurden ein Siedler, seine Frau, eine vierjährige Tochter und ein Baby am Box Elder Creek ermordet – nur 50 Kilometer südöstlich der Stadt. Ihre skalpierten und verstümmelten Leichen wurden nach Denver gebracht, wo viele Bürger sie sahen. Die Emotionen schlugen hohe Wellen, und der Zorn der Bevölkerung wuchs. Nach solchen feindseligen Einleitungen war die Tragödie von Sand Creek beinahe unvermeidlich.

Selbst einige Cheyenne hatten sich an Überfällen beteiligt. Aber viele andere Cheyenne hatten keine Morde verübt, und Black Kettle war ein Befürworter des Friedens geblieben. Im September 1864 war er mit sechs weiteren Cheyenne-Häuptlingen nach Camp Weld bei Denver gekommen, um an einer Konferenz mit Territorial Governor John Evans, Colonel Chivington und anderen Verantwortlichen teilzunehmen. Black Kettle, einer der einflußreichsten der in Camp Weld versammelten Indianer, hatte den Weißen gegenüber zugegeben, ihm sei es nicht gelungen, die jungen Krieger unter Kontrolle zu halten; aber er beteuerte, er werde es in Zukunft versuchen und habe den aufrichtigen Wunsch nach Frieden zwischen Indianern und Weißen.

Einige der anderen friedliebenden Häuptlinge, die an der Konferenz in Camp Weld teilgenommen hatten, führten ihre

Indianerhäuptlinge fahren 1864 zu Friedensverhandlungen in Denver ein. Trotz monatelanger Indianerüberfälle in diesem Gebiet kamen viele Bürger zur Begrüßung aus ihren Häusern. Das war zwei Monate vor dem Massaker am Sand Creek.

Ein Offizier der U.S. Armee und ein Frontiersman untersuchen die skalpierte Leiche eines von den Cheyenne getöteten weißen Jägers. Die Rache der Indianer für das Massaker am Sand Creek war so blutig, daß 8000 Soldaten aus dem Bürgerkrieg abgezogen und nach Westen in Marsch gesetzt wurden.

Gruppen als Zeichen der Unterwerfung nach Fort Lyon am Arkansas. Der dortige Kommandeur ließ ihnen Verpflegung für einige Tage geben und wies sie danach an, in ein Gebiet weiterzuziehen, in dem sie von der Jagd leben konnten. Die Indianer konnten in den Äußerungen des weißen Offiziers keine Kriegsdrohung entdecken – keinen Hinweis darauf, was Chivington in Wirklichkeit beabsichtigte. Sie schlugen ihr Lager in Sand Creek in einer großen Flußschleife auf. Black Kettle und White Antelope brachten die Angelegenheit in ihren eigenen Gruppen, in denen noch immer die aggressiven Krieger den Ton angaben, zur Sprache und überredeten einige Familien dazu, in das Friedenslager am Sand Creek umzuziehen.

Der Angriff erfolgte an einem kalten Morgen bei Tagesanbruch. Als Black Kettle die Soldaten heranreiten sah, hißte er eine amerikanische Flagge über seinem Tipi und setzte darunter eine weiße Fahne. Trotzdem schnitten die Soldaten die Pferdeherde der Indianer ab und eröffneten das Feuer. Black Kettle versuchte, die Indianer zu beruhigen;

vielleicht dachte er, einige Krieger hätten in letzter Zeit Überfälle verübt und diese Machtdemonstration habe nur den Zweck, sie einzuschüchtern und ein paar Gefangene einzubringen. Bald wurde jedoch klar, daß der Angriff todernst gemeint war. Die Soldaten brachten auf dem höher gelegenen Flußufer Geschütze in Stellung und begannen, die Tipis zu beschießen.

Häuptling White Antelope rannte mit erhobenen Händen auf die Soldaten zu und rief auf Englisch: „Aufhören! Aufhören!" Als er sah, daß damit nichts zu erreichen war, blieb er stehen und verschränkte die Arme. Er wurde niedergeschossen. Frauen und Kinder schrien und weinten. Sie flüchteten aus dem Lager und verteilten sich über die sandigen Hügel. Die Krieger fingen an, Widerstand zu leisten, und deckten den Rückzug das Flußbett hinauf, dessen hohe Ufer einigen Schutz boten und wo man im weichen Sand rasch Schützenlöcher ausheben konnte. Häuptling Black Kettle blieb zunächst unter seinen Flaggen; dann schloß er sich mit seiner Frau dem Rückzug flußaufwärts an.

Sie sollte während dieses Massakers neun Schußwunden davontragen und trotzdem am Leben bleiben. Auch Black Kettle sollte – im Gegensatz zu der Behauptung in Chivingtons Bericht – zu den Überlebenden gehören.

Der Kampf dauerte bis nachmittags, aber er glich mehr einer Indianerjagd als einem Gefecht. Die weißen Offiziere konnten oder wollten keine Disziplin in der Truppe aufrechterhalten. Robert Bent, der gezwungen worden war, die Strafexpedition zu führen, schilderte später, was er am Sand Creek gesehen hatte. Hier ein Auszug aus seinem Bericht: „Ich sah fünf Squaws unter einer Uferböschung. Als Soldaten herankamen, liefen sie herauf und zeigten sich, damit die Soldaten sahen, daß sie Squaws waren, und baten um Gnade, aber die Soldaten erschossen sie alle. Etwa dreißig bis vierzig Squaws, die in einer Mulde Schutz gesucht hatten, schickten ein kleines Mädchen von ungefähr sechs Jahren mit einer weißen Flagge an einem Stock hinaus. Die Kleine wurde erschossen. Ich sah eine Squaw mit aufgeschnittenem Leib und einem ungeborenen Kind an ihrer Seite. Ich sah die Leiche von White Antelope mit abgeschnittenen Geschlechtsteilen und hörte einen Soldaten sagen, er wolle sich daraus einen Tabaksbeutel machen. Ich sah eine Squaw mit herausgeschnittenen Geschlechtsteilen." Ein Augenzeuge behauptete, 123 tote Indianer gezählt zu haben, von denen 98 Frauen und Kinder waren.

Black Kettle floh mit den halbnackten Überlebenden seiner Gruppe nach Norden, wo er am Smoky Hill River auf ein anderes, kampfbereiteres Lager stieß. Dort fand er Nahrung, Kleidung und Schutz vor dem erbarmungslosen Winter auf den Plains. Er war über diesen feigen Überfall empört, aber er befürwortete keinen totalen Krieg. Er war nach wie vor der Überzeugung, die Zukunft seiner Cheyenne liege in einer Verständigung mit den Weißen. Aber sein Einfluß im Stammesrat hatte abgenommen, und den übrigen friedenswilligen Indianern erging es nicht anders.

Die Reaktion der anderen Häuptlinge der Prärie-Indianer auf das Massaker am Sand Creek war schnell und gewalttätig. Bis Ende Dezember hatten sich 2000 Krieger der Cheyenne, Nord-Arapaho und Sioux in Dörfern am Republican River versammelt. Einem weißen Fallensteller, der zu beschwichtigen versuchte, erklärte ein Häuptling: „Wofür lohnt es sich für uns noch zu leben? Der weiße Mann hat uns unser Land weggenommen, hat unser Wild geschossen, ist damit nicht zufrieden gewesen, sondern hat unsere Frauen und Kinder ermordet. Jetzt kein Frieden mehr. Wir haben jetzt das Kriegsbeil bis zum Tod erhoben." Und die dann einsetzenden wütenden Überfälle brachten vielen Weißen den Tod. Im Januar 1865 lockte eine Gruppe von Kriegern eine Kavallerieabteilung aus Fort Rankin heraus und machte ungefähr 45 Soldaten nieder. Dann überfielen die Indianer in einem Gebiet, das von Fort Rankin aus etwa 130 Kilometer weit nach Westen reichte, in rascher Folge sämtliche Ranches, die Weißen gehörten. Sie ermordeten weitere acht Menschen, stahlen über 1500 Rinder und schlossen ihren Raubzug mit der Plünderung von Julesburg ab, wo Scharen singender Krieger um ein Freudenfeuer aus niedergerissenen Telegraphenmasten tanzten.

Während das Grenzland mit Angst und Empörung auf diese Vergeltungsangriffe reagierte, zeichnete sich in anderen Teilen Amerikas eine tiefgreifende und völlig andersartige Reaktion der Weißen auf die Ereignisse am Sand Creek ab. Die Zeugenaussagen im Rahmen der vom Kongreß veranlaßten Ermittlungen über die „große Schlacht" lösten in ganz Amerika Abscheu aus und veranlaßten immer mehr Menschen dazu, sich eingehender mit der Konfrontation zu befassen, unter der der gesamte Westen in der zweiten Hälfte des 19. Jahrhunderts zu leiden hatte. Nach einer Quelle soll kein Geringerer als Ulysses S. Grant unmittelbar nach dem Massaker gegenüber Governor John Evans aus Colorado zugegeben haben, Sand Creek sei nichts anderes gewesen als eine Ermordung von Indianern, die geglaubt hätten, unter dem Schutz der U.S. Army zu stehen. Joseph Holt, Judge Advocate General der Armee, verurteilte den Überfall als „feiges und brutales Gemetzel, das die Schuldigen mit unauslöschlicher Schande bedeckt und das Gesicht jedes Amerikaners mit Scham und Empörung überziehen muß".

Einige Herausgeber von im Westen erscheinenden Zeitungen verfochten weiterhin den traditionellen harten Kurs der Frontiersmen („Rottet die ganze Bande von Rothäuten aus", empfahl die Nebraska City Press am 16. Januar 1865). Aber Senator Lot M. Morrill gab dem erwachenden Gewissen der Vereinigten Staaten und ihrer Regierung zutreffender Ausdruck, als er im Senat ausführte: „Wir haben den Punkt in der Geschichte des Landes erreicht, an dem es keine unbevölkerten Gebiete mehr gibt, in die man den Indianer umsiedeln kann, und die präzise Frage, die sich uns stellt, lautet nun: Soll man ihn ausrotten oder ihm eine Heimstatt schaffen?"

Damit gestand sich der weiße Mann endlich wie der Indianer ein, daß hier eine grundlegende Entscheidung zwischen Verständigung und Krieg getroffen werden mußte. Bisher waren die Vereinigten Staaten mehr oder minder in der Lage gewesen, das Indianerproblem vor sich herzuschieben, indem sie zu einem harten, aber im Prinzip einfachen Mittel gegriffen und die Indianer nach Westen umgesiedelt hatten. Als jetzt der Bürgerkrieg zu Ende ging und der Westen rasch immer dichter besiedelt wurde, gab es keine Ausweichgebiete mehr. Deshalb mußte irgendeine andere Lösung gefunden werden. Und die Amerikaner, die mit der barbarischen Realität von Sand Creek und ihren blutigen Nachwirkungen konfrontiert worden waren, neigten inzwischen erheblich weniger dazu, einen Indianerkrieg auf die leichte Schulter zu nehmen.

Vor allem im Osten vertraten religiöse Führer und eine Anzahl hoher Regierungsbeamter eine im Grunde genommen humanitäre Einstellung, die in einigen Fällen auch eine mildere Form von Pragmatismus war. Wie Innenminister James Harlan im Jahre 1866 feststellte, war das alte Ausrottungskonzept „offenkundig so unmöglich zu verwirklichen, wie es sämtliche Gebote der Menschlichkeit und der Christenpflicht verletzt". Hinter seinen Worten stand die nüchterne Tatsache, daß der Unterhalt eines einzigen gegen die Indianer eingesetzten Regiments bis zu zwei Millionen Dollar im Jahr kostete. Bei diesen Preisen erschien es billiger, einen Indianer in einer Reservation am Leben zu erhalten, als ihn im Kampf zu töten. Und der Kongreß war angesichts der im Bürgerkrieg geleerten Staatskasse durchaus bereit, solche Vorteile wahrzunehmen.

Außerdem war das Land noch von einem Kreuzfahrergeist beseelt: von dem gleichen humanitären Geist, in dem die Abolitionisten für die Abschaffung der Sklaverei gekämpft hatten. Ein Reformator, der seit langem für eine aufgeklärtere Einstellung zur Indianerfrage eingetreten war, war Henry B. Whipple, der Bischof der Episkopalkirche, der sich nach dem Aufstand der Sioux in Minnesota für die Indianer eingesetzt hatte. Er forderte die Regierung auf, ihre Zusagen einzuhalten und das Indian Bureau durch gemäßigte und integre Männer führen zu lassen. Teilweise auch auf Whipples Drängen hin schloß die Episkopalkirche sich mit den Quäkern – die mit den Indianern durch eine 200jährige traditionelle Freundschaft verbunden waren – und später auch mit anderen Kirchen zu einer Lobby zusammen, die eine bessere Behandlung der Indianer forderte. Die von den Kirchen vorgeschlagene Lösung sollte die Indianer assimilieren, ihnen durch jährliche Zuteilungen von Lebensmitteln, Gebrauchsgütern und Bargeld Unterkunft und Nahrung verschaffen, sie zum Christentum bekehren, sie mit modernen landwirtschaftlichen Methoden bekannt machen und ihnen eine Berufsausbildung verschaffen.

Man nahm an, durch diese Methoden würde das Indianerproblem verschwinden, weil es dann keine Indianer mehr gebe, die nach traditioneller Art der Plains-Stämme über die Prärie streifen würden. Diese Reformatoren, schrieb der Historiker Robert Mardock, planten für die Indianer eine „neue Lebensweise, die auf den Wertvorstellungen idealisierter, mittelständischer, im 19. Jahrhundert lebender Bewohner der Ostküste basierte: gesetzestreu, von christlicher Moral geprägt und politisch demokratisch. Die neuen Indianer würden fleißige, selbständige Grundeigentümer sein, die sämtliche Rechte und Pflichten amerikanischer Staatsbürger hatten".

Bei ihrer Kampagne fanden die Geistlichen einige überraschende Verbündete. Nach einer Expedition ins Dakota Territory berichtete General Alfred Sully seinen Vorgesetzten, der wilde Indianer lasse sich am einfachsten dadurch ausrotten, daß man ihn zivilisiere. Der General befürwortete eine Partnerschaft zwischen der Regierung und den christlichen Missionaren, die bei den Stämmen arbeiten und dafür sorgen würden, daß Gerechtigkeit, ehrlicher Tauschhandel und Rechtschaffenheit die bei den meisten Indianeragenturen üblichen Betrügereien (S. 169) ersetzten. Während solche Vorschläge es bestimmt verdienten, sorgfältig geprüft zu werden, blieb weiterhin strittig, wieviel davon möglich und durchführbar war.

Die große Debatte hielt bis Ende der sechziger Jahre des 19. Jahrhunderts an. Sie erreichte ihren Höhepunkt mit der berühmten Friedenspolitik, die Ulysses S. Grant nach seiner Wahl zum Präsidenten ausrief. Seine Politik war im Grunde genommen eine umfangreichere Version von General Sullys Programm, als Indianeragenten Männer zu ernennen, die von verschiedenen Kirchen vorgeschlagen worden waren. Obwohl diese Politik viel besprochen und diskutiert und sogar in großem Umfang erprobt wurde, war sie nie eindeutig erfolgreich oder erfolglos und wurde schließlich aufgegeben.

Ein Ergebnis dieser Gewissensforschung war jedoch eine durch den Kongreß ins Leben gerufene Friedenskommission, die mit feindlichen Indianern verhandeln sollte. Die Kommission hatte den Auftrag, „die Kriegsgründe zu beseitigen; die Grenzsiedlungen und den Eisenbahnbau zu sichern; und ein System zur Zivilisierung der Stämme einzuführen".

Im Oktober 1867 fuhr die Kommission mit einem langen Güterzug voller Annuitäten – Lebensmittel, Kleidung und andere Waren – nach Medicine Lodge in Südkansas. Dort wollte sie neue Verträge mit den Cheyenne, Arapaho, Comanche und Kiowa abschließen. Als Gegenleistung für Verpflegung, Bekleidung, Unterkünfte und Ausbildung in Handwerksberufen sollten die Indianerstämme sich verpflichten, in großen Reservationen zu bleiben und sie nur zur Bisonjagd zu verlassen. Sie würden keine Raubzüge mehr unternehmen, und die Überwachung durch die Weißen würde dafür wohlwollend sein.

Der vorgesehene Vertrag war kompliziert, und die Expedition der Friedenskommission war ein großes Unternehmen, für das Dutzende von Tonnen Material und Hunderte von Menschen transportiert werden mußten. Neun Journalisten reisten mit, um Amerika über den Fortgang der

Die Tragödie einer weißen Indianerin

Im Mai 1836 wurde in Nordtexas ein neunjähriges Mädchen von Comanche entführt, die ihr Elternhaus überfielen und ihren Vater ermordeten. Das Mädchen war Cynthia Ann Parker, die Lieblingsnichte des Abgeordneten Isaac Parker. Die Geschichte ihrer 25jährigen Gefangenschaft und späten Heimkehr gehört zu den ergreifendsten Geschichten aus dem Grenzland.

Während Cynthia Ann die Arbeit einer Comanche tat, wurde ihr Teint von Sonne und Schmutz dunkler, und ihr kurzgeschnittenes weizenblondes Haar wurde fettig. Aber als Weiße blieb sie trotzdem begehrenswert. Der Häuptling Peta Nocona nahm sie zur Frau, als sie 18 war, und sie gebar ihm zwei Söhne, Quanah und Pecos, und eine Tochter, Topasannah. Sie versorgte ihre Familie 15 Jahre lang, während der Stamm Raubzüge in das nach ihrem Onkel benannte Parker County unternahm.

Cynthia Ann kehrte auf die gleiche Weise in die Gesellschaft der Weißen zurück, wie sie sie verlassen hatte: durch einen Überfall. Als der Stamm im Jahre 1860 am Pease River lagerte, wurde er von einer Abteilung Soldaten auf Indianerjagd überrascht. Ihr Mann und ihre beiden halbwüchsigen Söhne entkamen über die Prärie. Quanah sollte später ein berühmter Häuptling werden (*S. 192, 194*). Während des Gefechts sah Cynthia Ann wie ein Mann aus, aber als ein Weißer sie erschießen wollte, hielt sie ihre kleine Tochter Topasannah in die Höhe, um sich als Frau zu erkennen zu geben. Es zeigte sich dann, daß sie blaue Augen hatte – der endgültige Beweis dafür, daß sie eine Weiße war.

Die Soldaten waren davon überzeugt die lange vermißte Angehörige der Fami-

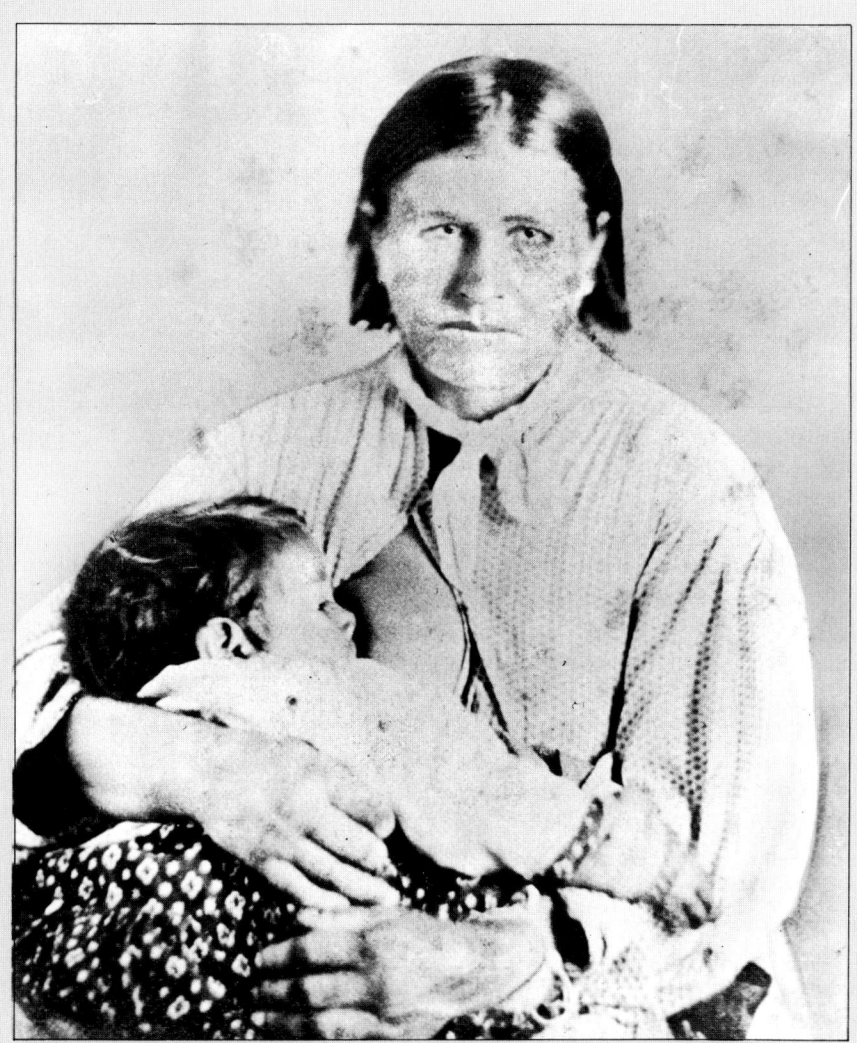

Cynthia Ann Parker stillt ihre Tochter nach der „Befreiung" beider durch die Weißen.

lie Parker gefunden zu haben, und verständigten Isaac Parker. Er versuchte, mit der blauäugigen Frau zu sprechen, aber sie konnte kaum Englisch. Parker meinte schließlich: „Vielleicht haben wir uns getäuscht. Arme Cynthia Ann!" Als die 34jährige Frau diesen Namen hörte, erinnerte sie sich an ihn. „Ich Cynthia". erwiderte sie einfach Parkers Worte.

Cynthias Rückkehr wurde von den Weißen begrüßt, die ihr sogar eine Rente und etwas Land zusprachen. Aber sie lächelte niemals. Sie stahl mehrmals Pferde und machte sich auf die Suche nach ihren Söhnen. Nach etwa vier Jahren bei den Siedlern starb Cynthia Anns kleine Tochter an einem Fieber. Darauf hungerte sich Cynthia Ann zu Tode.

Verhandlungen auf dem laufenden zu halten. Aus der bei Medicine Lodge abgehaltenen großen Versammlung ragte ein Mann besonders heraus: Häuptling Black Kettle, der drei Jahre nach dem Massaker am Sand Creek noch immer auf der Suche nach Frieden war.

Während andere Cheyenne einen gelegentlichen Guerillakrieg gegen die Weißen geführt hatten, hatte Black Kettle in diesen drei Jahren die Herrschaft über seine Gruppe zurückgewonnen. Er war mit seinen Leuten nach Medicine Lodge gekommen und war entschlossen, einen Frieden auszuhandeln. Seine Gruppe schlug ihr Lager in unmittelbarer Nähe des Versammlungsortes auf, während die anderen sozusagen auf Distanz blieben. Falls die Dinge sich ungünstig entwickelten, konnten sie die Weißen jederzeit angreifen. Als einige ihrer Häuptlinge zu Friedensverhandlungen nach Medicine Lodge kamen, schienen sie die Verhältnisse im feindlichen Lager auszuspionieren.

Die Anhörungen der Friedenskommission betrafen verschiedene Gefechte und Überfälle, zu denen es seit Sand Creek gekommen war. Nach den Anhörungen ritten die anderen Häuptlinge nicht geradewegs in ihr Lager am Cimarron River zurück, sondern begaben sich zu Black Kettle, wo sie eine eigene Anhörung veranstalteten. Innerhalb des Stammes fand eine große Gewissenserforschung statt, von der jedoch nur indianische Zeugen berichten konnten. Auf der Versammlung wurde Black Kettle von den übrigen Häuptlingen bedroht, weil er sich offenbar gegen jegliche Kriegshetze gewandt hatte. Die Cheyenne ließen die Friedenskommission fast zwei Wochen lang mit der Ausrede warten, sie veranstalteten eine große Medizinzeremonie, die nicht unterbrochen werden dürfe. Dann trafen sie am Versammlungsort ein und simulierten einen Angriff mit Kriegsgeschrei und Gewehrschüssen. Aber sie unterzeichneten den neuen Vertrag, und damit war klar, daß Black Kettle sich durchgesetzt hatte.

Bald zeigte sich jedoch, daß die Verträge von Medicine Lodge keineswegs den Frieden sicherten. Der gleiche Kongreß, der die Einsetzung der Friedenskommission beschlossen hatte, war nicht bereit, die Mittel dafür zur Verfügung zu stellen. Auf der anderen Seite gab es einige Krieger, die wahrscheinlich nicht die Absicht hatten, dauernd Frieden zu halten, selbst wenn Verträge mit zahlreichen Unterschriften und Kreuzen existierten. Noch vor dem Ende der sechziger Jahre des 19. Jahrhunderts waren die Strömungen des kulturellen Konflikts bei Weißen wie bei Indianern zu stark geworden, als daß noch eine Versöhnung möglich gewesen wäre. Eines der ersten Opfer war der unermüdliche Friedensstifter Black Kettle. Und seine Geschichte sowie die dreier weiterer Häuptlinge – Quanah von

den Quahadi-Comanche, der Kiowa namens Sitting Bear (*S. 34*) und der Sioux Red Cloud – illustrieren die kaum vorhersehbaren und oft tragischen Konsequenzen, mit denen jene Häuptlinge rechnen mußten, die zwischen Nachgiebigkeit und Krieg lavierten.

Am 27. November 1868, nur ein Jahr nach der Friedenskonferenz bei Medicine Lodge, lagerte Black Kettle am oberen Washita River. Am Vortag war eine Gruppe räuberischer Krieger von Norden her ins Lager gekommen und hatte eine deutliche Fährte im Schnee hinterlassen.

In der eisigen Morgendämmerung, als die Tipis des friedlichen Lagers eben unter den Bäumen zu erkennen waren,

fiel ein Schuß, nach dem ein Hornsignal ertönte. Die U.S. 7th Cavalry unter Führung des Offiziers, den die Indianer Langhaar nannten (George Armstrong Custer), griff aus vier verschiedenen Richtungen an.

Black Kettle muß an Sand Creek gedacht haben, als er aufschreckte. So etwas durfte ihm nicht wieder zustoßen, aber es geschah trotzdem. In diesen ersten wachen Augenblicken – als er sich bewaffnete, als die Angstschreie laut wurden – muß er vielleicht gedacht haben: Diesmal will ich nicht mehr überleben! Er überlebte den Angriff nicht; er starb neben seiner Frau in der Nähe seines Tipis und Custers Osage-Fährtensucher skalpierten ihn. Bei diesem Überfall fanden auch etwa 40 Indianerfrauen und -kinder den Tod. Aber diesmal kam keine Untersuchungskommission aus Washington, um zu fragen, warum ein weiteres Lager verwüstet worden war, warum wieder Frauen und Kinder getötet worden waren. Tatsächlich wurde George Custer von seinen eigenen Vorgesetzten, den Generalen Sheridan und Sherman, belobigt. In Zukunft würde der weiße Mann offenbar keine Friedensverhandlungen mehr führen. Statt dessen würde er mit brutaler Härte gegen jeden Indianerstamm oder jede Gruppe vorgehen, die auch nur Ansätze eines bewaffneten Widerstandes erkennen ließ, und etwaige Überlebende zwangsweise in Reservationen umsiedeln.

JAMES M. CAVANAUGH

QUANAH PARKER

RED CLOUD

SATANTA

WILLIAM TECUMSEH SHERMAN

COLONEL JOHN M. CHIVINGTON

Die Befürworter des Krieges

JAMES M. CAVANAUGH, ein Kongreßabgeordneter aus dem Territory of Montana, charakterisierte die Einstellung der Grenzbevölkerung gegenüber den Indianern und gebrauchte eine berüchtigte Redewendung, als er im Repräsentantenhaus erklärte: „Ich habe noch nie im Leben einen guten Indianer gesehen, außer wenn ich einen toten Indianer gesehen habe."

QUANAH PARKER war ein Unterhäuptling der Quahadi-Comanche. Er weigerte sich im Jahre 1867, den Vertrag von Medicine Lodge zu unterzeichnen: „Sagt den weißen Häuptlingen, daß die Quahadi Krieger sind und sich erst ergeben, wenn die Blauröcke uns besiegen." Als es schließlich dazu kam, gab Quanah als letzter der Häuptlinge nach.

RED CLOUD, ein Oglala-Sioux, führte auf den nördlichen Plains so erbittert Krieg, daß die U.S.-Regierung zu einem zeitweiligen Frieden zu seinen Bedingungen bereit war. Als er später erkannte, daß weiterer Krieg Ausrottung bedeutete, zeigte er sich widerstrebend verhandlungsbereit: „Dann werde ich eines Tages wohl Landwirtschaft betreiben müssen.

SATANTA oder White Bear, ein Kiowa-Häuptling, unterzeichnete zwar den Vertrag von Medicine Lodge, überfiel aber dennoch weiterhin weiße Siedlungen. Nach seiner Gefangennahme wurde er zum Tode verurteilt, später jedoch begnadigt und entlassen. Als er nach einem weiteren Raubzug zu einer Gefängnisstrafe verurteilt wurde, verübte er Selbstmord

WILLIAM TECUMSEH SHERMAN, der Bürgerkriegsheld und später Militärbefehlshaber auf den High Plains, stimmte Cavanaughs Urteil über die Indianer zu. „Je mehr wir dieses Jahr töten können, desto weniger müssen nächstes Jahr getötet werden", sagte Sherman und fügte hinzu „Sie müssen alle getötet oder als Rasse von Bettlern erhalten werden.

COLONEL JOHN M. CHIVINGTON, ein ehemaliger Geistlicher, der stat Militärseelsorger Offizier geworden war, verschaffte sich einen Platz in de Geschichte, indem er 1864 das Massaker am Sand Creek befehligte. „Ic bin fest davon überzeugt", hatte er geschrieben, „daß man Ruhe und Fri den nur dadurch sichern kann, daß man die roten Rebellen umbringt.

SAMUEL TAPPAN

WASHAKIE

VINCENT COLYER

WENDELL PHILIPS

HÄUPTLING JOSEPH

SPOTTED TAIL

Die Verfechter des Friedens

WASHAKIE, ein Häuptling der Shoshoni, war für seine Freundlichkeit gegenüber den Weißen bekannt. In den fünfziger Jahren des 19. Jahrhunderts entschloß Washakie sich zu einer bei den Häuptlingen, die meist gegen das Vordringen der Weißen waren – seltenen Geste: Er befahl seinem Stamm, den durch sein Gebiet ziehenden Weißen zu helfen.

SAMUEL TAPPAN – während des Bürgerkrieges ein Abolitionist – kämpfte nach der Kapitulation der Südstaaten für die Rechte der Indianer. Er war Vorsitzender der Militärkommission, die Chivington wegen des Massakers am Sand Creek einen Verweis erteilte, und gehörte 1867 der Kommission an, die den Vertrag von Medicine Lodge aushandelte.

VINCENT COLYER, ein erfolgreicher Künstler, glaubte, daß Ehrlichkeit im Umgang mit den Indianern Frieden bringen werde. Er arbeitete als Sekretär des Board of Indian Commissioners, einer von der Regierung unterstützten Körperschaft unbezahlter Philantropen, die die Verteilung der den Indianern durch Verträge zugesicherten Annuitäten überwachte.

WENDELL PHILLIPS war Abolitionist und Kämpfer für die Rechte der Indianer. Er forderte die Einstellung des Baus der transkontinentalen Eisenbahn und für den Indianer „ein Ministerium, das auf seine Rechte achten soll". In einem kriegshetzerischen Leitartikel der New York Times wurde er wegen seiner „süßlichen Sentimentalität" heftig angegriffen.

HÄUPTLING JOSEPH von den Nez Percé in Oregon predigte Nachsicht: „Lieber in Frieden leben, als einen Krieg anfangen und tot daliegen." Josephs Stamm, der aus seinem Gebiet vertrieben worden war, versuchte, nach Kanada zu fliehen, und wehrte die verfolgende Kavallerie ab. In Grenznähe wurde der Stamm schließlich umzingelt, und Joseph ergab sich.

SPOTTED TAIL, ein Brûlé-Sioux, stellte sich als Geisel, um seinen Stamm nach einem Überfall auf Siedler vor einer Bestrafung durch die U.S. Army zu bewahren. Im Jahre 1877 handelte er den Vertrag mit der Regierung aus, dem gemäß sein Neffe Crazy Horse sich dem Militär ergab. Spotted Tail wurde später von einem eigenen Stammesangehörigen ermordet.

Ein Mann, der den Weißen von Anfang an Widerstand geleistet hatte, war ein berühmter Krieger: Häuptling Quanah, der dynamischste Führer der Comanche. Seine Mutter war eine gefangene Weiße namens Cynthia Ann Parker (S. 189), die Quanah im Jahre 1845 zur Welt brachte, nachdem ein Häuptling sie zur Frau genommen hatte. Der Junge wuchs als gewöhnlicher Comanche auf und hatte die breiten Backenknochen und die ganze Erscheinung eines Indianers. Aber mit 15 Jahren, also in einem Alter, in dem Jungen aller Rassen am empfindlichsten und verwundbarsten sein können, erlitt er einen traumatischen Verlust. Eine Streitmacht aus Soldaten der U.S. Cavalry, Texas Rangers, Tonkawa-Fährtensuchern und Zivilisten griff das Lager der Comanche am Peace River an; bei diesem Gefecht wurde Cynthia Ann Parker „befreit" und zu ihren Verwandten zurückgebracht.

Wie sehr dieser Verlust sich auf Quanah ausgewirkt haben muß, geht aus der Tatsache hervor, daß er seinen Namen für den Rest seines Lebens behielt. Während seine jungen Gefährten auf dem Kriegspfad Namen wie Big Horse (Großes Pferd), Fighting Wolf (Kämpfender Wolf) oder Wild Bear (Wilder Bär) annahmen, behielt er seinen Namen Quanah (der Wohlriechende) bei, weil seine Mutter ihn so genannt hatte. Falls die anderen Krieger ihn wegen seines Namens verspotteten, wurden sie bald eines Besseren belehrt, denn Quanah entwickelte sich zu einem draufgängerisch-aggressiven Comanche-Krieger der alten Art.

Quanah begann schon Anfang Zwanzig, Überfälle anzuführen. Mit 26 Jahren führte er einen erfolgreichen Nachtangriff durch das Lager der Kavallerieabteilung Colonel Ronald Mackenzies an, der mit dem ausdrücklichen Auftrag unterwegs war, Quanah und seine Gruppe zu unterwerfen. Die Krieger erbeuteten zahlreiche Pferde, indem sie die Tiere zuerst durch Schüsse und nachgeschleifte Bisonfelle zum Durchgehen brachten. Quanah führte auch weitere Raubzüge zu den Siedlungen der Weißen in Texas an, wo die Indianer Rinder und Pferde wegtrieben und alle möglichen Beutestücke fortschleppten.

Aber die Macht der Comanche schwand rasch dahin. Ihre Zahl nahm teils durch Seuchen, teils durch niedrigere Geburtenziffern und teils durch den Krieg ab. So war es unvermeidlich, daß sie eines Tages vor der Grundsatzentscheidung standen, die alle Indianer zu treffen hatten: Anpassung an die von den Weißen verordneten Maßnahmen oder Fortsetzung des Krieges. Die meisten Gruppen erklärten sich damit einverstanden, in eine Reservation zu übersiedeln, aber die Quahadi-Comanche, die noch nie einen Vertrag mit den Weißen geschlossen hatten (sie hatten sich sogar geweigert, an der großen Friedenskonferenz in Medi-

cine Lodge teilzunehmen), blieben noch einige Zeit frei, und Quanah war einer ihrer größten Kriegshäuptlinge. Aber schließlich mußten selbst die wilden Quahadi einsehen, daß sie auf verlorenem Posten standen, als die U.S. Army die widerspenstigen Indianer mit brutalen Methoden „befriedete": durch Vernichtung ihrer Wintervorräte und das Wegfangen oder Erschießen ihrer Pferde.

An einem klaren, kalten Tag Ende September 1874 griff der gleiche Colonel Mackenzie, dem Quanah drei Jahre zuvor eine Niederlage beigebracht hatte, Comanche, Kiowa und Cheyenne an, die ihr Lager im Palo Duro Canyon aufgeschlagen hatten. Die Indianer hatten geglaubt, dort in Sicherheit zu sein. Sie wichen zurück, und noch bevor sie sich zu einem Gegenangriff sammeln konnten, ließ Mackenzie ihre Hütten und Vorräte verbrennen und über 1400 Indianerpferde und Maultiere wegtreiben. Da der Colonel wußte, wie schwierig es sein würde, die Tiere im Indianergebiet zusammenzuhalten, ließ er sie in den flachen Tule Canyon zurücktreiben und dort erschießen.

Die Erschießung von 1400 Pferden und Maultieren ist ein brutales und blutiges Geschäft. Für die Comanche, die diese Tiere als Gotthunde bezeichneten, muß es ein schwerer Schock gewesen sein, das Gemetzel zu beobachten oder später die eine weite Fläche bedeckenden Tierkadaver zu sehen. Obwohl bei dem Angriff nur wenige Indianer umgekommen waren, brachten die unmittelbaren Verluste an Nahrungsmitteln und Pferden sowie die fortschreitende Ausrottung des Bisons durch weiße Jäger Quanah zu der Überzeugung, daß selbst die wilden Quahadis sich ergeben müßten. Deshalb zog Quanah im Jahre 1875 mit den Überlebenden dieser letzten Kriegergruppe einer einst mächtigen Indianernation in eine Reservation.

Die Kiowa, die sich etwa zur gleichen Zeit endgültig in Reservationen niederließen, besaßen niemals solch einen Mann, um den sie sich hätten scharen können, um selbst nach der Kapitulation einen Rest Stolz zu bewahren. Ihre einflußreichsten und bewährtesten Häuptlinge starben oder kamen in den letzten Jahren der Konfrontation mit den Weißen um. Einer ihrer berühmtesten Häuptlinge, der nicht einmal den Gedanken an eine Kapitulation ertragen konnte, entschied sich statt dessen für den Tod. Dieser Häuptling war Sitting Bear. Im Jahre 1871, als er bereits 70 war, verließ er die Kiowa-Reservation im südwestlichen Oklahoma Territory, um sich an einem Raubzug gegen die weißen Siedlungen in Texas zu beteiligen. Die Indianer griffen eine Kolonne aus zehn Getreidefuhrwerken an, erschossen den Wagenmeister und sechs Fuhrmänner und erbeuteten 41 Maultiere. Als Führer der Kiowa-Kaitsenko, der Gesellschaft der Zehn Tapfersten, war Sitting Bear einer von mehreren

Häuptlingen an der Spitze dieses Beutezuges gewesen. Nach dem Überfall ritten die Indianer nach Fort Sill, als sei gar nichts gewesen, und wollten dort ihre Lebensmittelzuteilung abholen. Unverständlicherweise begann einer der Häuptlinge mit dem Massaker zu prahlen – woraufhin die Soldaten Sitting Bear und zwei weitere Häuptlinge festnahmen. Die drei Männer sollten nach Texas zurückgebracht und dort wegen Mordes vor Gericht gestellt werden.

Die Soldaten legten die drei Häuptlinge in Eisen, so daß sie an Händen und Füßen gefesselt waren, und hielten sie ungefähr eine Woche lang in einem Verlies unter einem Kasernengebäude gefangen. In dieser Zeit beschaffte Sitting Bear sich ein Jagdmesser, das er unter seiner Decke verbarg.

An dem Morgen, an dem die Kavallerie bereitstand, um die Gefangenen nach Süden zu eskortieren, fuhren zwei Wagen vor dem Verlies vor. Sitting Bear wurde allein in einen Wagen gesetzt, denn er benahm sich seltsam und sang mit schriller, klagender Stimme vor sich hin. Horace Jones, der Militärdolmetscher, warnte die Soldaten: „Nehmt euch vor dem alten Indianer in acht! Er führt irgend etwas im Schilde." Zwei mit Karabinern bewaffnete Soldaten stiegen mit ihm in den Wagen.

Sitting Bear, der an Händen und Füßen gefesselt war, muß den Soldaten lediglich als jammernder alter Mann erschienen sein, dessen offenes Haar und dünner Schnurrbart die Farbe von Baumwollzwirn hatten. Man fragt sich, an welche Einzelheiten aus seinem langen Leben er sich erinnerte, während die Wagen auf der Straße nach Texas südwärts rollten. Dachte er an jenen Tag zurück, an dem er die Reihen ehemaliger Feinde abgeschritten und Zählstäbe verteilt hatte, die die 250 Pferde symbolisierten, die er ihnen schenkte. An etwas erinnerte er sich jedoch gewiß – daß er der Anführer der Gesellschaft der Zehn Tapfersten war –, denn sein Singsang hatte folgenden Text:

Kaitsenko ana obahema haa ipai degi o ba ika.
O Sonne, du bist ewig, aber wir Kaitsenko müssen sterben.

Kaitsenko ana oba hemo hadamagagi o ba ika.
O Erde, du bist ewig, aber wir Kaitsenko müssen sterben.

Während er sang, steckte Sitting Bear immer wieder den Kopf unter seine Decke und nagte sich das Fleisch von den Händen, bis er sie aus den Handfesseln ziehen konnte. Dann griff er nach dem Jagdmesser, das unter seiner Decke verborgen war, und stand auf. Nun war er kein jammernder alter Mann mehr, sondern ein bewaffneter Kiowa-Krieger.

Er griff einen seiner Bewacher an und entriß ihm den Karabiner. Die beiden Soldaten purzelten Hals über Kopf vom Wagen auf die staubige Straße. Sitting Bear bemühte sich, eine Patrone in die Kammer zu schieben, aber viel-

leicht wußte der alte Mann einfach nicht, wie diese Waffe funktionierte. Der Karabiner schoß jedenfalls nicht, aber das spielte keine große Rolle mehr. Sitting Bear stieß seinen Kriegsschrei aus und zielte mit der wertlosen Waffe, während ihn die Kugeln der Soldaten trafen.

Die überraschten Kavalleristen schossen so wild darauf los, daß sie den auf einem der Maultiere reitenden Fuhrmann ernstlich verwundeten. Sitting Bears Körper zuckte unter den einschlagenden Kugeln, und er brach zusammen. Aber er stemmte sich in dem schwankenden Wagen noch einmal hoch, kam wieder auf die Beine und hob den Karabiner. Seine blutenden, bis auf die Knochen abgenagten Hände brachten die Waffe in Anschlag – eine letzte verzweifelte Geste. Der Anführer der Gesellschaft der zehn Tapfersten läßt sich nicht vor etwas, das die Weißen als Gericht bezeichnen, schleppen und verurteilen. Und so machten die weißen Soldaten ihn mit einer schrecklichen Salve endgültig nieder, wie er es gewollt hatte.

Der Kampf war entschieden einseitig gewesen: Fünf Kavalleristen gegen einen 70jährigen, an Händen und Füßen gefesselten und von zwei Soldaten bewachten Mann. Aber es war ein wirklicher Kampf gewesen. Sitting Bear war in einer Welt aufgewachsen, in der weiße Männer selten gewesen waren und ganz gewiß nicht über anderer Menschen Schicksal entschieden hatten. Er hatte ein erfülltes und mit Ehrungen überhäuftes Leben geführt und vermutlich nicht den Wunsch, weiterzuleben und Zeuge der Vernichtung der alten Werte zu sein. Er hinterließ seinem Volk eine wertvolle Erinnerung: die Erinnerung an einen Mann voller Integrität bis in den Tod.

Ein anderer großer Häuptling, Red Cloud von den Sioux, wurde von seinem Volk abschätziger beurteilt, weil er schließlich doch mit den Weißen verhandelt hatte. Aber das war ungerecht, denn er war ein sehr mutiger Mann und zugleich der geschickteste Stratege bei den Sioux.

Red Clouds Aufstieg zu einem bedeutenden Anführer begann im Jahre 1863, als Siedler und Goldgräber über den neuen Powder River Trail oder Bozeman Trail (nach dem Scout, der ihn erschlossen hatte) ins Land strömten. Auf dem Weg zu den Goldminen bei Virginia City, Montana, verließ die neue Straße, die vom Oregon Trail abzweigte, die alte Route im Dakota Territory und führte durch die besten Jagdgründe der Sioux nach Nordwesten. Unter der Führung von Red Cloud griffen die Indianer die Reisenden mit solcher Entschlossenheit an, daß die Weißen sie im Sommer 1866 zu Verhandlungen nach Fort Laramie einluden.

Zu diesen Verhandlungen kam Red Cloud mit berühmten Sioux-Häuptlingen wie Red Leaf, Old Man Afraid of His Horses und Spotted Tail sowie einigen ihrer Leute. Anfangs sah es noch so aus, als sei eine Vereinbarung über die friedliche Nutzung des Bozeman Trails möglich, wenn die Reisenden sich verpflichteten, unterwegs nicht zu jagen. Aber als die Verhandlungen schließlich ins entscheidende Stadium traten, marschierte ein Colonel Henry Carrington mit einer starken Truppe und dem Plan in Fort Laramie ein, entlang des Trails noch weitere Forts zur Abwehr von Indianerangriffen zu errichten. Colonel Carrington nahm an den Verhandlungen teil und machte auch nicht den geringsten Hehl aus seinen Absichten.

Red Cloud explodierte. Er sagte, die Friedenskommission habe die Häuptlinge wie Kinder behandelt. „Der Große Vater schickt uns Geschenke und will, daß wir ihm die Straße verkaufen", stellte er fest, „aber bevor die Indianer ja oder nein sagen, kommt Weißer Häuptling mit Soldaten, um die Straße zu stehlen." Er verließ den Verhandlungstisch, und etwa die Hälfte der Häuptlinge folgte ihm. Die Verhandlungen gingen mit Spotted Tail und anderen Häuptlingen weiter und führten zum Vertragsabschluß. Carrington begann daraufhin mit dem Wiederaufbau von Fort Reno und der Errichtung weiterer Forts zum Schutze der Straße durch das Sioux-Gebiet. Aber bald nachdem Carrington mit seiner Truppe in Fort Reno eingetroffen war, überfielen Sioux das Lager und trieben eine Herde Pferde fort. Red Clouds Krieg hatte begonnen.

Der Krieg bestand aus einer Serie von Scharmützeln. Wie vor vier Jahren in Denver unterbrachen die Indianer die Postverbindungen, griffen Wagenzüge an und vernichteten sie oder zwangen sie zumindest zur Umkehr. Sie überfielen Arbeitskommandos von Soldaten, die in der Nähe von Forts unterwegs waren, um Grünfutter oder Holz zu holen. Die Lager der kriegswilligen Sioux waren am Tongue River verteilt, und die ruhelosen Krieger unter Red Clouds Führung überfielen ständig den Trail und die Forts.

Zu den in Fort Phil Kearny, Carringtons Hauptquartier, stationierten Offizieren gehörte ein eigensinniger junger Captain namens William J. Fetterman, der sich besonders über die Indianerüberfälle ärgerte. Er hatte wenig Respekt vor der Kampfkraft der Prärie-Indianer und war frustriert, weil man ihnen solche ständigen Nadelstiche durchgehen ließ, ohne sie zu bestrafen. Bei einer Gelegenheit prahlte er: „Gebt mir 80 Mann, dann reite ich durch die ganze Sioux-Nation." Einige Sioux-Krieger entwarfen bereits einen Schlachtplan, der vollen und tödlichen Nutzen aus dieser selbstbewußten Einstellung des Captains ziehen sollte.

Fort Phil Kearny lag auf einer leichten Anhöhe am Zusammenfluß der Little Piney und Big Piney Creeks und war auf allen Seiten von zerklüfteten, von Wind und Wetter geformten Hügeln und Bergketten umgeben. Das höhere Gelände war unbewaldet, mit in der Sonne braun gewordenem Gras bewachsen und im Winter oft ganz oder teilweise mit Schnee bedeckt, obwohl in den Senken auch Reihen von Traubenkirschen und anderem Unterholz wuchsen.

Am Morgen des 21. Dezember 1866 war ein Arbeitskommando von Soldaten, die Bau- und Brennholz holen sollten, am Big Piney Creek unterwegs. Gegen 11 Uhr signalisierte ein Wachposten von einem Hügel in der Nähe des Forts durch ein Flaggensignal, die Holzfäller würden angegriffen und bräuchten vermutlich Unterstützung. Captain Fetterman ließ sich sofort den Befehl über die Entsatzabteilung übertragen; er hatte jedoch Anweisung, den Kampf nicht unnötig zu suchen und sich unter keinen Umständen über die Lodge Trail Ridge hinauszuwagen. Als er aus dem Fort reiten wollte, hatte er 78 Offiziere und Mannschaften – Kavallerie und Infanterie – unter seinem Befehl. Als ob das Schicksal sich an seine Prahlerei erinnert hätte, schlossen sich ihm noch zwei Zivilisten an, so daß er genau über die 80 Mann verfügte, mit denen er seiner Behauptung nach durch die ganze Sioux-Nation reiten konnte.

Der Angriff auf die Holzfäller wurde bald wieder abgebrochen, aber eine kleinere Gruppe von Indianern unter Führung eines brillanten jungen Kriegers namens Crazy Horse hatte sich bis in die Nähe des Forts vorgewagt. Crazy Horse trug den Federbalg eines Rotbugbussards im Haar und hatte sich einen Blitzstrahl auf die Wange gemalt. Falls sein Körper mit den roten Hagelspuren seiner charakteristischen Kriegsbemalung bedeckt war, waren sie unter seiner Decke verborgen, denn das Wetter war kalt. Er war wie einige der anderen Mitglieder seiner Gruppe beritten; die übrigen marschierten. Sie bewegten sich im Unterholz und erweckten den Eindruck, als ob sie sich verstecken wollten, hielten sich indessen aber bereit, einen der einfachsten je entworfenen Schlachtpläne vollendet auszuführen.

Zwei Kartätschen aus den Haubitzen des Forts detonierten über den Indianern. Einer der Lockvögel wurde vom Pferd geschleudert. Die anderen heulten auf und liefen nach Norden davon, als hätten sie alle Angst. Crazy Horse stellte sich so unbeholfen wie möglich an, während er ihren Rückzug deckte. Da die Soldaten des Arbeitskommandos bereits ungefährdet in Richtung Fort Phil Kearny marschierten, nahm Fettermans Abteilung die Verfolgung der kleinen Gruppe flüchtender Indianer auf.

Crazy Horse und die übrigen Berittenen blieben stets knapp außer Gewehrschußweite der Weißen, und die Reiter wechselten sich darin ab, gelegentlich Vorstöße gegen die nachrückenden Soldaten zu unternehmen, als wollten sie Fettermans Leute zurücktreiben. „Los, kommt doch! Kommt doch!" muß Crazy Horse sich beschwörend gedacht haben.

Um die Indianer zu befrieden – und um Krieger zum Farmerdasein zu bekehren –, verlieh die Regierung ihnen Orden wie den hier gezeigten mit Präsident Grants Porträt und einer von landwirtschaftlichen Geräten umgebenen Weltkugel.

Er lockte seine Verfolger durch die Hügel, über den Big Piney Creek und zur Lodge Trail Ridge hinauf. „Kommt schon! Kommt schon!" Einmal stieg er vom Pferd, als müsse er einen Gurt festziehen; ein andermal tat er so, als bemühe er sich verzweifelt, einen festgetretenen Stein aus einem Huf seines Pferdes zu entfernen. Unterdessen lagen die indianischen Späher entlang der Senken und Einschnitte in Deckung und warteten auf den Augenblick, in dem sie der berittenen Hauptstreitmacht, die hinter den Hügeln bereitstand, das Angriffssignal geben konnten. Crazy Horse lockte die Soldaten über die Lone Trail Ridge, zur Fahrstraße hinunter und in Richtung – Pano Creek. Plötzlich stieß er seinen durchdringenden Kriegsruf aus.

Fettermans Abteilung wurde außer Sichtweite des Forts, außer Reichweite seiner Haubitzen von Hunderten von schreienden Indianern überfallen. Seine Männer stoben auseinander, wollten fliehen, bemühten sich, Schützenlinien zu bilden. Die Indianer fielen von allen Seiten gleichzeitig über die Soldaten her und schwangen dabei Streitkeulen. Einige wenige Indianer wurden von den Schüssen der Angegriffenen niedergestreckt, aber die anderen kamen unaufhaltsam heran. Sie überschütteten die zusammengedrängten Soldaten mit einem Pfeilhagel. Fetterman und einige Überlebende, die alle ihre Pferde eingebüßt hatten, zogen sich auf einen Hügel am Bozeman Trail zurück, wo einige niedrige Felsen ihnen kümmerliche Deckung boten. Dort kämpften sie bis zum bitteren Ende. Der Captain hatte das Fort kurz nach 11 Uhr verlassen; um 12.45 Uhr waren er und seine 80 Mann tot, ausgeplündert und skalpiert.

Fettermans Massaker war keine große Schlacht, aber es war eine Art Ausrufezeichen in dem Guerillakrieg, den Red Cloud bisher geführt hatte und noch monatelang führen würde. Wie das Massaker am Sand Creek zeigte dieser Überfall das tragische Fehlschlagen der amerikanischen Indianerpolitik auf und veranlaßte viele Leute, ihre im Grunde genommen kriegerische Einstellung zu überprüfen. Jetzt wollten die Weißen des Westens wie des Ostens Frieden. Aber Red Cloud war nicht friedensbereit. Er blieb unnach-

giebig bei seiner Forderung, die Weißen müßten ihre Forts im Gebiet der Sioux räumen. Und die Regierung der Vereinigten Staaten gab schließlich nach.

Im Mai 1868 ordnete das Heeresministerium an, die Forts Reno, Phil Kearny und C. F. Smith seien aufzugeben. Nachdem die Soldaten sie im Spätsommer des gleichen Jahres geräumt hatten, brannten die Indianer sie nieder. Im November kam Red Cloud dann nach Fort Laramie und unterzeichnete einen Friedensvertrag. Er war der erste und einzige Indianerhäuptling aus dem Westen, der einen längeren Krieg gegen die USA gewonnen hatte.

Nach der Unterzeichnung des Vertrags zeigte sich ein Reisender im Gespräch mit Red Cloud erstaunt darüber, daß die Regierung nachgegeben hatte. Für den Häuptling war die Sache einfach. „Ich habe mehr Soldaten als der Große Vater", sagte er, „und er kann mir mein Land nicht gegen meinen Willen wegnehmen."

Der Große Vater hatte selbstverständlich mehr Soldaten, als Red Cloud bisher gesehen hatte – er hatte sogar auf allen Gebieten mehr als die Indianer, wie Red Cloud und seine Brüder bald mit eigenen Augen sehen sollten. Auf den nördlichen Plains drohten noch immer Auseinandersetzungen; es gab Meinungsverschiedenheiten darüber, wo Händler mit den Sioux Geschäfte machen durften und wo die Stämme sich melden mußten, um ihre Annuitäten zu erhalten. Deshalb wurden im Frühjahr 1870 Red Cloud und weitere 15 Häuptlinge zu einer Konferenz nach Washington eingeladen. Während ihres Aufenthalts in der amerikanischen Hauptstadt erhielten diese Indianer aufschlußreiche Einblicke in Welt und Macht des weißen Mannes.

Red Cloud bemühte sich mannhaft, die Tatsache zu verbergen, daß er beeindruckt war. Auf dem Programm seiner Rundreise stand auch die Besichtigung des U.S. Arsenal and Navy Yard, wo er ein Rodman-Geschütz mit 38 Zentimeter Kaliber vorgeführt bekam, in dessen Rohr fast ein Mensch Platz hatte. Er besuchte eine Sitzung des amerikanischen Senats und muß dabei an die Ratsversammlungen gedacht haben, an denen er unter primitiven Umständen teilgenommen hatte. Er betrachtete Washington von der Kuppel des Kapitols aus und muß dabei über Zahlen nachgedacht haben – die Zahl der Sioux und die der Weißen. Er kam zweimal mit Präsident Grant zusammen.

Red Cloud hatte unzweifelhaft die Absicht gehabt, den Weißen ein für allemal zu erklären, sie könnten nicht über das Schicksal der Sioux entscheiden. Er hatte versucht, diese Positionen bei Diskussionen über die Bestimmungen des von ihm vor weniger als zwei Jahren unterzeichneten Vertrages zu behaupten. Wahrscheinlich war er der Meinung, der genaue Inhalt der Vertragsbestimmungen spiele

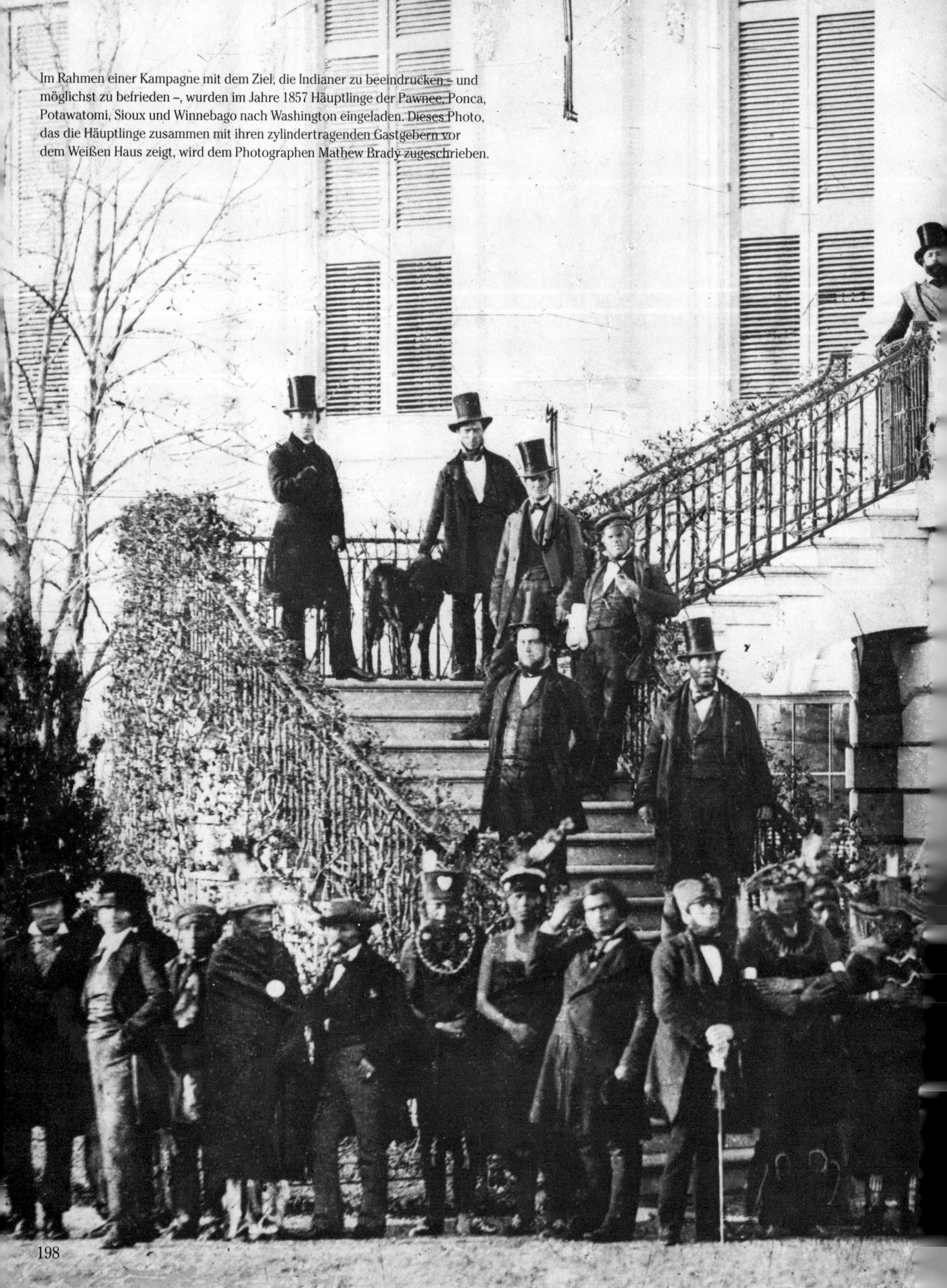

Im Rahmen einer Kampagne mit dem Ziel, die Indianer zu beeindrucken – und möglichst zu befrieden –, wurden im Jahre 1857 Häuptlinge der Pawnee, Ponca, Potawatomi, Sioux und Winnebago nach Washington eingeladen. Dieses Photo, das die Häuptlinge zusammen mit ihren zylindertragenden Gastgebern vor dem Weißen Haus zeigt, wird dem Photographen Mathew Brady zugeschrieben.

keine allzu große Rolle, weil die Sioux unter seiner Führung in der Lage sein würden, den Vertrag beliebig auszulegen. Trotz der an der Ostküste erlebten Machtdemonstration der Weißen forderte Red Cloud die Räumung eines weiteren Forts, großzügige Entschädigungszahlungen für die durch das Sioux-Gebiet führenden Eisenbahnen und die Möglichkeit für sein Volk, ein freies Leben weiterzuführen, ohne durch willkürlich gezogene Grenzen eingeengt zu sein.

Bei Verhandlungen mit dem Innenminister und dem Kommissar für Indianerfragen brachte Red Cloud eine Reihe von Forderungen sowie Anklagen gegen die Maßnahmen der Weißen vor. Aber er beendete seine zornige Rede mit dem Eingeständnis, daß die Sioux im Vergleich zu den Weißen nur eine Handvoll Menschen waren. Aus seinen Worten sprach eine typisch indianische Schlichtheit und Beredsamkeit, die nur von wenigen Angehörigen anderer Rassen übertroffen wurde: „Unsere Nation schmilzt dahin wie der Schnee auf den Hängen, wo die Sonne warm ist, während euer Volk wie die Grashalme im Frühling ist, wenn der Sommer kommt."

Obwohl Red Cloud offensichtlich entmutigt war, spürten seine Verhandlungspartner in Washington, daß der Sioux-Häuptling noch immer zutiefst verärgert war. Sie sorgten dafür, daß Red Cloud in New York, wo die Sache der Indianer von vielen unterstützt wurde, auftreten und eine Rede halten konnte. Sie hofften dabei, er werde sich durch eine freundliche Aufnahme umstimmen lassen. Red Cloud erklärte sich widerstrebend einverstanden. Er nahm im New Yorker Cooper Institute an einer großen Versammlung teil, deren Höhepunkt seine Rede war. Er sprach von der Bruderschaft der Menschen unter dem Großen Geist, von dem Unrecht, das den Indianern angetan worden war, und von dem Bedürfnis nach Hilfe und Verständnis. Das Publikum beklatschte fast jeden seiner Sätze, die von einem Dolmetscher übermittelt wurden. Für Red Cloud war dies eine der größten Stunden seines Lebens.

Die Idealisten, die ihn auf diese Weise in der größten amerikanischen Stadt begrüßten, hatten ein Komitee gegründet, das „einen Plan zur Beilegung aller indianischen Schwierigkeiten" ausarbeiten sollte. Ihr Plan sah unter anderem vor, daß alle Indianer des Westens in nicht weniger als vier und nicht mehr als sieben Reservationen konzentriert werden sollten, daß jeder einzelne Indianer 32 Hektar gutes Land erhalten würde und daß die Indianer sofort zu fördern und der „Zivilisation" näherzubringen seien. Aber dieser gutgemeinte Plan bewies nur erneut, daß der Horizont vieler Reformatoren und Idealisten fast so beschränkt war wie jener der von ihnen verabscheuten weißen Kriegshetzer. Hätte man die zahlreichen, deutlich voneinander unter-

schiedenen Stämme des Westens in so wenigen Reservationen zusammengedrängt, wären Frustration und Verwirrung die unweigerliche Folge gewesen; ein Großteil des Landes im Westen war so trocken, daß 32 Hektar nicht für die Bedürfnisse eines Menschen genügten, der diese Fläche mit den damals bekannten Gerätschaften und Methoden hätte bestellen müssen; und – was am wichtigsten war – viele Indianer wollten einfach nicht zivilisiert sein oder die von den Weißen festgelegte Definition von Zivilisation akzeptieren.

Auf der Rückreise in den Westen stiegen Red Cloud und die anderen Häuptlinge in Omaha aus dem Zug und bekamen Pferde geschenkt, die sie mit heimnehmen durften. Der große Häuptling wurde nie mehr der alte. Er führte sein Volk nie mehr in einen Krieg. Er sollte in späteren Jahren noch siebenmal nach Washington reisen, um zugunsten der Sioux zu verhandeln, aber sein Vertrauen in seine Überlegenheit und die seiner Krieger war geschwunden.

Die endgültigen Auswirkungen aller Bemühungen der im Osten lebenden Menschenfreunde auf die Krise an der Grenze lassen sich nur sehr schwer einigermaßen genau abschätzen. Auf einigen Gebieten bewirkten sie unzweifelhaft Gutes. Ohne ihren idealistischen Druck wäre der Plan zur Ausrottung der letzten freien, kämpfenden Indianer vielleicht in die Tat umgesetzt worden. Trotzdem war klar, daß die Menschenfreunde nicht alle Realitäten der Lebensweise der Prärie-Indianer begriffen. Die Sioux waren ein stolzes Kriegsvolk. Welcher Krieger war bereit, hinter einem Pflug herzugehen oder Frauenarbeit zu tun, nur weil irgendein Weißer es ihm befehlen wollte?

Und welcher weiße Goldgräber war bereit, sich von Wilden davon abhalten zu lassen, ein Vermögen aus der Erde zu holen? Gerüchten zufolge sollte es in den Black Hills des Dakota Territory, der Heimat der Teton-Sioux, massenhaft Gold geben. Im Jahre 1874 wurde George A. Custer, der das Massaker am Washita River befohlen hatte, an der Spitze einer großen Expedition ausgesandt, um dieses Gebiet mit seinen fruchtbaren grünen Tälern, in denen es vielleicht auch kostbare Bodenschätze gab, zu erforschen. Custer berichtete von Goldlagerstätten – mit dem Erfolg, daß fast augenblicklich Scharen von Goldgräbern in diese letzte Festung der Sioux strömten. Die amerikanische Regierung wollte das Gebiet kaufen; die Sioux weigerten sich, es zu verkaufen. Red Cloud war zu Verhandlungen bereit, aber in seinem Volk waren unterdessen andere mächtige Führer emporgekommen. Zu ihnen gehörten der Kriegshäuptling Gall und der Medizinmann Sitting Bull. Sie alle übertraf ein Kriegshäuptling der Oglala-Sioux, der noch recht jung war, aber von dem im Kampf ein seltsamer, wie aus alten Zeiten stammender Zauber ausging. Er hieß Crazy Horse.

Ein von der Zivilisation betrogener Indianer

Ein klassisches Beispiel für die Verirrungen eines Mannes, der aus einer schlichten Umgebung kommt und durch nie erträumten Luxus geblendet wird, ist der Fall des Assiniboin Ah-jon-jon. Im Jahre 1830 ersuchten amerikanische Pelzhändler vom oberen Missouri die Regierung in Washington, sie bei dem Versuch zu unterstützen, die in ihrem Gebiet lebenden Stämme, die bisher mit der mächtigen, von Kanada aus operierenden Hudson's Bay Company Handel trieben, als Geschäftspartner zu gewinnen. Indianerhäuptlinge sollten einen Einblick in die hochentwickelte Zivilisation der USA gewinnen und Kanonen, Schiffe und Großstädte mit Zehntausenden von Einwohnern zu sehen bekommen. Und während die Indianer von der Macht der Weißen beeindruckt waren, sollten ihnen Gesellschaften, Geschenke und sogar ein Empfang bei dem Großen Weißen Vater die freundschaftlichen Absichten ihrer Gastgeber beweisen.

Im Herbst 1831 wurden die ersten Delegierten, darunter auch Ah-jon-jon, ausgewählt und den Missouri hinabgeschickt. Unterwegs zählte Ah-jon-jon die Häuser im Land der Weißen, indem er für jedes eine Kerbe in einen Pfeifenstiel schnitt. Als die Pfeife voller Kerben war, benützte er den Griff einer Streitkeule und danach einen langen Stock. Bei der Ankunft in St. Louis gab er auf und warf die Zählstäbe in den Fluß.

Im Januar 1832 erreichten sie Washington, wo sie von Präsident Jackson empfangen wurden. Ah-jon-jon und Andrew Jackson fanden sich sofort sympathisch und tauschten als spontane Freundschaftsgeste ihre Namen und ihre Kleidung. Für den weißen Präsidenten war dies nur eine symbolische Handlung; Ah-jon-jon aber nannte sich von diesem Tag an wirklich Jackson und trug oft eine Generalsuniform. Als natürliches Showtalent wurde er auf Empfängen in Baltimore, Philadelphia und New York fast schwärmerisch willkommen geheißen.

Die beiden Bilder zeigen, wie sehr Ah-jon-jon sich innerhalb eines Vierteljahres verwandelt hatte.

Im Frühjahr kehrten die Indianer nach St. Louis zurück. An Bord ihres Dampfers war auch der Maler George Catlin, der Ah-jon-jon im vorigen Winter in St. Louis kennengelernt hatte. Catlin war von der Veränderung des Indianers so beeindruckt, daß er das oben abgebildete Doppelbildnis malte, das die Verwandlung von einem ernsten Prärie-Indianer in einen stolzierenden Dandy zeigte.

Als Ah-jon-jon in Fort Union an der jetzigen Grenze zwischen Montana und North Dakota landete, war seine Familie entsetzt und gab zunächst vor, ihn nicht zu kennen. Manche seiner Stammesbrü-

der hatten Angst vor ihm. Andere, die seine phantastischen Geschichten hörten, hielten ihn für einen schamlosen Lügner, und als ein Mann es wagte, seine Aussage über die Höhe eines Schrotturmes in Washington anzuzweifeln, tat Ah-jon-jon, was er dort bei einem Weißen beobachtet hatte, dessen Wort angezweifelt worden war: er schlug ihn in der Öffentlichkeit mit einem Stock. Aber jetzt befand er sich wieder in der Welt der Indianer und mußte den höchsten Preis für seinen Hochmut bezahlen. Der Mann, den er geschlagen hatte, kam zurück und erschoß Ah-jon-jon.

Während Späher von einem Hügel aus Wache halten, marschiert eine Gruppe von Kriegern zu einem Überfall am oberen Missouri.

Das wilde-Ritual des Kriegspfades

Obwohl Prärie-Indianer sich die Achtung ihrer Stammesbrüder durch Geschicklichkeit bei der Jagd erwerben konnten, waren die wahren Helden eines Dorfes Krieger, die in den Kampf zogen. Schon als Jungen, die Bisonhaare als imitierten Skalp schwenkten, bereiteten die Indianer sich auf ihr Kriegerdasein vor. Mit etwa 14 Jahren wurden sie als zukünftige Krieger in eine Gesellschaft junger Männer aufgenommen, und von diesem Zeitpunkt an hing ihr Ansehen innerhalb des Stammes hauptsächlich von ihrem Verhalten im Kampf ab.

Für die Prärie-Indianer war die im Kampf zu erringende Ehre wichtiger als die offenkundigen Gründe für die jeweilige Auseinandersetzung. Diese konnten von einer angeblichen Beleidigung bis zu jahrzehntelangen Rivalitäten um den Besitz ergiebiger Jagdgründe reichen. Aber selbst wenn keine wirkliche Provokation existierte, erfanden heißblütige Krieger eine und inszenierten einen Überfall auf einen anderen Stamm, der in der Nähe oder Hunderte von Kilometern entfernt lagerte.

Ein typischer Überfall, bei dem es in erster Linie um Pferdediebstahl ging, begann damit, daß etwa 5 bis 25 Krieger nachts ihr Dorf verließen und zwei bis drei Wochen lang unterwegs waren, bevor sie ihr Ziel erreichten. Wenn sie in der Nähe des feindlichen Lagers waren, überfielen sie es unmittelbar vor Tagesanbruch und ritten dann auf den erbeuteten Pferden heim. Oft wurden sie dabei von Verfolgern aus dem überfallenen Lager gestellt, und es kam zum Kampf. Siegten die Räuber, ritten sie mit Kriegsgeschrei in ihr Dorf ein und riefen: „Ich habe getötet und ihre Pferde erbeutet!" An diesem Abend tanzte das ganze Dorf an Freudenfeuern, während die Krieger voller Stolz ihre Heldentaten schilderten, von getöteten Feinden erzählten und manchmal sogar gefangene Frauen und Kinder vorführten.

Indianer legten vor und auch nach einer Schlacht Kriegsbemalung an. Dieses Porträt zeigt einen Krieger der Pawnee
nach einem Sieg; die auf seine Brust gemalten Hände sind das
Zeichen dafür, daß er einen Feind im Nahkampf getötet hat.

Der Krieg war der Höhepunkt im Leben des Indianers. Seinen Ausgang wollte er mit allen ihm zur Verfügung stehenden Mitteln beeinflussen. Die Kriegsbemalung symbolisierte manchmal vergangene Heldentaten; die Hände auf der Brust des links abgebildeten Häuptlings sind ein Beispiel dafür. Meist bemalte ein Krieger jedoch Gesicht und Körper mit Zeichen, die ihn im Kampf beschützen sollten. Nach manchen Quellen war es die rote Kriegsbemalung der Indianer, die Europäer dazu bewog, sie als Rothäute zu bezeichnen.

Bemerkenswert war der Brauch, einen lebenden oder toten Gegner zu berühren; nach dem französischen Wort für Schlag hieß das „Coups zählen". Für den Indianer war der Kontakt mit einem lebenden Feind die größte Tat seines Lebens. Der erste Comanche, der einen gefallenen Gegner berührte, rief „A-hi!" aus. Ein zweiter und ein dritter Krieger konnten ebenfalls an dem gleichen Toten Coups zählen, wobei jeder sich eine etwas geringere Ehre verdiente. Manche Krieger besaßen spezielle Coupstäbe wie den rechts abgebildeten; andere benützten Gewehre, Peitschen oder die bloßen Hände. Der Mann, der am häufigsten und kühnsten Coups zählte, war der Held der Schlacht.

Talismane wie diese ausgestopften, mit Glasperlen und Federn geschmückten Eisvögel wurden im Kampf getragen. Der flinke Eisvogel symbolisierte Schnelligkeit, und der Krieger hoffte, mit Hilfe des Talismans Pfeilen zu entgehen.

Manche Krieger verwendeten Coupstäbe wie den rechts abgebildeten, um den Gegner während des Kampfes zu berühren. Überlebte der Besitzer diese Tollkühnheit, dann spielte er die Szene während einer Siegesfeier vor.

Dieser 1,50 Meter lange Kopfschmuck (*rechts*) bestand aus Bärenfell und Adlerfedern. Der Crow, dem er gehörte, hielt den Grizzly für seinen persönlichen Beschützer, während die Adlerfedern die Wildheit dieses Raubvogels symbolisierten. Der Blackfoot-Kopfschmuck (*unten*) wurde von angesehenen alten Kriegern auf Versammlungen und bei Siegesfeiern getragen.

Der Indianer bemalte nicht nur Gesicht und Körper für die Schlacht, sondern zog sich auch entsprechend an. Außer seinem Schild waren die meisten Dinge, die er trug, kaum als schützende Rüstung zu gebrauchen. Sie waren Teile seiner persönlichen Medizin oder spirituellen Rüstung. So glaubte er, ein Kopfschmuck (*rechts*) verleihe ihm übernatürliche Kräfte. Selbst ein Schild, wie der auf der nächsten Seite abgebildete, sollte mehr magischen als physischen Schutz bieten. Trotzdem waren seine physischen Eigenschaften eindrucksvoll. Er bestand aus einer oder zwei Lagen Leder von der Schulter eines Bisons, und mit einem Polster aus Federn oder Tierhaaren verstärkt, konnte er einen Pfeil oder sogar eine Musketenkugel ablenken.

206

Der Mandan, dem dieser Schild gehörte, bemalte seine Oberseite mit
einer stilisierten Schildkröte; im Traum war ihm die Schildkröte mit
ihrem Schutzpanzer als persönliches Schutzsymbol zugeschrieben
worden. Im Kampf band sich der Krieger den Schild an denselben
Arm, mit dem er den Bogen führte, so daß er beide Hände frei hatte,
um Pfeile zu verschießen oder seine anderen Waffen zu gebrauchen.

Dieses von einem Weißen gekaufte oder gestohlene Gewehr, Modell 1869, gehörte einem Krieger vom Stamme der Sioux oder Cheyenne, der in der Schlacht am Little Bighorn mitkämpfte.

Jeder Krieger besaß ein Messer, das er unter dem Gürtel trug. In der Schlacht wurde es zum Nahkampf und als Skalpiermesser verwendet. Nachdem ein Chippewa diesen Skalp eines Sioux (links) erbeutet hatte, schenkte er ihn der Mutter oder der Frau eines toten Kameraden.

Obwohl der Indianer Vertrauen zu seinem spirituellen Schutz hatte, setzte jeder Krieger in der Hitze des Gefechts sein Leben auf die Wirksamkeit seiner Waffen. Die klassischen Angriffswaffen waren Pfeile und Bogen, Keulen und Tomahawks (*rechts und unten*). Und sie wurden in den sechziger und siebziger Jahren des 19. Jahrhunderts, d.h. in dem für die kriegerischen Stämme der Prärie entscheidenden Zeitraum, noch immer verwendet. Etwa seit 1850 hatte jedoch das Gewehr – vor allem die Repetiergewehre neuerer Bauart – begonnen, Pfeil und Bogen als bevorzugte Waffe für den Kampf zu Pferd und aus größeren Entfernungen abzulösen. Auch das Skalpiermesser war kein scharfgeschliffenes Steinmesser mehr, sondern ein von einem weißen Händler gekauftes Fleischermesser. Tatsächlich waren einige Forschungsreisende verblüfft, als sie auf Prärie-Indianer stießen, die Messer aus dem englischen Sheffield besaßen.

Die Indianer wandelten in Fabriken hergestellte Waffen oft nach ihren eigenen Vorstellungen ab. Der Krieger, dem das oben abgebildete einschüssige Springfield-Infanteriegewehr gehörte, verkürzte den Lauf, änderte Kimme und Korn und ersetzte einen beschädigten Metallbeschlag durch Rohhautlederriemen. Außerdem verzierte er den Kolben mit den bei den Prärie-Indianern äußerst beliebten Messingnägeln. Gegen Ende der Periode der Plains-Kriege vertrauten auch die Indianer so sehr auf Schußwaffen, daß Kriegsruhm bei den Blackfoot-Indianern *namachkani* „ein Gewehr erbeutet" – hieß.

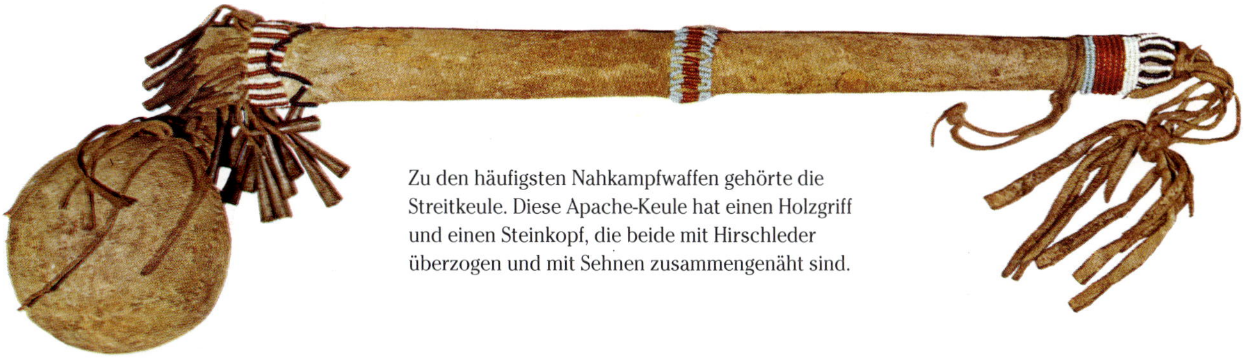

Zu den häufigsten Nahkampfwaffen gehörte die Streitkeule. Diese Apache-Keule hat einen Holzgriff und einen Steinkopf, die beide mit Hirschleder überzogen und mit Sehnen zusammengenäht sind.

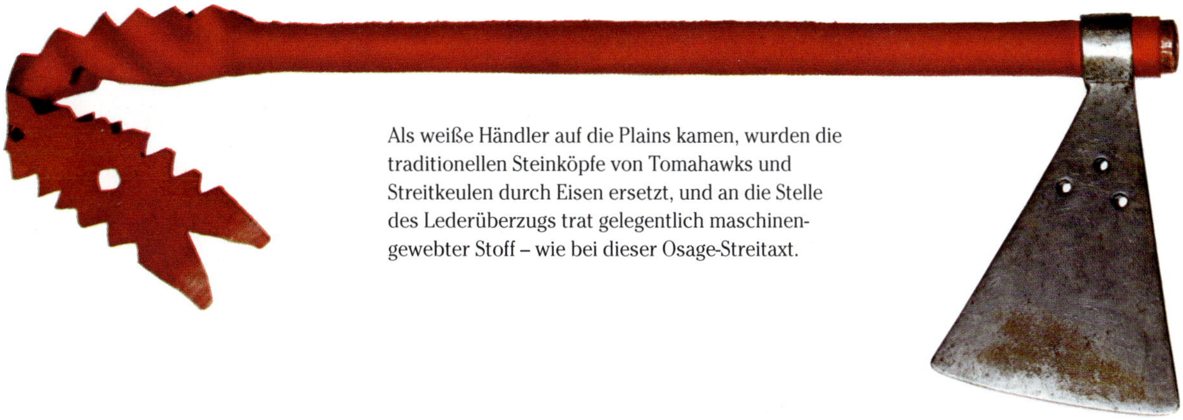

Als weiße Händler auf die Plains kamen, wurden die traditionellen Steinköpfe von Tomahawks und Streitkeulen durch Eisen ersetzt, und an die Stelle des Lederüberzugs trat gelegentlich maschinengewebter Stoff – wie bei dieser Osage-Streitaxt.

Der Bogen eines Sioux-Kriegers bestand aus sorgfältig ausgewähltem Eschenholz und war mit zwei zusammengedrehten Bisonsehnen bespannt. Der hier in dem Hirschlederfutteral mit angehängtem Köcher gezeigte Kriegsbogen war auf über hundert Meter treffsicher – und hatte eine raschere Schußfolge als Musketen.

7 | Die Schlacht auf den Plains

Im Jahre 1874 berichtete George Custer, der mit seiner Kavallerie auf einem Erkundungsritt war, von Goldfunden in den Black Hills, der letzten Festung der kriegerischen Sioux. Goldgräber strömten scharenweise ins Indianerland, und aufgebrachte Krieger belästigten und überfielen weiße Siedlungen. Im Dezember 1875 übersandte der Kommissar für Indianerfragen den Agenten in den Sioux-Reservaten westlich des Missouri schließlich ein Ultimatum. Ein Auszug daraus lautete: „Sir, auf Anord-

nung des Hon. Secretary of the Interior weise ich Sie an, die Gruppe von Sitting Bull und anderen wilden und gesetzlosen Gruppen von Sioux, die außerhalb der Grenzen ihrer Reservation leben und das westliche Dakota und östliche Montana durchstreifen, davon in Kenntnis zu setzen, daß sie, sofern sie nicht bis zum 31. Januar nächsten Jahres in die Grenzen ihrer Reservation zurückkehren (und dort verbleiben), als feindlich betrachtet und von den militärischen Einheiten dementsprechend

behandelt werden sollen." Die Agenten schickten Läufer durch den Schnee, um die Stammeshäuptlinge benachrichtigen zu lassen. Aber die Häuptlinge weigerten sich, mit ihrem Volk umzusiedeln. Im Frühjahr hatten sich viele Sioux-Gruppen zu einem einzigen beweglichen Verband von 1500 bis 2500 Kriegern zusammengeschlossen. Gemeinsam – noch immer frei und in kämpferischer Stimmung – würden sie den Weißen ein für allemal zeigen, was es bedeutete, ein indianischer Krieger zu sein.

Beritten und in vollem Kriegsschmuck halten ein Häuptling und zwei seiner Krieger Ausschau über die Berge am Little Bighorn.

Der ruhmreiche Sieg eines kühnen Kriegers

Custer. Sitting Bull. Die Schlacht am Little Bighorn. Diese Namen haben sich seit einem Jahrhundert jedem geschichtsbewußten Amerikaner eingeprägt. Trotzdem basiert die allgemein verbreitete Darstellung auf Mißverständnissen und Erfindungen. Die Schlacht am Little Bighorn war kein indianischer Hinterhalt; sie war eine indianische Verteidigung gegen einen Angriff weißer Soldaten. Sitting Bull war an diesem Tag nicht am Kampf beteiligt. Der Indianer, der den Sieg davontrug, war ein Kriegshäuptling der Sioux, ein brillanter Taktiker und tapferer Krieger namens Crazy Horse. Und er nannte den Fluß nicht einmal Little Bighorn. Für ihn war er der Fettes-Gras-Fluß. Niemand kann beurteilen, was Crazy Horse während der Schlacht dachte oder empfand; die Geschichtsbücher wurden von Weißen geschrieben. Aber es ist verlockend und vielleicht auch zulässig, diesen schicksalhaften Tag zu rekonstruieren, wie ihn der berühmteste Krieger der westlichen Sioux gesehen haben könnte.

Er war jung für einen „alten" Häuptling, noch Anfang Dreißig, ungefähr 1,70 Meter groß, nicht so hochgewachsen wie viele seiner Stammesbrüder, aber schlank und sehnig; ruhig und würdig, mit einem nachdenklichen, melancholischen Gesicht. Wenn er aufstand, um zu gehen, schwiegen die Männer in der Ratsversammlung, falls er noch ein Schlußwort anzufügen habe. Aber inzwischen war schon alles gesagt worden. Einige der älteren Männer neigten dazu, ewig weiterzureden, aber die Kriegshäuptlinge würden nicht mehr lange bleiben, nachdem er gegangen war.

Es war ein heißer Mittag, obwohl Schönwetterwolken am Himmel standen. Hätte er einen der Hügel am Talrand bestiegen, hätte er weit im Süden verschwommen die mit Schnee gesprenkelten Gipfel der Bighorn Mountains, um die sich Wolken auftürmten, sehen können. Auf dem Talboden wechselten Sonnenflecken mit Wolkenschatten ab: eine herrliche Landschaft in diesem frühsommerlichen Juni – von den Indianern „Monat, der fett macht" genannt. Der Fettes-Gras-Fluß, dessen Ufer an einigen Stellen bewaldet waren, schlängelte sich die Ostseite des Tals entlang. Ein Junge von sechs oder sieben Wintern konnte einen Stein hinüberwerfen. An den Furten reichte er nur bis zu den Steigbügeln eines Pferdes, aber die Indianer liebten es, in seinem kühlen Wasser zu schwimmen und zu baden. An den Außenseiten der Flußbiegungen waren Steilufer entstanden – an einigen Stellen kahle braune Erdwälle, an anderen mit wildwachsenden Pflanzen wie Rosenranken, die jetzt zartrosa blühten, überwuchert. Auf den grauen Hügeln blühten die Yuccas, deren Stengel dicht mit grünweißen Blütenblättern besetzt waren. Hier und dort verrieten blaue Blüten den nach Prärierüben grabenden Frauen, wo sich die Suche lohnte.

In dieser friedlichen Landschaft waren die kreisförmigen Lager aufgeschlagen: mindestens sechs größere und kleinere der Sioux und eines der Cheyenne. Insgesamt bedeckten sie einen fast fünf Kilometer langen Uferstreifen. Zu den vielen Weiden- und Strauchhütten der Lager kamen noch die Wickiups unabhängiger Krieger, die am Fluß entlang verstreut waren. Die meisten dieser Krieger waren hierher gekommen, weil sie auf ihre Häuptlinge und auf ihre alte Überzeugung vertrauten, daß Tapferkeit und kämpferische Fähigkeiten alle Probleme lösen konnten.

Im Lager der Brûlé-Sioux machte ein Ausrufer seine Runde und verkündete die von der Ratsversammlung erlassenen Anordnungen: „Schickt nach allen Frauen, die auf den Hügeln graben; sie sollen in ihre Tipis zurückkommen! Treibt alle Pferdeherden in den Lagerkreis! Frauen, haltet euch bereit, rasch aufzubrechen, aber bleibt ruhig! Ihr werdet beschützt! Krieger, macht euch zum Kampf bereit!" Stromabwärts in den anderen Lagern wiederholten andere Ausrufer die gleichen Anweisungen: „Die Pferdeherden in den Lagerkreis! Frauen, bleibt ruhig! Ihr werdet beschützt! Krieger, macht euch kampfbereit!"

Das Lager war riesig – viel zu groß, um längere Zeit an einem Ort existieren zu können, weil die zahllosen Pferde

Medizinmann Sitting Bull, der die Sioux am Little Bighorn befehligt haben soll, kämpfte in Wirklichkeit nicht selbst mit, sondern blieb in den Hügeln zurück, um Medizin zu machen.

alles Gras abweideten. Aber es war gut, daß hier viele Indianer versammelt waren. Unter Umständen kamen die *wasichus* noch an diesem Tag. Späher der Sioux hatten etwa 650 von ihnen einen halben Tagesritt weit entfernt beobachtet, als sie über die Wasserscheide vom Rosebud Creek herüberkamen. Viele der Häuptlinge hielten die Kolonne nur für eine starke Aufklärungsabteilung; andererseits konnte niemand beurteilen, was im Kopf eines *wasichu*-Kriegshäuptlings vorging.

Vielleicht waren die Blauröcke die Militäreinheit, die bei den *wasichus* als 7th Cavalry bezeichnet wurde – unter Befehl Langhaars, der bei den Weißen Custer hieß. Er war der Mann, der die Eisenbahnvermesser am Yellowstone River beschützt und die Goldgräber ins Land gebracht hatte. Er und seine Männer hatten den Cheyenne-Häuptling Black Kettle unten im Süden am Washita River erschossen. Falls sie jetzt kamen, solange das große Lager noch zusammenhielt und bevor die Gruppen sich wieder trennen mußten, war dies ein guter Tag und ein guter Ort für eine Schlacht: hier am schönen Fettes-Gras-Fluß, den ihre Feinde, die verhaßten Crow, die gelegentlich den *wasichus* geholfen hatten, Little Bighorn nannten.

Bei den Oglala-Sioux waren jetzt die meisten Pferde in den großen Lagerkreis getrieben worden, wo sie von den Jungen gehütet wurden. Crazy Horse schlüpfte durch den Eingang des Tipis und kniff im Halbdunkel die Augen ein wenig zusammen, um Black Shawl, seine Frau, und ihre alte Verwandte, die bei ihnen lebte, besser sehen zu können.

Black Shawl war eine gute Frau. Sie hatte ihm vor einigen Jahren ein Kind geboren, ein kleines Mädchen, das gerade lange genug gelebt hatte, um lachen und tanzen und sprechen zu können. Dann hatte es die Krankheit bekommen, die bei den Weißen Keuchhusten hieß, und war daran gestorben. Ihr gemeinsames Leid hatte Black Shawl und Crazy Horse noch enger zusammengeführt.

Der Krieger schritt wortlos auf sein Kriegsbündel zu. Er zog sein Hirschlederhemd aus, streifte die Leggings ab und kniete sich auf ein Bisonfell. Er knotete das Kriegsbündel auf, legte die Farben zurecht und dachte dabei an die vielen Toten, die es dieses Jahr bereits gegeben hatte.

Die Kämpfe hatten im zeitigen Frühjahr begonnen – vor über drei Monden, als die nördlichen Plains noch immer vor Kälte erstarrt gewesen waren. Nachdem die Weißen den arroganten, unmöglich auszuführenden Befehl erteilt hatten, alle Indianer müßten mitten im Winter in ihre Reservationen zurückkehren, hatten sie in der Nacht ein Sioux- und Cheyenne-Lager am Powder River überfallen. Erst vor acht Tagen hatte Crazy Horse einen Angriff auf eine weitere Abteilung weißer Soldaten befehligt, die am Rosebud Creek

nach Indianern gesucht hatten. Nach einem ganztägigen Gefecht hatten die Soldaten den Rückzug angetreten. Seitdem fühlten die Indianer sich sehr stark.

Als Crazy Horse sich jetzt auf den Kampf vorbereitete, erinnerte er sich an den Traum, den Sitting Bull gehabt hatte. Bei dem Sonnentanz im Frühjahr hatte der große Medizinmann ein schmerzvolles Opfer gebracht. Aus beiden Armen waren ihm je 50 Hautfetzen herausgeschnitten worden; danach hatte er zwei Tage lang getanzt und die Sonne angestarrt, bis er vor Erschöpfung bewußtlos zusammengebrochen war. Nach dem Erwachen hatte er seine Vision geschildert. Viele Soldaten würden das Lager überfallen. Vielleicht ging sein Traum jetzt in Erfüllung.

Crazy Horse malte sich einen Blitzstrahl auf die Wange, zeichnete Hagelspuren auf seinen Körper und befestigte den Balg des Rotbugbussards in seinem Haar. Dann verließ er das Tipi, fischte draußen ein kleines Stück gekochtes Fleisch aus dem Kochtopf und begann zu essen. Die Häuptlinge und Unterhäuptlinge der Oglala-Sioux kamen, um mit ihm zu sprechen. Er erinnerte sie daran, daß die *wasichus* nicht wie Indianer kämpfen würden, falls sie auf einen Kampf aus waren. Sie würden besiegen und töten wollen. Und deshalb mußten die Indianer diesmal auf gleiche Weise kämpfen. Es genügte nicht, nur Coups zu zählen, sondern die Krieger mußten ihre Gegner auch töten.

Crazy Horse hatte selbst schon viele Coups erzielt, ohne sie zu zählen oder sich auch nur an sie zu erinnern. Hätte er seinen Kopfschmuck für jeden Feind, den er berührt hatte, mit einer Adlerfeder geschmückt, hätte man den Mann vor lauter Federn nicht mehr gesehen. Aber dies war nicht der rechte Zeitpunkt, um an die großen Taten der Vergangenheit zu denken.

Während sie noch sprachen, hörten sie plötzlich stromaufwärts Gewehrfeuer. Die Schüsse knatterten wie ein Präriebrand, der sich mit rasender Geschwindigkeit durch dürres Unterholz frißt. Sie sahen die von galoppierenden Pferden aufgewirbelten Staubwolken jenseits des äußersten Lagerkreises, den die Tipis der Hunkpapa-Sioux bildeten. Crazy Horse bestimmte rasch eine Gruppe von Kriegern, die ihn begleiten sollte. Er nahm keinen Schild, sondern nur seinen Bogen, einen Köcher mit Pfeilen, eine Streitkeule und ein Gewehr mit; um seinem Hals hing seine Kriegspfeife aus dem Flügelknochen eines Adlers.

Er galoppierte an der Spitze seiner Krieger zwischen den Lagern talaufwärts. Die Menschen waren jetzt aufgeregt und besorgt. Sie erkannten ihn, als er vorbeiritt, und riefen fast ekstatisch: „Crazy Horse! Crazy Horse!“

Er beobachtete das Gefecht vor ihnen an einer Biegung des Flusses: die jede Deckung geschickt ausnützenden

Indianische Scouts im Dienste der Armee

Nach Aussage George A. Custers, des berühmten Generals aus den Indianerkriegen, bestand eine Möglichkeit, die Prärie-Indianer zu besiegen, darin, „den Teufel mit dem Feuer zu bekämpfen". Darunter verstand er die Verwendung von Indianern, die andere Indianer aufspürten, damit die Kavallerie sie vernichten konnte. Die meisten Späher waren sogenannte Reservationsindianer, hauptsächlich Angehörige kleinerer, friedlicher Nationen wie die Osage und Kansa, die lange von ihren mächtigeren Nachbarn unterdrückt worden waren. Diesen Männern ging es darum, aus der Reservation herauszukommen, 13 Dollar Monatssold zu erhalten und sich auf für sie ungefährliche Weise an ihren alten Blutsfeinden rächen zu können.

Die indianischen Späher hatten die Aufgabe, mit Hilfe ihrer genauen Kenntnis der Plains den Feind aufzuspüren und seine Lager ausfindig zu machen. Wenn es zum Kampf kam, hatten die Späher nur noch den Auftrag, die Pferde der Gegner zum Durchgehen zu bringen.

In seinem Krieg gegen die Sioux setzte General Custer Crow und Arikara als Späher ein. Hätte er auf sie gehört, hätte er nie die Verfolgung der indianischen Streitmacht am Little Bighorn aufgenommen. Schon Tage vor der Schlacht wußten seine Späher, daß sie sich auf der Fährte des Teton-Stammes befanden. Bloody Knife, ein Arikara-Häuptling und Custers bewährtester Späher, warnte den General mehrmals, diesmal seien zu viele Sioux versammelt. Aber Langhaar, wie Custer von seinen Spähern genannt wurde, marschierte weiter und kannte nur eine Angst: daß die Sioux fliehen würden. Und gerade das war das einzige, was er keineswegs hätte zu befürchten brauchen.

Auf ihrem ersten gemeinsamen Feldzug betrachten Custer und sein Scout Bloody Knife im Jahre 1873 eine Karte des Sioux-Gebiets. Drei Jahre später sollten beide am Little Bighorn kämpfen.

Krieger, die quer durchs Tal und auf den Anhöhen verteilt waren. Die ersten Schüsse mußten gefallen sein, sobald der Feind in die Nähe der am Fluß verstreuten Wickiups gekommen war. Die Angreifer hatten in Gewehrschußweite vor dem Hunkpapa-Lager halt gemacht.

Die Verteidiger jubelten Häuptling Crazy Horse zu, als er zwischen ihnen erschien, weil sie glaubten, er werde einen Ausfall anführen. Aber er winkte ihnen nur zu und ritt nach links unter die Bäume, wo er Black Moon (Schwarzer Mond) und einige der anderen Häuptlinge sah. Sie hielten einen hastigen Kriegsrat ab, während über ihnen Kugeln durch die Pappeln pfiffen. Black Moon hatte den Angriff beobachtet. Die Blauröcke hatten angegriffen, aber ihr Vorrücken war unvermittelt zum Stehen gekommen, als die Indianer sich zum Kampf gestellt hatten.

Crazy Horse ritt nach vorn zu einer Stelle, von der aus er die Front besser überblicken konnte. In diesem Augenblick ereignete sich etwas Merkwürdiges. Aus den Reihen der weißen Soldaten kam ein Pferd geradewegs auf die Indianer zugelaufen. Einige der Indianer hielten das für eine Demonstration tollkühner Tapferkeit, aber Crazy Horse sah das durchgehende Tier – mit rollenden Augen, den Kampflärm nicht gewöhnt – und den entsetzten Reiter, der sich verzweifelt bemühte, im Sattel zu bleiben und das Pferd wieder in seine Gewalt zu bekommen.

Er trieb seinen Schecken an, ritt hinter dem durchgehenden Pferd her, stieß schrille Schreie aus, um sein eigenes Tier zu schnellerer Gangart anzutreiben, und war sich darüber im klaren, daß viele Blauröcke ihn im Visier hatten. Er holte den anderen Reiter ein und schlug einmal mit seiner schweren Streitkeule zu. Sein Gegner sank mit eingeschlagenem Schädel zusammen. Crazy Horse schwenkte ab und überließ es anderen, das erschrockene Tier einzufangen und dem leblosen blauen Sack, der eben noch ein Mensch gewesen war, Waffen und Munition abzunehmen.

Jetzt ritt er auf dem hellbraunen Schecken im Zickzack zwischen den Stellungen entlang, ließ das Pferd Schwenkungen machen und beugte sich im Sattel weit nach vorn, um ein kleines Ziel zu bieten. Unterwegs konnte er den Feind studieren: die knienden Kavalleristen; die Pferdeburschen mit jeweils vier Pferden hinter ihnen; die verhaßten Ree-Späher. Aber der Feind wich bereits zurück; Black Moon rollte die Front von der Flanke her auf.

Crazy Horse entfernte sich von der Front, bis er außer Schußweite war, und ritt in einem weiten Bogen zu den Bäumen zurück, unter denen einige Häuptlinge warteten. Auch Gall, ein Hunkpapa-Häuptling, stieß dort zu ihnen.

Während Crazy Horse einige Minuten Pause machte, damit sein Tier wieder zu Atem kam, beobachtete er den

Kampf. Er hatte den Eindruck, dort draußen seien zu wenige Soldaten, als daß sie ein so großes Indianerlager allein hätten angreifen können. Vielleicht lauerten irgendwo noch weitere Blauröcke. Dieser Angriff konnte ein Täuschungsmanöver sein. Die anderen Häuptlinge waren der gleichen Meinung. Die Soldaten würden sich nicht lange gegen so viele Krieger halten können. Unterdessen mußten die Indianer sich vorsehen, um nicht aus anderer Richtung angegriffen und überrumpelt zu werden.

Diese Weißen wurden bald in die Flucht geschlagen und zogen sich zuerst an den Fluß zurück, wo sie zwischen Krüppelweiden und Büffelbeerendickichten Deckung fanden. Aber der Wind begünstigte die Sioux. Sie legten in dem trockenen Unterholz Feuer, das die Deckung der Soldaten vernichtete und einen Rauchschleier über das Tal zog.

Die Blauröcke traten endgültig den Rückzug an; sie bestiegen ihre Pferde und jagten Hals über Kopf auf eine schlechte Furt zu, wo das Ostufer und die dahinter liegenden Hügel steil waren. Die Sioux verfolgten sie, als sie flohen, erschlugen einige im Wasser und überschütteten sie mit einem Hagel von Pfeilen und Kugeln, während die Pferde der Zurückweichenden sich die grauen Hügel zu einer Verteidigungsstellung hinaufquälten. Die flüchtenden Weißen ließen mindestens 30 Tote oder Sterbende zurück. Die Sioux erkannten zwei der Feinde, die nie wieder kämpfen würden: einen Ree-Späher namens Bloody Knife und einen weißen Späher, der bei den Soldaten als Lonesome Charley Reynolds bekannt gewesen war.

Crazy Horse hielt viele seiner Oglala-Krieger zurück und wartete; er beriet sich mit anderen Häuptlingen, schickte Späher aus und erhielt Meldungen. Dann wurden seine Vorsicht und Geduld belohnt. Östlich des Flusses postierte Späher gaben mit Decken und Spiegeln Signale; hinter den Hügeln war eine weitere Kavallerieabteilung nach Norden unterwegs. Jetzt zog auch Gall sich zurück und ließ nur so viele Krieger da, daß die Blauröcke auf ihrem Hügel östlich des Flusses gefangen blieben.

Crazy Horse und Gall ritten das Tal entlang. Gall und seine Krieger sollten flußabwärts galoppieren, sich zwischen die Hauptstreitmacht des Feindes und die Indianerlager schieben und den Fluß überschreiten, bevor der Feind angreifen konnte. Crazy Horse würde geradeaus durch die er weiterreiten, Hunderte von Kriegern mitnehmen und Fluß hinter den Blauröcken überschreiten, um ihnen in den Rücken fallen zu können.

Er lenkte seinen müde werdenden Schecken durch die fünf Kilometer langen Lager und gab den noch dort ...tenden Kriegern Zeichen, sich ihm anzuschließen. Bis ...sein eigenes Oglala-Lager erreicht hatte, folgten ihm

Custer über Indianer

Im Kampf gegen die Indianer war George Armstrong Custer hitzig, unbarmherzig und ruhmsüchtig. Aber wenn er über sie schrieb, zeigte er sich nachdenklicher und hatte sogar gelegentlich Verständnis für ihre schwierige Lage. Die folgenden Zitate stammen aus seiner 1874 erschienenen Autobiographie *My Life on the Plains*.

Wäre ich ein Indianer, denke ich oft, würde ich es unbedingt vorziehen, mich jenen Angehörigen meines Volkes anzuschließen, die auf den freien, offenen Plains geblieben sind, anstatt mich den engen Grenzen einer Reservation zu unterwerfen, um dort der Empfänger der segensreichen Wohltaten der Zivilisation zu sein, deren Laster ohne Maß oder Einschränkung mit dreingegeben werden.

Der schönen Romantik entkleidet, mit der wir ihn so lange bereitwillig umgeben haben, büßt der Indianer sein Anrecht auf die Bezeichnung „edler" roter Mann ein. Wir sehen ihn, wie er wirklich ist: ein „Wilder" in jeder Bedeutung des Wortes; vielleicht nicht schlimmer als sein weißer Bruder wäre, wenn er in ähnlichen Umständen geboren und erzogen würde, aber als einer, dessen grausames und wildes Wesen das jedes wilden Tieres der Wüste bei weitem übertrifft.

Wenn der Boden, den er so lange für sich beansprucht und bejagt hat, von diesem nach seinen Begriffen unersättlichen Ungeheuer [der Zivilisation] gefordert wird, gibt es keinen Einspruch; er muß weichen, oder es rollt gnadenlos über ihn hinweg und vernichtet ihn dabei. Das Schicksal scheint es so beschlossen zu haben, und die Welt nickt ihre Zustimmung.

Scharen von Sioux-Kriegern, die jubelten und durcheinanderschrien. Black Shawl hielt sein zweites Kriegspferd, den Braunen, für ihn bereit. Er schwang sich auf das ausgeruhte Pferd.

Nun war es Zeit für den traditionellen Schlachtruf. Er reckte sein Gewehr in die Luft und rief:

„Hoka-hey, Lakota! Heute ist ein guter Tag zum Sterben!"

„Hoka-hey!" antworteten die Krieger. „Heute ist ein guter Tag zum Sterben!"

Er führte sie im Galopp nach Norden das Tal entlang und nahm unterwegs noch Cheyenne-Krieger als Verstärkung mit. Rechts von sich hatte er eine Kavallerieabteilung am Medicine Tail Coulee gesehen. Aber die Furt wurde gut verteidigt, und Gall ritt mit seinen Kriegern genau auf diese

Stelle zu. Die Hufschläge der Pferde seiner eigenen Krieger klangen wie Donner, der das Tal entlangrollte. Endlich stand der Entscheidungskampf unmittelbar bevor.

An diesem Tag, an dem die amerikanische Regierung ihr berühmtestes Kavallerieregiment – unter Befehl ihres draufgängerischsten Indianerbekämpfers – das große Indianerlager angreifen ließ, befanden sich dort viele Gruppen der West-Sioux gemeinsam mit Sioux aus dem Osten, Cheyenne aus dem Norden, einigen Süd-Cheyenne und befreundeten Arapaho. Im Lager gab es nicht nur Häuptlinge und Krieger; Frauen, alte Männer und Kinder lebten ebenfalls dort. Manche standen am Rand des Lagers: aufgeregt, jubelnd, furchtsam. Andere zogen zu den niedrigen Hügeln im Westen hinaus, um notfalls fliehen zu können. Zu den in den Kampf reitenden Kriegern gehörten an diesem Tag drei Jungen zwischen 13 und 18 Jahren. Alle drei überlebten die Schlacht und konnten später als alte Männer erzählen, wie sie als Jungen jenen Tag am Little Bighorn erlebt hatten. Ihre Berichte sind ebenso Bestandteil dieses Tages wie der Sieg des Häuptlings Crazy Horse. Black Elk (Schwarzer Wapiti), ein Oglala-Sioux und der Cousin von Crazy Horse, war in diesem Sommer 13 Jahre alt. Er war am Abend zuvor in den anderen Lagern gewesen, wo getanzt wurde, und fortgeblieben, bis er müde geworden war; dann war er heimgegangen. Sein Vater hatte ihn bei Tagesanbruch geweckt, damit er ihm helfen konnte, die Pferde auf die Weide zu treiben. Da sein Vater sich Sorgen um die Sicherheit der Pferde machte, wies er den Jungen an, eines mit einer langen Leine laufen zu lassen, damit es leicht einzufangen war; mit Hilfe dieses Pferdes ließen sich dann die übrigen zusammentreiben. Er forderte den Jungen auf, die Pferde schleunigst heimzubringen, falls irgend etwas passierte.

Als der Tag heißer wurde, war das klare Wasser des Flusses zu verlockend für Black Elk; er ließ die Herde in der Obhut eines jüngeren Cousins zurück und ging mit einigen anderen Jungen schwimmen. Während sie im Wasser planschten, brachte der Cousin die Pferde an dieser Stelle zur Tränke. In diesem Augenblick verkündete der Ausrufer des Hunkpapa-Lagers: „Die Kavallerie kommt! Die Kavallerie kommt!" Black Elks älterer Bruder lief in die Richtung, aus der die Angreifer kamen, ohne auch nur eine Waffe mitzunehmen. Wenig später kam der Vater der Jungen und brachte Waffen für beide Söhne. Black Elk sollte eines der Gewehre seinem Bruder bringen und dann heimkommen. Aber als Black Elk den Verteidigungsabschnitt erreichte, wo Black Moon und die anderen den ersten, als Ablenkung gedachten Angriff abwehrten, mußte er einfach bleiben. Als Crazy Horse angeritten kam, war der Junge stolz auf die Begeisterung, mit der sein mutiger Cousin begrüßt wurde.

Als die Weißen die Flucht ergriffen, folgte Black Elk ihnen im Kielwasser des Gegenangriffs. Ein Sioux zeigte auf einen Soldaten in blauer Uniform, der im Todeskampf zuckend auf der Erde lag. „Steig' ab und skalpier' ihn, Junge", wies er ihn an. Black Elk stieg ab und machte sich an die Arbeit, aber er war ungeschickt und hatte ein stumpfes Messer. Als der Sterbende mit den Zähnen knirschte, schoß der Junge ihm mit seinem Revolver in die Stirn und löste dann die Kopfhaut ab.

Black Elk bestieg wieder sein rehbraunes Pferd und ritt bald geradewegs zu seinem Tipi im Oglala-Lager zurück, um seiner Mutter den Skalp zu zeigen. Als sie den Skalp sah, stieß sie einen schrillen Triumphschrei aus, bei dem sie sich mit der flachen Hand gegen die Lippen schlug. An diesem Tag wurde Black Elk nicht wegen seines Ungehorsams getadelt oder bestraft. Seine Familienangehörigen waren stolz auf ihn. Schließlich hatte er mit 13 Jahren seinen ersten Skalp erbeutet.

Iron Hawk (Eiserner Habicht) war ein Hunkpapa-Sioux, ein Junge von 14 Jahren. Er war fast die ganze Nacht aufgeblieben, um den Tanzenden zuzusehen, hatte den Morgen verschlafen und aß eben seine erste Mahlzeit des Tages, als die Ausrufer vor den herankommenden weißen Soldaten warnten. Iron Hawk lief zu den Pferden seiner Familie hinaus und fing sein Pferd ein. Aber die übrigen Pferde gingen wegen des Gefechtslärms durch, und Iron Hawk und sein Bruder brauchten einige Zeit, um sie ins Lager der Hunkpapa zu treiben.

Dann lief Iron Hawk in das Tipi seiner Familie, um sich für den Kampf umzuziehen. Seine Hände zitterten so sehr, daß es ihm schwerfiel, die Adlerfeder in sein Haar zu flechten und sein Gesicht rot zu bemalen. Er griff nach Köcher und Bogen, bestieg sein Pferd und ritt los.

Der erste Angriff war bereits zurückgeschlagen, und die Indianer ritten alle zu der Furt, die der Lagermitte gegenüberlag. Iron Hawk folgte den anderen und stieß unterwegs Kriegsrufe aus, um sich Mut zu machen. Er durchquerte den Fettes-Gras-Fluß und ritt auf die Stelle zu, wo am Fuß der Hügel Staub- und Rauchwolken aufstiegen. Ihm erschien alles sehr verwirrend. Er sah die Kämpfenden, Indianer und Weiße, durcheinanderlaufen, beritten oder zu Fuß angreifen, tapfere Taten vollbringen, Risiken eingehen, fallen. Er selbst griff erst in den Kampf ein, als ein kleiner Trupp Soldaten in seine Richtung kam. Dann riß er Pfeile aus dem Köcher und schoß auf sie.

Schon einer der ersten Schüsse traf einen Kavalleristen. Die Pfeilspitze ragte auf einer Seite aus dem Körper, und die Befiederung war auf der anderen zu sehen. Der Soldat schrie auf, sein Kopf sank nach vorn, und der Körper schwankte

Der Junge holte mit seinem Bogen aus und traf ihn mit einem gewaltigen Schlag im Nacken. Daraufhin stürzte der Uniformierte aus dem Sattel. Der Junge sprang vom Pferd und begann, mit dem Bogen auf den Mann einzuschlagen; er schlug und schlug sogar noch, als sein Gegner bereits tot war. Bei jedem Schlag stieß er einen schrillen Schrei aus, weil er, wie er später sagte, wütend war, wenn er an die Frauen und kleinen Kinder dachte, die ängstlich im Lager durcheinanderliefen. Andererseits ist es natürlich möglich, daß Iron Hawk sich so rasend gebärdete, weil er selbst Angst hatte.

Ein weiterer junger Verteidiger war Wooden Leg (Hölzernes Bein), ein 18jähriger Cheyenne, dessen Name keineswegs bedeutete, daß er körperbehindert war, sondern sich auf seine baumstarken Gliedmaßen bezog. Er hatte in der Nacht zuvor viel getanzt und war mit anderen jungen Männern in einem Sioux-Lager gewesen, wo die Mädchen sie zum Tanz aufgefordert hatten, wie es bei den Sioux üblich war. Der junge Krieger, der bereits über 1,80 Meter groß war, war bei den Mädchen sehr beliebt; er tanzte bis zum Morgengrauen und kehrte dann müde heim.

Um seine Angehörigen in dem Tipi nicht zu stören, streckte er sich davor auf dem Boden aus und schlief ein paar Stunden. Dann ging er mit seinem Bruder zum Fluß. Die beiden suchten sich einen Platz unter einem schattenspendenden Baum am Ufer, um noch etwas Schlaf nachzuholen. Sie wachten von dem Gefechtslärm auf, als der Kampf weit flußaufwärts von ihnen begann.

Der alte Vater von Wooden Leg hatte bereits das Lieblingspferd seines Kriegersohns gesattelt, so daß der junge Mann sich nur noch auf die Schlacht vorzubereiten brauchte. Er zog seine besten Leggings, ein gutes Stoffhemd und mit Glasperlen bestickte Mokassins an. Dann malte er einen blauschwarzen Kreis um sein Gesicht und füllte

Diese mit Habichtfedern besetzte indianische Standarte war das Eigentum eines unbekannten Sioux-Häuptlings. Im Kampf war sie ein Sammelpunkt für seine Krieger sowie ein Symbol für die Tapferkeit ihres Trägers.

ihn vollständig mit Rot und Gelb aus. Falls die Große Medizin ihn an diesem Tag zu sich rief, wollte er entsprechend gekleidet sein. Er hätte sich am liebsten noch das Haar geflochten, aber sein Vater forderte ihn auf, sich zu beeilen, deshalb band er es nur mit einem Hirschlederriemen. Wooden Leg war mit einem alten Revolver bewaffnet; er nahm seine Zündhütchen, die Kugeln und das Pulverhorn mit und ritt flußaufwärts in Richtung Schlachtfeld.

Wooden Leg erreichte es in dem Augenblick, in dem die Kavallerie von ihrer linken Flanke aus aufgerollt wurde, und schloß sich einigen Sioux-Kriegern an, die einen weiten Bogen um die Weißen beschrieben. Tausende von Pfeilen und viele Kugeln flogen zum Feind hinüber, der dieses Feuer heftig erwiderte. Als die Soldaten aus den Büschen und Bäumen, zwischen denen sie Schutz gesucht hatten, ausbrachen, geriet Wooden Leg ihnen in die Quere. Er trieb sein Pferd an und flüchtete; dann erkannte er, daß die Weißen flohen, und kehrte um, um sie zu verfolgen. Er schoß viermal mit seinem Revolver, ohne ein Ergebnis zu sehen. Dann ritt er hinter den Soldaten her, deren Pferde sehr ermüdet waren, holte einen Uniformierten ein und schlug mit dem Hirschhorngriff seiner Reitpeitsche auf ihn ein. Als der Verwundete vom Pferd fiel, entriß Wooden Leg ihm sein Gewehr. Dann schloß er sich den übrigen Kriegern an, die den Feind bis zum Fluß verfolgten, wo er mit seiner neuen Waffe auf die fliehenden Weißen einschlug.

Später ritt Wooden Leg an das Westufer des Flusses zurück und half mit, das rauchende, schwelende Unterholz nach dort versteckten Feinden abzusuchen. Er fand etwas Tabak in den Taschen eines gefallenen Soldaten und schnallte sich den Patronengürtel des Toten um; in den Satteltaschen eines toten Pferdes entdeckte er zwei kleine Schachteln mit jeweils 20 Patronen, die in seinen neuen Gürtel und das erbeutete Gewehr paßten. In diesem Augenblick fühlte er sich sehr tapfer, wie er sich später erinnerte.

Er ritt durch die Lager zu seinem Tipi zurück, um sich ein frisches Pferd zu holen.

Das Photo dieser Gruppe von Oglala-Sioux – der Stamm, dem Crazy Horse angehörte – läßt überall Tapferkeitsbeweise erkennen. Obwohl einige der Krieger mit Gewehren bewaffnet sind, tragen die meisten Coupstäbe, um ihre Gegner direkt zu berühren. Ihr Kopfschmuck kündet von früher erzielten Coups.

Den Tabak gab er seinem Vater, der ihm erklärte, er sei an diesem Tag schon tapfer genug gewesen und solle nicht mehr an der Schlacht in den Hügeln im Osten teilnehmen. Aber Wooden Leg wollte weiterkämpfen. Sein Vater sattelte ihm ein frisches Pferd und machte die Medizin, die es beschützen sollte. Aber er erinnerte Wooden Leg daran, daß sein älterer Bruder bereits dort mitkämpfte; er wollte nicht riskieren, beide Söhne zu verlieren. Deshalb wies er seinen jüngeren Sohn an, sich so weit wie möglich von den Soldaten fernzuhalten. Wooden Leg ritt nach Osten auf die eigentliche Schlacht zu, blieb jedoch in einiger Entfernung, wie sein Vater ihn aufgefordert hatte. Der junge Krieger schoß sein Gewehr ab und beobachtete den Kampf von weitem.

Während Crazy Horse flußabwärts durch die Lager sprengte und immer mehr Krieger hinter sich versammelte, begann er die Taktik des Feindes zu begreifen: Das Südende der Indianerlager sollte mit schwachen Kräften angegriffen werden, um die Krieger in diese Richtung zu locken; danach sollte das unverteidigte Lager stromabwärts mit der Hauptmasse der Blauröcke angegriffen werden. Aber die Weißen mußten sich über pferdeschindende Hügel vorwärtsquälen, während er den Talboden für sich hatte. Innerhalb weniger Minuten war er an den Lagern vorbei, schwenkte nach Osten und durchquerte den Fluß. Dann führte er seine Krieger eine breite Schlucht hinauf, in der sie außer Sicht des Feindes waren.

Die graubraunen Hügel waren hier draußen mit Beifuß gesprenkelt: jede Pflanze wie ein winziger Baum, dessen krummer Stamm kaum groß genug war, um einem Kaninchen Deckung zu bieten. An einigen Stellen gediehen auch Spanische Bajonette, die ihre zartgrünen Blütenstacheln in die Höhe reckten; an anderen blühten einzelne Disteln wie lavendelfarbene Puderquasten. Aber auf weiten Flächen war das von der Sonne ausgedörrte Erdreich nicht mit Pflanzen bedeckt und so der Abtragung durch Regen, Wind und Pferdehufe schutzlos preisgegeben. Weiter flußaufwärts waren die Einschnitte mit Wacholderbüschen und Wildkirschen bewachsen, aber hier waren die meisten nur kahle Erosionsrinnen. Es gab dort weder Klippen noch Steilwände noch bizarre Felsformationen. Das Land schien gigantische Runzeln zu haben, aber die Hänge waren steil genug, um die Pferde gewaltig anzustrengen. In gewisser Beziehung war es passend, daß dieses Land so kahl und bloß war. Wenn Männer sich versammelten, um einander zu töten – warum dann nicht in dieser unbarmherzigen Umgebung?

Es fiel Crazy Horse leicht, das Schlachtfeld zu finden. Gall und seine Streitmacht hatten bereits angegriffen. Hinter einem Hügelrücken stieg eine graue Staubwolke auf, und

Crazy Horse hielt aus der Schlucht darauf zu. Der kastanienbraune Wallach nahm den steilen Hang fast mühelos. Der Häuptling hob die Hand, um die Reiterkolonne hinter sich zum Stehen zu bringen, bevor er gemeinsam mit einem halben Dutzend anderer Häuptlinge zum Grat hinauffritt – gerade so weit, daß sie das Schlachtfeld überblicken konnten. Von dieser Stelle aus reichte ihr Blick etwa drei Kilometer weit bis zum Deep Coulee und zum Medicine Tail Coulee dahinter. Eineinhalb Kilometer rechts von ihnen schlängelte sich der Fettes-Gras-Fluß dahin.

Die nächsten Weißen waren nur eine Pfeilschußweite von Crazy Horse entfernt, aber die Soldaten bildeten eine etwa 800 Meter lange Front, die sich über einen Hügelrücken und in eine Schlucht hinunter erstreckte. Da sie von zwei Seiten angegriffen wurden, versuchten sie, sich neu zu formieren. Ein Hornsignal, das mehrmals wiederholt wurde, forderte dringend zum Sammeln auf, aber die Kavalleristen schienen zum Teil den Befehl zum Absitzen bekommen zu haben, denn viele von ihnen knieten in Schützenlinien vor ihren Pferden. Crazy Horse konnte die Offiziere ausmachen, die sich miteinander berieten und ihre Männer anbrüllten. Sie wußten, daß sie in der Klemme steckten. Wenn er rasch angriff, bevor sie einen Entschluß fassen konnten, mußte es möglich sein, sie ganz zu besiegen.

Eine Abteilung Krieger ritt weiter die Schlucht hinauf, um den Gegner zu umzingeln. Dann gab Crazy Horse den übrigen Kriegern mit einem sehnigen braunen Arm das Zeichen, die Mitte der weit auseinandergezogenen Front der U.S. Cavalry anzugreifen. Er setzte die Pfeife an die Lippen, stieß einen schrillen Pfiff aus und trieb sein Pferd über den Grat. Zwei Atemzüge lang hörte er nicht einmal die Reiter hinter sich, denn die Pferde kamen bergauf nur langsam voran, und ihre Hufe gruben sich fast lautlos ins Erdreich ein; aber als die Pferde das sanft abfallende Gelände jenseits des Grates erreichten, wurden ihre Hufschläge zu einem Donnergrollen. Er führte sein eigenes Pferd nur durch Schenkeldruck und hielt sein Gewehr und seine Streitkeule mit dem Steinkopf hoch; er war das Symbol aller Tapferkeit der Sioux, als er seine Krieger gegen den Feind führte.

Die Soldaten wehrten diesen neuen Angriff nicht entschlossen ab; manche von ihnen bemerkten ihn erst zu spät, weil sie sich nur auf Galls Krieger konzentrierten, die aus der entgegengesetzten Richtung angriffen. Crazy Horse lenkte seinen trittsicheren Braunen mitten ins Zentrum des Feindes, geradewegs in die Mündungen der feindlichen Gewehre. Hinter sich konnte er die anderen auf ihren schrillen Kriegspfeifen pfeifen und wie Kojoten jaulen hören.

Jetzt stiegen dichte Staubwolken auf und vermischten sich mit dem dunkleren, schmutzigen Pulverdampf. Die

TAKTIK AM LITTLE BIGHORN

Diese Karte zeigt den Gefechtsverlauf am Little Bighorn, der bei den Indianern Fettes-Gras-Fluß hieß. Am Mittag des 25. Juni 1876 rückte Custer gegen ein von 1500 bis 2500 Kriegern verteidigtes Indianerlager vor. Seine kleine Streitmacht war in drei Teile zersplittert. Er hatte Captain Benteen mit 125 Soldaten als Stoßtrupp ausgeschickt und dann Major Reno angewiesen, mit etwa 140 Mann das Dorf anzugreifen. Reno stieß auf massive Gegenwehr und leistete kurz Widerstand. Aber die Indianer trieben ihn zurück, und er und seine Männer entkamen nur mit knapper Not über den Fluß. Dort wurde er wenig später durch Benteen verstärkt, und die Kavalleristen gruben sich unter heftigen Angriffen ein. Inzwischen stieß Custer mit ungefähr 215 Mann nach Norden vor – vermutlich auf der hier dargestellten Route –, bis er auf die von Gall und Crazy Horse geführten Krieger traf. Mit seinem Vorstoß mißachtete Custer alle anderslautenden Befehle und ignorierte die Warnung seines Freundes Colonel John Gibbon, der ihm beim Aufbruch zugerufen hatte: „Nicht zu gierig, Custer, Indianer gibt's für uns alle genug!"

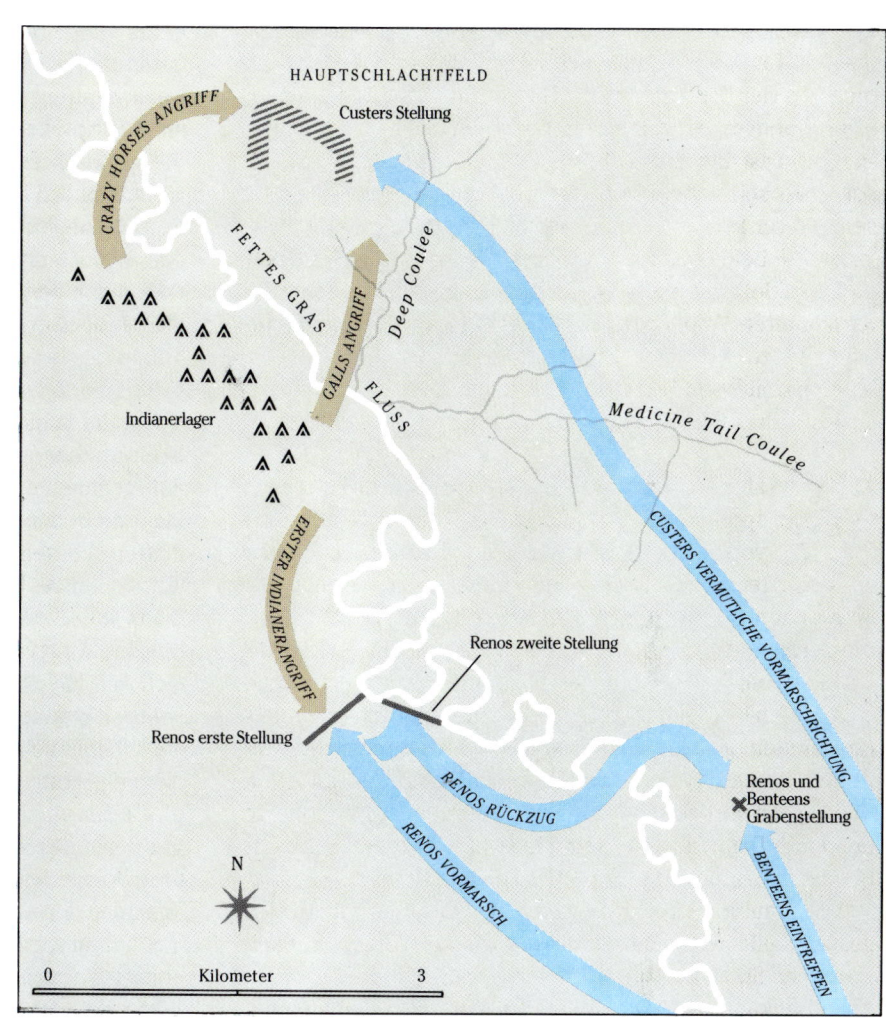

Nachmittagssonne verdunkelte sich, und unter dieser Wolke blitzte Mündungsfeuer wie Leuchtkäfer auf. Die Schüsse aus den Gewehren und Karabinern hallten gelegentlich sekundenlang von den stark gegliederten Hügeln wider.

Crazy Horse begann einhändig zu schießen. Die Soldaten wichen unter diesem Angriff auf zwei Fronten zurück, und ihre scheuenden Pferde machten genaues Zielen unmöglich. Und Galls Krieger kamen aus ihren Deckungen hervor, um die Verwirrung des Feindes zu nutzen.

Die Pferde der Weißen übertönten den Kampfeslärm mit ihren schrillen Schreien. Sie mühten sich die grauen Hänge hinauf; sie stöhnten, wenn sie von Pfeilen und Kugeln getroffen wurden. Sie waren an Hals, Brust und Seiten schweißnaß und hatten blutigen Schaum am Maul, wo die Soldaten wild an der Kandare gerissen hatten.

Militärische Führungskunst besteht auch daraus, trotz Gefechtslärm und Kampfesgetümmel den Überblick zu behalten. Crazy Horse dachte nicht daran, einzelne flüchtende Soldaten zu verfolgen. Er und seine Krieger griffen Ansammlungen von Weißen an und zwangen sie dazu, zurückzuweichen und sich aufzuteilen. Sie drängten die Kavalleristen von ihren Pferden ab und brachten die Tiere mitsamt der Munition in ihren Satteltaschen zum Durchgehen. Ihr Angriff glich einem großen Keil, der durch die feindlichen Reihen getrieben wurde. Und als Crazy Horse nach dieser Attacke anhielt, herrschte in den Reihen der Uniformierten heilloses Durcheinander.

Am Rande des Schlachtfeldes verfolgte eine kleine Gruppe von Sioux einen einzelnen Soldaten; er flüchtete in seiner Verzweiflung fast eineinhalb Kilometer weit, erkannte dann die Aussichtslosigkeit und jagte sich eine Kugel durch den Kopf. Für die Weißen gab es kein Sammeln, keine organisierte Verteidigung, kein Entkommen mehr. Die Indianer hielten ringsum die günstigeren Stellungen besetzt.

Custers letzte Botschaft war diese dringende Bitte, die Benteen, der Empfänger, lesbarer niederschrieb. „Bring packs" bedeutete, daß Custer Munition brauchte. Seine Männer hatten jeder nur 124 Schuß; weitere 24 000 waren beim Troß geblieben.

Am 6. Juli, 11 Tage nach der Schlacht, brachte die *Bismarck Tribune* diesen „ersten Bericht". Aber die *Bozeman Times* hatte schon am 3. Juli mit einem Extrablatt die Nase vorn gehabt; am 4. Juli war die Story nach New York telegraphiert worden.

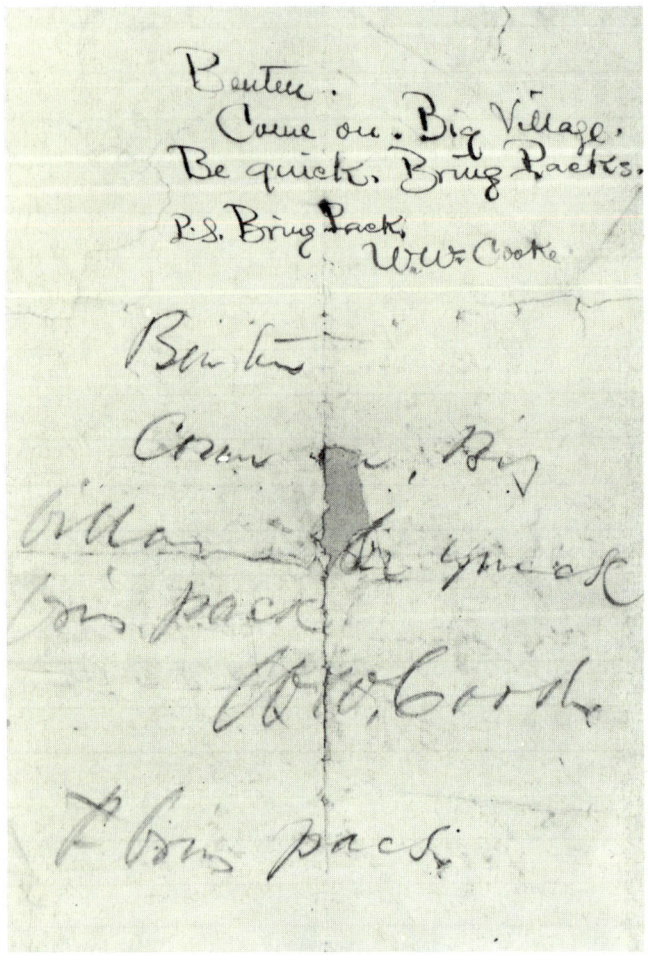

Die Soldaten fanden nur hinter kleinen Geländeunebenheiten oder Pferdekadavern etwas Deckung. Es kam zu kurzen Angriffen und Verfolgungen. Zum Schluß wurden hauptsächlich Lanzen oder Streitkeulen benützt, als die Karabiner der Weißen aus Munitionsmangel schwiegen. Dieser Schlußakt war in wenigen Minuten zu Ende.

Man kann sich Crazy Horse gegen Ende des Kampfes auf seinem müden Braunen sitzend vorstellen: auf einer Anhöhe, von der aus er beobachten konnte, wie der letzte Widerstand der Weißen gebrochen wurde. Bald würden die wehklagenden Frauen kommen, um die verwundeten Krieger heimzuholen, die Soldaten auszuplündern und voll ohnmächtiger Wut auf die Leichen einzustechen oder einzuschlagen. Dieser Augenblick gehörte dem Sioux-Häuptling. Custer lag still am Boden; sein Wille und seine Energie waren vernichtet. Crazy Horse muß zutiefst bewegt gewesen sein. Sicherlich wußte er, daß dieser Sieg nicht entscheidend war, daß er eine Schlacht, aber keinen Krieg gewonnen hatte. Vielleicht hatte er instinktiv das Gefühl,

recht gehandelt zu haben, und hätte nicht viel darüber reden wollen; vielleicht hätte er gesagt: „Wenn du mit einem weisen alten Medizinmann reden willst, mußt du gehen und Sitting Bull suchen, der irgendwo betet, oder in der Reservation mit Red Cloud und seinen weißen Freunden sprechen. Ich habe getan, was ich getan habe."

Was uns Menschen betrifft, die wir erst Jahrzehnte nach dieser Schlacht geboren sind, scheinen wir jenen blutigen Tag nicht vergessen zu können. Schriftsteller vermehren die Zahl der darüber erschienenen Monographien und Bücher; sie erforschen die damaligen Ereignisse und bemühen sich, sie auszuloten. Manche vertreten die Auffassung, die Schlacht am Little Bighorn – mit Crazy Horse als stolzem Sieger und Custer inmitten der Gefallenen seines Eliteregiments tot im Staub – sei ein Symbol gewesen, um das die Indianer sich im Kampf gegen ihre weißen Feinde hätten scharen können. Diese Auffassung ist anfechtbar. Die Crow und Arikara standen auf Custers Seite. Hätten die Crow ihre Erbfeindschaft mit den Sioux, die Traditionen ihrer Vorväter vergessen sollen, um sich hinter die Sioux zu scharen, die einen Sieg gegen die Weißen erkämpft hatten? Wenn sie einig gewesen wären, hätten die Prärie-Indianer sich länger gegen die weißen Eindringlinge zur Wehr setzen können. Aber sie waren nicht einig.

Die am wenigsten umstrittene Bedeutung dieser Schlacht lag vermutlich darin, daß die Prärie-Indianer noch immer ihre Würde besaßen und bereit waren, um ihre Freiheit zu kämpfen. Sie würden den Krieg verlieren, aber sie konnten noch immer eine Schlacht gewinnen – besonders unter diesen Voraussetzungen. Daß der weiße Befehlshaber das nicht erfaßt hatte, war sein großer Fehler gewesen. Durch seine Handlungsweise hatte Custer behauptet: Ich kämpfe nach euren Spielregeln gegen euch, lasse euch die zahlenmäßige Überlegenheit und schlage euch trotzdem. Er hätte die Möglichkeit gehabt, Gatling-Geschütze und weitere Soldaten mitzubringen, aber er hatte darauf verzichtet. Er hätte einen Tag auf Verstärkung durch weitere Einheiten warten können, aber er hatte darauf verzichtet. Er forderte seine Gegner auf der Grundlage von Männlichkeit, wie er sie verstand, auf der Basis von Tapferkeit, von Reitkunst, von Kampfgeist und von vollständiger, blinder Hingabe an die eigene Sache heraus. An diesem schicksalhaften Sonntag, dem 25. Juni 1876, verleugnete Custer die Vorteile seiner militärischen Ausbildung, weil er die Indianer um so vernichtender besiegen wollte.

Als Crazy Horse in diesem Augenblick das Schlachtfeld von einem Hügel aus betrachtete, könnte er sich voller Genugtuung gesagt haben: „Heute habt ihr euch geirrt, weiße Soldaten. Aber es *war* ein guter Tag zum Sterben!"

FIRST ACCOUNT OF THE CUSTER MASSACRE

TRIBUNE EXTRA

Price 25 Cents. BISMARCK, D. T., JULY 6, 1876.

MASSACRED

GEN. CUSTER AND 261 MEN THE VICTIMS.

NO OFFICER OR MAN OF 5 COMPANIES LEFT TO TELL THE TALE.

3 Days Desperate Fighting by Maj. Reno and the Remainder of the Seventh.

Full Details of the Battle.

LIST OF KILLED AND WOUNDED

Bismarck Tribune's Special Correspondent Slain.

Squaws Mutilate and Rob Dead.

Victims Captured Alive. Tortured in Fiendish Manner.

What Will Congress Do About It

Shall This Be the Beginning of the End?

It will be remembered that the Bismarck Tribune sent a special correspondent with Gen. Terry, who was the only proffessional correspondent with the expedition. Kellogg's last words to the writer were: "We leave the Rosebud tomorrow and by the time this reaches you we will have

MET AND FOUGHT

the red devils, with what result remains to be seen. I go with Custer and will be at the death." How true! On the morning of the 22d Gen. Custer took up the line of march for the trail of the Indians, reported by Reno on the Rosebud. Gen. Terry, apprehending danger, urged Custer to take additional men, but Custer having full confidence in his men and in their ability to cope with the Indians in whatever force he might meet them, declined the proffered assistance and marched with his regiment alone. He was instructed to strike the trail of the Indians, to follow it until he discovered their position, and report by courier to Gen. Terry who would reach the mouth of the Little Horn by the evening of the 26th, when he would act in concert with Custer in the final wiping out. At four o'clock, the afternoon of the 24th, Custer scouts reported the location of a village recently deserted, whereupon Custer went into camp, marching again at 11 p. m., continuing the march until daylight when he again went into camp for coffee. Custer was then fifteen miles from the village located on the Little Horn, one of the branches of the Big Horn, twenty miles above its mouth, which could be seen from the top of the divide, and after lunch Gen. Custer pushed on. The Indians by this time had discovered his approach and soon were seen mounting in great haste, riding here and there, it was presumed in full retreat. This idea was strengthened by finding a freshly abandoned Indian camp with a deserted tepee, in which one of their dead had been left, about six miles from where the battle took place. Custer with his usual vigor pushed on making seventy-eight miles without sleep, and attacked the village near its foot with companies C, E, F, I, and L seventh cavalry. Reno having in the meantime attacked it at its head with three companies of cavalry which, being surrounded, after a desperate hand to hand conflict, in which many were killed and wounded, cut their way to a bluff about three hundred feet high, where they were reinforced by four companies of cavalry under Col. Benteen. In gaining this position Col. Reno had to recross the Little Horn, and at the ford the hottest fight occurred. It was here where Lieutenants McIntosh, Hodgson and Dr. DeWolf fell; where Charley Reynolds fell in a hand to hand conflict with a dozen or more Siouxs, emptying several chambers of his revolver, each time bringing a red-skin before he was brought down—shot thru the heart. It was here Bloody Knife surrendered his spirit to the one who gave it, fighting the natural and heriditary foes of his tribe, as well as the foes of the whites.

The Sioux dashed up beside the soldiers in some instances knocking them from their horses and killing them at their pleasure. This was the case with Lt. McIntosh, who was unarmed except with a saber. He was pulled from his horse, tortured and finally murdered at the pleasure of the red-devils. It was here that Fred Girard was separated from the command and lay all night with the screeching fiends dealing death and destruction to his comrades within a few feet of him, and, but time will not permit us to relate the story, through some means succeeded in saving his fine black stallion in which he took so much pride. The ford was crossed, the summit of the bluffs, having, Col. Smith says, the steepest sides that he ever saw, ascended by a horse or mule reached, though the ascent was made under a galling fire.

Companies engaged in this affair were those of Captains Boylan, French and McIntosh. Col. Reno had gone ahead with these companies in obedience to the order of Gen. Custer, fighting most gallantly, driving back repeatedly the Indians who charged in their front, but the fire from the bluff being so galling, forced the movement heretofore alluded to. Signals were given and soon Benteen with the four companies in reserve came up in time to save Reno from the fate with which Custer about this time met. The Indians charged the hill time and again but were each time repulsed with heavy slaughter by its gallant defenders. Soon, however, they reached bluffs higher than those occupied by Reno; and opened a destructive fire from points beyond the reach of cavalry carbines. Nothing being heard from Gen. Custer, Col. Weir was ordered to push his command along the bank of the river in the direction he was supposed to be, but he was soon driven back, retiring with difficulty. About this time the Indians received strong reinforcements, and literally swarmed the hill sides and on the plains, coming so near at times that stones were thrown into the ranks of Col. Reno's command by those unarmed or out of amunition. Charge after charge in quick succession, the fight being sometimes almost hand to hand. But they drew off finally, taking to the hills and ravines. Col. Benteen charged a large party in a r - vine, driving them from it in confusion. They evidently trusted their numbers and did not look for so bold a movement. They were within the range of the corral and wounded several packers, J. C. Wagoner, among the number, in the head, while many horses and mules were killed. Near 10 o'clock the fight closed, and the men worked all night strengthening their breastworks, using knives tin cups and plates, in place of spades and picks, taking up the fight again in the morning. In the afternoon of the second day the desire for water became almost intolerable. The wounded were begging piteously for it; the tongues of the men were swolen and their lips parched, and from lack of rest they were almost exhausted. So a bold attempt was made for water. Men volunteered to go with canteens and camp kettles, though to go was almost certain death. The attempt succeeded, though in making it one man was killed and several wounded. The men were relieved and that night the animals were watered. The fight closed at dark, opening again next morning, and continuing until the afternoon of the 27th Meantime the men become more and more exhausted and all wondered what had become of Custer. A panic all at once was created among the Indians and they stampeded, from the hills and from the valleys, and the village was soon deserted except for the dead, Reno and his brave men felt that succor was nigh. Gen. Terry came in sight, and strong men wept upon each others necks, but no word was had from Custer. Hand shaking and congratulations were scarcely over when Lt. Bradley reported that he had found Custer dead, with one hundred and ninety cavalry men. Imagine the effect. Words cannot picture the feeling of these, his comrades and soldiers. Gen. Terry sought the spot and found it to be too true. Of those brave men who followed Custer, all perished; no one lives to tell the story of the battle. Those deployed as skirmshers, lay as they fell, shot down from every side, having been entirely surrounded in an open plain. The men in companies fell in platoons, and like those on the skirmish line, lay as they fell, with their officers behind them in their proper positions. Gen. Custer, who was shot through the head and body, seemed to have been among the last to fall, and around and near him lay the bodies of Col. Tom and Boston, his brothers, Col. Calhoun, his brother-in-law, and his nephew young Reed, who insisted on accompaning the expedition for pleasure, Col. Cook and the members of the non-commissioned staff all dead—all stripped of clothing and many of them with bodies terribly mutilated. The squaws seem to have passed over the field and crushed the skulls of the wounded and dying with stones and clubs. The heads of some were severed from the body, the privates of some were cut off, while others bore traces of torture, arrows having been shot into their private parts while yet living or other means of torture adopted. The officers who fell are as follows: Gen. G. A. Custer, Cols. Geo. Yates, Miles Keough, James Calhoun, W. W. Cook, Capts. McIntosh, A. E. Smith, Lieutenants Riley, Critenden, Sturgis, Harrington, Hodgson, and Porter, Asst. Surgeon De Wolf. The only citizens killed were Boston Custer, Mr. Reed, Charles Reynolds, Isiah, the interperter from Ft. Rice and Mark Kellogg, the latter the Tribune correspondent. The body of Kellogg alone remained unstripped of clothing, and was not mutilated. Perhaps as they had learned to respect the Great Chief, Custer, and for that reason did not mutilate his remains, they had in like manner learned to respect this humble shover of the lead pencil and to that fact may be attributed this result. The wounded were sent to the rear some fourteen miles on horse litters striking the Far West sixty odd miles up the Big Horn which point they left on Monday at noon reaching Bismarck nine hundred miles distant at 10 p. m.

The burial of the dead was sad work but they were all decently interred. Many could not be reconized: among the latter class were some of the officers. This work being done the command wended its way back to the base where Gen. Terry, awaits supplies and approval of his plans for the future campaign.

The men are worn out with marching and fighting, and are almost wholly destitute of clothing.

The Indians numbered at least eighteen hundred lodges in their permanent camp, while those who fought Crook seems to have joined them, making their effective fighting force nearly four thousand. These were led by chiefs carrying flags of various colors, nine of whom were found in a burial tent on the field of battle, many other dead were found on the field, and near it ten squaws at one point in the ravine—evidently the work of Ree or Crow scouts.

The Indian dead were great in number, as they were constantly assaulting an inferior force. The camp had the appearance of ha ing abandoned in haste. The most georgeous ornaments were found on the bodies of the dead chiefs, and hundreds of finely dressed and painted robes and skins were thrown about the camp. The Indians were certainly severely punished.

We said of those who went into battle with Custer none are living —one Crow scout hid himself in the field, and witnessed and survived the battle. His story is plausable, and is accepted, but we have not the room for it now. The names of the wounded are as follows:

LIST OF WOUNDED

Private Davis Corey, Co. I, 7th Cav. right hip; Patrick McDonnall, D, left leg; Sergt. John Paul, H, back; Priv. Michael C. Madden, K, right leg; Wm. George, H, left side, died July 3d, at 4 a. m.; 1st Sergt. Wm. Heyn, A, left knee. Priv. John McVey, C, hips; Patrick Corcoran, K, right shoulder; Max Wilke, K, left foot; Alfred Whitaker, C, right elbow; Peter Thompson, C, right hand; Jacob Deal, A, face; J. H. Meyer, M, back; Roman Rutler, M, right shoulder; Daniel Newell, M, left thigh; J. Muller, H, right thigh; Elijah T. Shroude, A, right leg; Sergt. Patrick Carey, M, rigth hip; Privt. James E. Benett, C, body, died July 5th, at 3 o'clock; Francis Reeves, A, left side and body; James Wilbur, M, left leg; Jasper Marshall, L, left foot; Sergt. James T. Riley, E, back and left leg; Privt. John J. Phillips, H, face and both hands. Samuel Severn, H, both thighs; Frank Brunn, M, face and left thigh; Corp. Alex B. Bishop, H, right arm; Privt. Jas Foster, A, right arm; W. E. Harris, M, left breast; Chas. H. Bishop, H, right arm; Fred Homsted, A, left wrist; Sergt. Chas. White, M, right arm; Privt. Thos. P. Varner, M, right ear; Chas. Campbell, C, right shoulder; John Cooper, H, right elbow; John McGuire, C, right arm; Henry Black, H, right hand; Daniel McWilliams, H, right leg.

An Indian scout, name unknown, left off at Birthold; Sergt. M. Riley, Co. I, 7th Infantry, left off at Buford, Consumption; Privt. David Ackison, Co. E, 7th cav., left off, July 4th, at Buford, Constipation.

The total number of killed was two hundred and sixty one; wounded 52. Thirty-eight of the wounded were brought down on the Far West; three of them died en route. The remainder are cared for at the field hospital.

De Rudio had a narrow escape, and his escape is attributed to the noise of the beavers, jumping into the river during the engagement. De Rudio followed them, got out of sight, and after hiding for twelve hours or more, finally reached the command in safety.

The body of Lt. Hodgson did not fall into the hands of the Indians; that of Lt. McIntosh did, and was badly mutilated. McIntosh, though a half-breed, was a gentleman of culture and esteemed by all who knew him. He leaves a family at Lincoln, as does Gen. Custer, Cols. Calhoun, Yates, Cook Smith, and Lt. Porter. The unhappy Mrs. Calhoun, loses a husband, three brothers and a nephew. Lt. Harrington also had a family, but no trace of his remains was found. We are indebted to Col. Smith for the following list of the dead; to Dr. Porter for the list of wounded, which is also full:

KILLED

Field and staff, George A. Custer Brevt. Major General.

W. W. Cook, Brevt. Lt-Colonel.

Lord Asst. Surgeon, J. M. DeWolf, Acting Asst. Surgeon.

A.C. Staff, W. W. Sharrow Surg. Major.

Henry Voss, Chief Insptr.

A, Henry Dallans, ... Corp.
A, G. K. King, ... "
A, J. E. Armstrong, ... Privt.
A, James Drinaw, ... "
A, Wm. Moody, ... "
A, D. Rowlins, ... "
A, James McDonald, ... "
A, John Sullivan, ... "
A, Thos. P. Switzer, ... "
B, Benj. Hodgson, ... 2nd Lieut.
B, Richard Doran, ... Privt.
B, George Mask, ... "
C, T. W. Custer, ... Brevt. Lt.-Col.
C, H. M. Harrington, ... 2d Lt.

The body of Lt. Harrington was not found, but it is reasonably certain that he was killed.

C, Edwin Baba, ... 1st Sergt.
C, Finley, ... Sergt.
C, Finkle .... "
C, French, ... Corpl.
C, Foley, ... "
C, Ryan, ... "
C, Allen, ... Privt.
C, Criddle, ... "
C, King, ... "
C, Bucknell, ... "
C, Eisman, ... "
C, Engle, ... "
C, Brightfield, ... "
C, Fanand, ... "
C, Griffin, ... "
C, Hamel, ... "
C, Hattisoll, ... "
C, Kingsoutz, ... "
C, Lewis, ... "
C, Mayer, ... "
C, Mayer, ... "
C, Phillips, ... "
C, Russell, ... "
C, Rix, ... "
C, Ranter, ... "
C, Short, ... "
C, Shea, ... "
C, Shade, ... "
C, Stuart, ... "
C, St. John, ... "
C, Thadius, ... "
C, Van Allen, ... "
C, Warren, ... "
C, Windham, ... "
C, Wright, ... "
D, Vincent Charley Farrier
D, Patrick Golden, ... Privt.
D, Edward Hansen, ... "
E, A. E. Smith, ... Brevt. Capt.
E, E. Sturgis, ... 2d Lt.

The body of Lt. Sturgis was not found, but it is reasonably certain he was killed.

E, F. Hohmeyer, ... 1st Sergt.
E, Egnen, ... Sergt.
E, James, ... "
E, Hagan, ... Corp.
L, James Calhoun, ... 1st Lt.
L, Miller, ... Privt.
L, Tweed, ... "
L, Veller, ... "
L, Cashan, ... "
L, Kiefer, ... "
L, Andrews, ... "
L, Crisfield, ... "
L, Harrington .... "
L, Haugge, ... "
L, Kavaugh, ... "
L, Lobering, ... "
L, Mahoney, ... "
L, Schmidt, ... "
L, Lunon, ... "
L, Semenson, ... "
L, Riebold, ... "
L, O'Connell, ... "
L, J. J. Crittenden, ... 20th Inf.
L, Butler, ... 1st Sergt.
L, Warren, ... "
L, Harrison, ... Corpl.
L, Gilbert, ... "
L, Walsh, ... Teptr.
L, Adams, ... Privt.
L, Assdely, ... "
L, Burke, ... "
L, Cheever, ... "
L, McGue, ... "
L, McCarthy, ... "
L, Dugan, ... "
L, Maxwell, ... "
L, Scott, ... "
L, Babcock, ... "
L, Perkins, ... "
L, Tarbox, ... "
L, Dye, ... "
L, Tessler, ... "
L, Galvin, ... "
L, Graham, ... "
L, Hamilton, ... "
L, Rodgers, ... "
L, Snow, ... "
L, Hughes, ... "
K, D. Whitney, ... 1st Sergt
K, Hughes .... Sergt
K, J. J. Callahan .... Corpl
K, Julius Helmer .... Trptr
K, Eli U. T. Clair .... Privt
I, M. W. Keogh .... Col
I, J. E. Porter—the body of Lt. Porter was not found, but it is reasonably certain he was killed.
I, F. E. Varden .... 1st Sergt
I, J. Burlard .... "
I, John Wild .... Corpl
I, G. C. Morris .... "
I, S. T. Staples .... "
I, J. M. Gucker .... "
I, J. Patton, ... Trptr
I, H. A. Baily .... Blacksmith
I, J. E. Broadhurst .... Privt
I, J. Barry .... "
I, J. Conners .... "
I, T. P. Downing .... "
I, Mason .... "
I, Blorm .... "
I, Meyer .... "
I, McElroy .... Trptr
I, Mooney .... "
I, Baker .... Privt
I, Boyle .... "
I, Bauth .... "
I, Conner .... "
I, Daring .... "
I, Davis .... "
I, Farrell .... "
I, Hiley .... "
I, Huber .... "
I, Hime .... "
I, Henderson .... "
I, Henderson .... "
I, Leddisson .... "
I, O'Conner .... "
I, Rood .... "
I, Reese .... "
I, Smith 1st .... "
I, Smith 2nd .... "
I, Smith 3rd .... "
I, Stella .... "
I, Stafford .... "
I, Schoole .... "
I, Smallwood .... "
I, Tarr .... "
I, Vaugant .... "
I, Walker .... "
I, Bragew .... "
I, Knight .... "
F, G. W. Yates .... Capt
F, W. Van Rieley .... 2d Lt
F, Kenney .... 1st Sergt
F, Nursey .... Sergt
F, Vickory .... "
F, Wilkinson .... "
F, Coleman .... Capt
F, Freeman .... "
F, Briody .... "
F, Brandon .... Farrier
F, Manning .... Blacksmith
F, Atchison .... Privt
F, Brown 1st .... "
F, Brown 2nd .... "
F, Bruce .... "
F, Brady .... "
F, Burnham .... "
F, Cather .... "
F, Carney .... "
F, Dohman .... "
F, Donnelly .... "
F, Gardiner .... "
F, Hammon .... "
F, Kline .... "
F, Krianth .... "
F, Luman .... "
F, Losse .... "
F, Milton Jas .... "
F, Madson .... "
F, Monroe .... "
F, Ruddew .... "
F, Omeling .... "
F, Siefous .... "
F, Sanders .... "
F, Wanew .... "
F, Way .... "
F, Lerock .... "
F, Kidey .... "
F, E. C. Driscoll .... "
F, D. C. Gillette .... "
F, C. H. Gross .... "
F, F. P. Holcomb .... "
F, M. E. Horn .... "
F, Adam Hitismer .... "
F, P. Killey .... "
F, Fred Lehman .... "
F, Henry Lehman .... "
F, A. Melchargey .... "
F, J. Mitchell .... "
F, J. Noshaus .... "
F, J. O'Bryan .... "
F, J. Parker .... "
F, F. J. Pitter .... "
F, Geo. Post .... "
F, Jas. Quinn .... "
F, Wm. Reed .... "
F, J. W. Rossberg .... "
F, D. L. Lymons .... "
F, J. E. Troy .... "
F, Chas. Van Bramer .... "
F, W. B. Whaley .... "
G, Daniel McIntosh .... 1st Lt
G, Edward Botzer .... Sergt
G, M. Considine .... "
G, Jas Martin .... Capt
G, Otto Hageman .... "
G, Benj. Wells .... Farrier
G, Henry Dose .... Trptr
G, Crawford Selby .... Saddler
G, Benj. F. Rodgers .... Privt
G, Andrew J. Moore .... "
G, Jno. J. McGinniss .... "
G, Edward Stanley .... "
G, Henry Seafferman .... "
G, John Papp .... "
H, Geo. Lee .... Corpl
H, Julian D. Jones .... Privt
H, Thos. E. Meador .... "
M, Miles F. O'Hara .... Sergt.
M, Henry M. Scollier .... Corpl
M, Fred Stringer .... "
M, Henry Gordon .... Privt
M, H. Klotzbursher .... "
M, G. Lawrence .... "
M, W. D. Meyer .... "
M, G. E. Smith .... "
M, D. Somers .... "
M, J. Tanner .... "
M, H. Tenley .... "
M, H. C. Voyt .... "
Boston Custer .... Civilian
Arthur Reed .... "
Mark Kellogg .... "
Chas. Reynolds .... "
Frank C. Mann .... "

INDIAN SCOUTS

BloodyKnife
Bobtailed Bull,
Stab.

Total number of Commissioned officers killed 14
Actg asst Surg 1
Enlisted men 237
Civilians 5
Indian Scouts 3

Custers Niederlage – von einem Indianer aufgezeichnet

„Vor fünf Frühlingen brachen ich und viele Sioux unsre Tipis ab, verpackten sie und zogen vom Cheyenne River zum Rosebud River, wo wir einige Tage lagerten; dann brachen wir unsere Tipis wieder ab und zogen zum Fettes-Gras-Fluß und schlugen unsere Tipis bei dem großen Lager der Sioux auf." Mit diesen Worten, die Häuptling Red Horse (Rotes Pferd) in Zeichensprache einem amerikanischen Militärarzt übermittelte, der sie auf englisch niederschrieb, begann ein detaillierter Bericht über die Umstände von George A. Custers Niederlage am Little Bighorn, den die Indianer Fettes-Gras-Fluß nannten. Red Horse hatte in dieser Schlacht eine wichtige Rolle

gespielt. Fünf Jahre später schilderte er die Ereignisse an diesem Tag im Juni 1876 aus seiner Sicht. Der Militärarzt, der seine Aussage zu Protokoll nahm – Dr. Charles McChesney –, überredete den Sioux-Häuptling auch dazu, einzelne Phasen der Schlacht zu zeichnen. Diese Zeichnungen bedeckten schließlich 41 Blätter Papier; gemeinsam mit Auszügen aus der Erzählung von Red Horse ergeben sie eine lebendige Darstellung der damaligen Ereignisse aus der Sicht eines der Sieger.

Red Horse fuhr fort: „Am Tag des Angriffs war ich mit vier Frauen in der Nähe des Lagers (*unten*) damit beschäftigt, nach wilden Rüben zu graben. Plötzlich machte

eine der Frauen mich auf eine Staubwolke unweit des Lagers aufmerksam. Ich erkannte bald, daß Soldaten das Indianerlager angriffen." Dies war die vergebliche Kavallerieattacke unter Führung von Major Marcus Reno, die das Gefecht eröffnete (*oben rechts*) und damit endete, daß Reno und seine Kavallerie die Flucht ergriffen (*unten rechts*). Auf den folgenden Bildern und in der Erzählung wird der Bericht bis zur Vernichtung von Custers Regiment fortgeführt; er schließt mit dem Rückzug der Sioux aus dem Tal des Little Bighorn, an dem sie den größten indianischen Sieg in dem jahrzehntelangen Krieg auf den Plains erfochten hatten.

„Ich war ein Sioux-Häuptling in dem für Ratsversammlungen bestimmten Tipi", erinnerte Red Horse sich. „Mein Tipi stand in der Mitte des Lagers." Aus einer Anmerkung auf dieser von Red Horse angefertigten Zeichnung geht freilich hervor, daß das gelbe Tipi oben ein heiliges Cheyenne-Tipi gewesen ist.

„Die Soldaten kamen auf der Spur der Sioux und griffen die am weitesten flußaufwärts stehenden Tipis der Unkpapa an." Diese Zeichnung von Major Renos Einheit zeigt das Vorrücken der Kavallerie in noch disziplinierten Kolonnen.

„Jetzt griffen alle Sioux die Soldaten an und trieben sie in großer Verwirrung über den Fluß zurück." Red Horse stellt dar, wie die Kavallerie über ihre eigenen Hufabdrücke zurückreitet, und deutet auf diese Weise den Rückzug an.

228

Die Zeichnung von Red Horse stellt den Höhepunkt der Schlacht dar. Er berichtete darüber: „Die Sioux griffen die Soldaten an und zersprengten sie völlig; diese Soldaten wurden närrisch – viele von ihnen warfen ihre Waffen weg, hoben die Hände und sagten: ‚Sioux, habt Mitleid mit uns; nehmt uns gefangen.'"

„Die Sioux nahmen keinen einzigen Soldaten gefangen", berichtete Red Horse, „sondern töteten alle; keiner blieb auch nur für wenige Minuten am Leben. Diese Soldaten schossen sehr wenig. Ich nahm zwei toten Soldaten ein Gewehr und zwei Gürtel ab." Seine Zeichnung stellt die toten Kavalleristen dar.

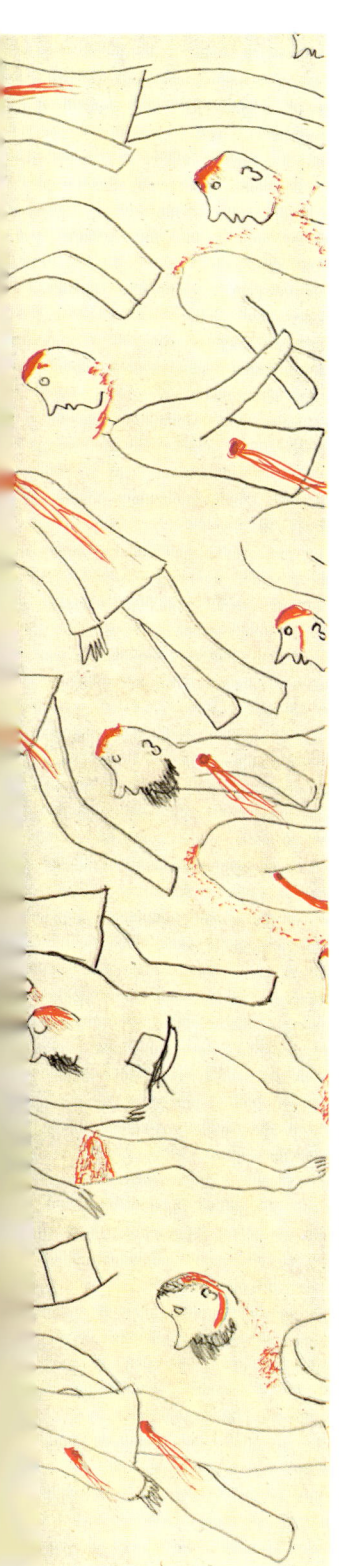

Obwohl die Indianer die Schlacht gewannen, hatten auch sie Gefallene und Verwundete zu beklagen. Red Horse zeichnete diese toten Sioux und sagte: „Nun hatten die Sioux viele Tote. Die Soldaten erschossen 136 und verwundeten 160 Sioux."

Red Horse zeichnete auch dieses Bild, auf dem tote Pferde um die Bataillonsfahne herum am Boden liegen. Die Tiere sind an den Schweifen als Kavalleriepferde zu erkennen; Indianer pflegten ihren Kriegspferden die Schweife hochzubinden.

„Die Kämpfe zogen sich weit auseinander",
erinnerte sich Red Horse. Die Indianer hatten
Major Reno und die überlebenden Kavalleristen
eingekreist, als „ein Sioux Soldaten zu Fuß
herankommen sah". Die Sioux und ihre Verbündeten brachen den Angriff ab und ritten in
Richtung Bighorn Mountains davon, wie es
diese Zeichnung von Red Horse zeigt.

GLOSSAR

ARMY SCOUT: Private, von der U.S.-Armee in unerforschten Wildnisgebieten auf Zeit angestellte Kundschafter und Pfadfinder, die das Operationsgebiet und die indianischen Stämme darin besser kannten als die Militärs. Ehemalige Trapper und Mountain-Men, aber auch Eisenbahnvermesser, Postkutschenfahrer, Goldsucher, Herdentreiber wurden vornehmlich als Scouts angeworben. Während der Indianerkriege im Westen stellten Indianer einen hohen Anteil an Scouts, die häufig zu ganzen uniformierten Truppenteilen zusammengefaßt waren.

CACHE: Versteck, verborgenes Depot in Erdgruben, Felshöhlen oder Sandmulden, in denen Wertgegenstände (zum Beispiel zeremonielle Schilde) verborgen oder Nahrung aufbewahrt und konserviert wurde.

COUP: Bravourstück, bei dem ein Indianer mit einem „Handstreich" den Feind berührte und ihn dabei eventuell – aber nicht notwendigerweise – verletzte oder tötete. Coups wurden nach Rängen bewertet: 1. Rang: einen Feind im Kampf töten; 2. Rang: einen lebenden Feind skalpieren; 3. Rang: einen lebenden Feind berühren und verwunden; 4. Rang: einen toten Feind skalpieren; 5. Rang: das Pferd eines Feindes stehlen. Der Rang des Coups richtete sich aber auch nach der Größe der Gefahr und dem persönlichen Mut des Indianers. So wurde derjenige am höchsten geachtet, der unbewaffnet ins Lager des Feindes ging. Außerdem richtete sich der Rang des Coups auch nach dem Rang und Ansehen des berührten Feindes.

FRONTIER, FRONTIERSMAN: Die wörtlichen Übersetzungen „Grenze" und „Grenzlandbewohner" werden den amerikanischen Begriffen nicht gerecht. Bis ins 19. Jahrhundert hinein bezeichnete „Frontier" in Nordamerika keine festliegende Grenze, sondern jene stetig weiter nach Westen vorrückende äußerste Besiedlungsgrenze, über die hinaus die Frontiersmen in unbesiedeltes Land vordrangen. Der Frontiersman bewegte sich in der Wildnis, die bislang allein den Indianern als Lebensraum gedient hatte.

GOVERNOR: Jedes Bundesterritorium und jeder Bundesstaat besitzt eine Verwaltung und Regierung, der als politischer Führer ein auf vier Jahre gewählter Gouverneur (vergleichbar einem Länder-Ministerpräsidenten in der BRD) vorsteht.

INDIANERNAMEN: Da man sich im Deutschen daran gewöhnt hat, die englischen Indianernamen zu lesen, sind sie auch in diesem Buch verwendet worden. Man muß sich aber bewußt sein, daß diese Bezeichnungen den wirklichen indianischen Eigennamen in den seltensten Fällen gerecht werden. So hieß der Indianer vom Stamm der Oglala-Sioux. den die Amerikaner „Old Man Afraid of His Horses" (Alter Mann, der Angst vor seinen Pferden hat) nannten, in Wirklichkeit in seiner eigenen Sprache sinngemäß: „Alter Mann, vor dessen Pferden die Leute Angst haben." Und Crazy Horse, siegreicher Sioux-Häuptling in der Schlacht am Little Bighorn gegen Custer, trug den Namen Tashunka-witko, der sich annähernd übersetzen läßt mit: „Sein Pferd übermütig und lebensfroh." Im folgenden sind die Übersetzungen der Namen wichtiger Indianer, die in diesem Buch erwähnt werden, aufgeführt – immer unter obigem Vorbehalt:
Bear Bull (Bärenbulle), Medizinmann der Blackfoot-Indianer
Big Eagle (Großer Adler), Häuptling der Comanche
Black Elk (Schwarzer Wapiti), Oglala-Sioux
Black Kettle (Schwarzer Kessel), Häuptling der Cheyenne
Bloody Knife (Blutiges Messer), Arikara, einer von Custers Scouts
Bull (Bulle), Häuptling der Arapaho
Crazy Horse (Übermutiges Pferd), Häuptling der Sioux
Crooked Neck (Schiefhals), Häuptling der Cheyenne
Eagle Chief (Adler-Häuptling), Häuptling der Skidi-Pawnee
Eagle Feather (Adlerfeder), Häuptling der Kiowa
Gray Hair (Grauhaar), Häuptling der Cheyenne
Gray Thunder (Grauer Donner), Häuptling der Cheyenne
High Backed Wolf (Hochrückiger Wolf), Oberhäuptling der Cheyenne
Iron Hawk (Eiserner Habicht), Häuptling der Sioux
Little Crow (Kleine Krähe), Häuptling der Sioux
Little Mountain (Kleiner Berg), Oberhäuptling der Kiowa
Little Raven (Kleiner Rabe), Häuptling der Arapaho
Lone Dog (Einsamer Hund), Dakota-Sioux
Medicine Bottle (Medizinflasche), Häuptling der Sioux
Old Man Afraid of His Horses (Alter Mann, vor dessen Pferden die Leute Angst haben), Häuptling der Sioux
Otter Belt (Ottergürtel), Comanche
Particular Time of Day (Besondere Tageszeit), Pawnee
Red Cloud (Rote Wolke), Häuptling der Sioux
Red Horse (Rotes Pferd), Häuptling der Sioux
Roman Nose (Adlernase), Cheyenne
Rotten Belly (Brandiger Bauch), Häuptling der Crow
Sitting Bear (Sitzender Bär), Kriegshäuptling der Kiowa
Sitting Bull (Sitzender Bulle), Medizinmann der Sioux
Speckled Snake (Gefleckte Schlange), Häuptling der Creek
Spotted Eagle (Gefleckter Adler), Sioux
Spotted Tail (Gefleckter Schweif), Häuptling der Brûlé-Sioux
Standing Bear (Stehender Bär), Luther; Sioux
Tecumseh (Der sich niederduckende Tiger), Häuptling der Shawnee
Two Hatchet (Zwei Streitaxt), Kiowa
Watchful Fox (Wachsamer Fuchs), Sauk und Fox
White Antelope (Weiße Antilope) Häuptling der Cheyenne
White Bear (Weißer Bär), Satanta, Häuptling der Kiowa
White Cloud (Weiße Wolke), Häuptling der Sioux
Woman Chief (Weiblicher Häuptling), Häuptling der Crow
Wooden Leg (Hölzernes Bein), Cheyenne

KINNIKINNICK (Gemischtes): Algonkin-Bezeichnung des Indianertabaks, der aus verschiedenen Bestandteilen gemischt wurde. Hauptbestandteil war wildwachsender oder von den Indianern angebauter, sehr starker Tabak, der mit Sumachblättern, dem Bast des Roten Hartriegels und aromatischen Kräutern angereichert wurde.

LEGGINGS: Strumpfartige Hosen aus Bisonleder oder Hirschleder, die wie Röhren die Beine ganz bedeckten und an ihren oberen Enden Gürtel- oder Riemenschlaufen besaßen, so daß sie um die Hüfte mit einem Gürtel befestigt werden konnten. Leggings erhielten als oberen Abschluß noch einen Lendenschurz, dessen Lappen vorne und hinten herunterhingen.

MELASSE: Eingedickter, natürlicher und stark zuckerhaltiger Saft (vielfach des Zucker-Ahorns) zum Süßen, den die Indianer oft in ausgehöhlten Kürbissen transportierten und aufbewahrten.

MOKASSINS: Schuhe aus einem Stück Hirsch- oder Bisonkalbleder, häufig mit einer Rohhautledersohle verstärkt, mit ganz kurzen oder längeren Schäften, zum Teil auch an Leggings vernäht, häufig mit Perlen, Borsten, Klauen, Zähnen verziert.

PARFLECHE: Falttasche, Satteltasche aus ungegerbtem Bisonleder, die zur Aufbewahrung von Pemmikan verwendet wurde.

PEMMIKAN: An der Luft getrocknete und gemahlene, mit Talg und Beeren vermischte Fleischpaste mit besonders hohem Proteingehalt, die den Indianern als Winternahrung diente, da sie richtig gelagert monatelang genießbar blieb.

PRÄRIE-INDIANER und PLAINS-INDIANER: Ursprünglich bezeichnet der Ausdruck Prärie-Indianer nur die seßhaften Feldbauer der Hochgrasfluren, Plains-Indianer dagegen waren die nomadisierenden Indianer der ariden Plains. Da häufig ausgesprochene Mischformen existierten, Stämme also für einen Teil des Jahres seßhaft waren zu anderen Zeiten aber den Bisonherden nachjagten, und da sich außerdem der Ausdruck Prärie-Indianer im deutschen Sprachgebrauch eingebürgert hat, ist er in diesem Buch für alle Stamme des Westens verwandt worden.

ROHHAUTLEDER: Tierhaut, die ungegerbt nur langsam an der Luft getrocknet wurde und während dieses Trocknungsprozesses bis zur äußersten Dehnbarkeit gestreckt wurde. In feuchtem oder nassem Zustand als Befestigungsstreifen oder Bespannung verwendet, wurde Rohhautleder äußerst fest, hart und haltbar.

QUELLENNACHWEIS DES TEXTES

Kapitel 1: Besonders nützliche Informationsquelle über den Friedensrat der Indianer: *The Fighting Cheyennes* von Grinnell, George Bird, University of Oklahoma Press 1956; 20 – aus „Picture Writing of the American Indians" von Mallery, Garrick, 10th Ann. Rep. Bur. Amer. Ethnol. 1888–89, S.266–287. Kapitel II: 55 – Lied, Copyright © 1967 Hofmann, Charles, abgedruckt aus *American Indians Sing* von Hofmann, Charles, mit Genehmigung des Verlags The John Day Co., Inc.; 62 – Informationen über den Handel aus „The Assiniboin" von Denig, Edwin Thompson. 46th Ann. Rep. Bur. Amer. Ethnol. 1928–29, S.585, Smithsonian Institution, und *The Horse in Blackfoot Indian Culture* von Ewers, John C. Smithsonian Institution Press 1969, S.217–219; 64 – Zitat und Textteile aus *The Plains of the Great West* von Dodge. Richard I., G. P. Putnam's Sons 1877. S.329–330; 74, 75 – Liste zusammengestellt aus *The Horse in Blackfoot Indian Culture* von Ewers, John C., Smithsonian Institution Press 1969, S.150–151. Kapitel III: Besonders nützliche Informationsquellen über die Cheyenne: *The Cheyenne Indians* von Grinnell, George Bird. Band I und II, Cooper Square Publishers. Inc. 1962, und *The Cheyennes* von Hoebel, Edward A., Holt, Rinehart & Winston, Inc. 1960; 85 – teilweise auf der Grundlage von „Notes on Cheyenne Child Life" von Hilper, Schwester M. Inez, Amer. Anthrop., New Series, Jan.–März 1946, Vol. 48, No. 1, S.60; 86 – Zitat aus *The Journal of Jacob Fowler*, Coues, Elliott (Hrsg.). University of Nebraska Press 1970. S.59; 88–91 – Zitate aus „The Narrative of a Southern Cheyenne Woman" von

Michelson, Truman, Smithsonian Misc. Col., Vol.87, No.5, 21. März 1932, Smithsonian Institution, S.4–8; 91 – Tipi-Etikette aufgrund von Informationen aus *The Indian Tipi* von Laubin, Reginald und Gladys, University of Oklahoma Press 1957, S.91–93; 101 – Zitat aus *The Life and Adventures of a Quaker Among the Indians* von Battey, Thomas C., University of Oklahoma Press 1968, S.240–241; 102 – Lieder aus *The Indian Tipi* von Laubin, Reginald und Gladys, University of Oklahoma Press 1957, S.2, „Notes on Some Cheyenne Songs" von Grinnell, George Bird, Amer. Anthrop., Vol.5, 1903, S.316, „Societies and Ceremonial Associations in the Ogalala Division of the Teton-Dakota" von Wissler, Clark, Amer. Mus. of Nat. Hist. Anthrop. Pap., Vol.XI, 1912; 104–105 – Zitate und Textteile aus *Five Indian Tribes of the Upper Missouri* von Denig, Edwin Thompson, Copyright 1961 University of Oklahoma Press, S.151–152, 196–200; 105 – Zitat aus *The Cheyenne Indians* von Grinnell, George Bird, Band I, Cooper Square Publishers, Inc. 1962, S.336. Kapitel IV: 123 – Pawnee-Opfer aus *Pawnee Hero Stories and Folk-Tales* by Grinnell, George Bird, Nachdruck von University of Nebraska Press 1961, S.362–369; 132 – Visionssuche nach *Crazy Horse* von Mari Sandoz, University of Nebraska Press 1961, S.29–43, 101–105, mit Genehmigung von McIntosh and Otis, Inc.; 140 – Informationen über Sandgemälde aus „The Mountain Chant. A Navajo Ceremony", 5th Ann. Rep. Bur. Amer. Ethnol. 1883–1884. S.444–450, Smithsonian Institution.

QUELLENNACHWEIS DER ABBILDUNGEN

Abbildungen von links nach rechts sind durch Semikolon, solche von oben nach unten durch Gedankenstriche getrennt.

Einband – mit freundlicher Genehmigung Smithsonian Institution, NAA. 2 – Alexander Gardner, mit freundlicher Genehmigung Smithsonian Institution National Anthropological Archives. 6, 7 – mit frdl. Genehmigung History Division, Natural History Museum of Los Angeles County. 8 – Edward S. Curtis, kopiert von Frank Lerner, m. frdl Gen. Rare Book Division, The New York Public Library. Astor, Lenox and Tilden Foundations. 9, 10 – m. frdl. Gen. Smithsonian Institution National Anthropological Archives. 11 – Edward S. Curtis, kopiert von Frank Lerner, m. frdl. Gen. Rare Book Division, The New York Public Library, Astor, Lenox and Tilden Foundations. 12 – m. frdl. Gen. Smithsonian Institution National Anthropological Archives. 13 – L. A. Huffman, m. frdl. Gen. David R. Phillips. 14 – Henry B. Beville, m. frdl. Gen. Map Division, The National Archives. 16, 17 – m. frdl. Gen. History Division, Natural History Museum of Los Angeles County. 19 – Paulus Leeser, m. frdl. Gen. The Denver Art Museum – Zeichnung von Nicholas Fasciano nach einer Zeichnung in „Games of the North American Indians" von Stewart Cullin, 24th Annual Report, Bureau of American Ethnology. 1902–1903, Smithsonian Institution. 20, 21 – Benschneider, m. frdl. Gen. South Dakota State Historical Society. 26, 27 – Paulus Leeser, m. frdl. Gen. The Denver Art Museum (2) – m. frdl. Gen. The Brooklyn Museum, Henry L. Batterman and Frank Sherman Benson Funds – Hillel Berger, m. frdl. Gen. Peabody Museum, Harvard University – m. frdl. Gen. The Brooklyn Museum. Henry L. Batterman and Frank Sherman Benson Funds – Lloyd Rule, m. frdl. Gen. The Denver Art Museum; Paulus Leeser, m. frdl. Gen. Smithsonian Institution. 28 – Paulus Leeser, m. frdl. Gen. The Denver Art Museum. 29 – Hillel Berger. m. frdl. Gen. Peabody Museum, Harvard University; Paulus Leeser, m. frdl. Gen. The Denver Art Museum; m. frdl. Gen. The Brooklyn Museum, Henry L. Batterman and Frank Sherman Benson Funds (2) – Paulus Leeser, m. frdl. Gen. Smithsonian Institution. 31 – Zeichnungen von Nicholas Fasciano aufgrund von Material in *Indian Sign Language* von William Tompkins, Copyright 1969 bei Dover Publications. 33 – Karte von Rafael Palacios. 34 – m. frdl. Gen. History Division, Natural History Museum of Los Angeles County. 36 bis 43 – m. frdl. Gen. Thomas Gilcrease Institute of American History and Art. 44, 45 – Edward S. Curtis, kopiert von Paulus Leeser, m. frdl. Gen. Rare Book Division, The New York Public Library, Astor, Lenox and Tilden Foundations. 46, 47 – m. frdl. Gen. Library of Congress. 48 – m. frdl. Gen. Thomas Gilcrease Institute of American History and Art. 51 – Karte von Rafael Palacios auf der Grundlage einer Karte in *The Horse in Blackfoot Culture* von John Ewers,

Copyright 1969 bei The Smithsonian Institution Press, S.11. 52, 53 – m. frdl. Gen. Thomas Gilcrease Institute of American History and Art. 55 – Benschneider, m. frdl. Gen. South Dakota State Historical Society. 56 – Christian Barthelmess, m. frdl. Gen. Coffrin's Old West Gallery, Miles City. Montana. 57 – Paulus Leeser, m. frdl. Gen. The Denver Art Museum; Zeichnungen von Nicholas Fasciano nach Zeichnungen in *The Horse in Blackfoot Culture* von John Ewers, Copyright 1969 bei The Smithsonian Institution Press, S. 104, 132. 58 – Paulus Leeser, m. frdl. Gen. The Denver Art Museum. 59 – Zeichnungen von Nicholas Fasciano. 61 – Paulus Leeser, m. frdl. Gen. The Denver Art Museum, außer mittlere Abbildung, m. frdl. Gen. The Brooklyn Museum, Henry L. Batterman and Frank Sherman Benson Funds. 62, 63 – m. frdl. Gen. Thomas Gilcrease Institute of American History and Art. 65 – aus *Sioux Indian Painting* von Hartley B. Alexander, Band I, Editions d'Art, C. Szwedzicki 1938.66, 67 – Frank Lerner, m. frdl. Gen. National Collection of Fine Arts, Smithsonian Institution. 68, 69 – m. frdl. Gen. National Collection of Fine Arts, Smithsonian Institution. 70, 71 – Frank Lerner, m. frdl. Gen. National Collection of Fine Arts, Smithsonian Institution. 72, 73 – Frank Lerner, m. frdl. Gen. National Collection of Fine Arts, Smithsonian Institution; m. frdl. Gen. National Collection of Fine Arts, Smithsonian Institution. 74, 75 – Paulus Leeser. m. frdl. Gen. The Denver Art Museum. 76, 77 – m. frdl. Gen. History Division, Natural History Museum of Los Angeles County. 78, 79 – m. frdl. Gen. Smithsonian Institution National Anthropological Archives. 80, 81 – m. frdl. Gen. U.S. Army Field Artillery and Fort Sill Museum. 82, 83, 84 – m. frdl. Gen. Smithsonian Institution National Anthropological Archives. 85 – Lloyd Rule. m. frdl. Gen. The Denver Art Museum. 86 – m. frdl. Gen. Smithsonian Institute National Anthropological Archives. 87 – Lloyd Rule, m. frdl. Gen. The Denver Art Museum. 89 – m. frdl. Gen. Smithsonian Institution National Anthropological Archives. 90 – m. frdl. Gen. History Division, Natural History Museum of Los Angeles County. 92 – Zeichnungen von Nicholas Fasciano nach einer Zeichnung des Überzuges eines Arapaho-Tipis in der Vincent Colyer Collection, Smithsonian Institution, und Zeichnungen in *The Indian Tipi; Its History, Construction and Use* von Reginald und Gladys Lauhin, Copyright 1957 University of Oklahoma Press, S.34, 86, 94 bis 97 – m. frdl. Gen. Rare Book Division, The New York Public Library, Astor, Lenox and Tilden Foundations. 99 – Paulus Leeser, m. frdl. Gen. The Denver Art Museum. 100 – Zeichnungen von Nicholas Fasciano nach Zeichnungen aus *The Sioux* von Royal B. Hassrick, Copyright 1967 University of Oklahoma Press. S. 287, und *The*

Indian Tipi von Reginald und Gladys Laubin, Copyright 1957 University of Oklahoma Press, S. 79, 102, 103 – Paulus Leeser, m. frdl. Gen. The Denver Art Museum. 106 bis 109 – Edward S. Curtis, kopiert von Frank Lerner, m. frdl. Gen. Rare Book Division, The New York Public Library, Astor, Lenox and Tilden Foundations. 110 – m. frdl. Gen. The American Museum of Natural History – m. frdl. Gen. Southwest Museum, Los Angeles, Kalifornien. 111 – Edward S. Curtis, kopiert von Frank Lerner, m. frdl. Gen. Rare Book Division, The New York Public Library, Astor, Lenox and Tilden Foundations. 112 – m. frdl. Gen. Smithsonian Institution National Anthropological Archives. 113 – Lloyd Rule, m. frdl. Gen. The Denver Art Museum. 114 – m. frdl. Gen. Smithsonian Institution National Anthropological Archives. 115, 116 – Paulus Leeser, m. frdl. Gen. The Denver Art Museum. 117 – m. frdl. Gen. Library of Congress. 118, 119 – m. frdl. Gen. Smithsonian Institution National Anthropological Archives. 120, 121 – m. frdl. Gen. Minnesota Historical Society. 122 – Benschneider, m. frdl. Gen. The Denver Art Museum. 125 – m. frdl. Gen. National Collection of Fine Arts, Smithsonian Institution. 126 – Edward S. Curtis, kopiert von Paulus Leeser, m. frdl. Gen. Rare Book Division, The New York Public Library, Astor, Lenox and Tilden Foundations. 128 bis 131 – Benschneider, m. frdl. Gen. The Denver Art Museum. 132 bis 135 – Edward S. Curtis kopiert von Paulus Leeser, m. frdl. Gen. Rare Book Division, The New York Public Library, Astor, Lenox and Tilden Foundations. 136 – L. A. Huffman, m. frdl. Gen. David R. Phillips. 139 – Edward S. Curtis kopiert von Paulus Leeser, m. frdl. Gen. Rare Book Division, The New York Public Library, Astor, Lenox and Tilden Foundations – Paulus Leeser. m. frdl. Gen. The New York Public Library. 141 – m. frdl. Gen. Fifth Annual Report of the Bureau of Ethnology, 1883–1884, Smithsonian Institution. 142, 143 – m. frdl. Gen. Collection of Fine Arts, Smithsonian Institution. 144, 145 – Paulus Leeser, m. frdl. Gen. Western Americana Collection, Beinecke Library, Yale University. 146, 147 – m. frdl. Gen. The American Museum of Natural History. 148, 149 – m. frdl. Gen. National Collection of Fine Arts, Smithsonian Institution. 150, 151 – L. A. Huffman, m. frdl. Gen. David R. Phillips. 152 – m. frdl. Gen. Beinecke Rare Book and Manuscript Library, Yale University. 155 m. frdl. Gen. Thomas Gilcrease Institute of American History and Art. 156 – m. frdl. Gen. Western History Collections, University of Oklahoma Library. 158 – m. frdl. Gen. Montana Historical Society, Helena. 159 – m. frdl. Gen. The National Archives, 160, 161 – m. frdl. Gen. U.S. Army Field Artillery and Fort Sill Museum. 162 m. frdl. Gen. Manitoba Archives. 164 m. frdl. Gen. Western History Collections, University of Oklahoma Library. 166 – L. A. Huffman, m. frdl. Gen. David R. Phillips. 167 – m. frdl. Gen. Texas State Archives, Austin. 169 – m. frdl. Gen. U.S. Army Field Artillery and Fort Sill Museum. 170, 171 – m. frdl. Gen. Minnesota Historical Society. 172, 173 – Herb Orth für LIFE, m. frdl. Gen. Minnesota Historical Society. 174 bis 179 – m. frdl. Gen. Minnesota Historical Society. 180, 181 – m. frdl. Gen. Smithsonian Institution National Anthropological Archives. 182 – m. frdl. Gen. Colorado College, Colorado Springs. 184, 185 – m. frdl. Gen. The State Historical Society of Colorado. 186 – m. frdl. Gen. History Division, Natural History Museum of Los Angeles County. 189 – m. frdl. Gen. Texas Collections, Baylor University. 190, 191 – m. frdl. Gen. Kansas State Historical Society, Topeka. 192 – m. frdl. Gen. Montana Historical Society, Helena; m. frdl. Gen. Smithsonian Institution National Anthropological Archives (2) – m. frdl. Gen. Smithsonian Institution National Anthropological Archives; m. frdl. Gen. Kansas State Historical Society, Topeka; m. frdl. Gen. The State Historical Society of Colorado. 193 – m. frdl. Gen. Smithsonian Institution National Anthropological Archives; m. frdl. Gen. Kansas State Historical Society, Topeka; m. frdl. Gen. The National Archives and Records Service – Bettmann Archive; m. frdl. Gen. Smithsonian Institution National Anthropological Archives: m. frdl. Gen. Bureau of Indian Affairs in the National Archives. 197 – m. frdl. Gen. The American Numismatic Society, New York. 198, 199 – m. frdl. Gen. U.S. Signal Corps, Brady Collection in the National Archives. 201 bis 204 – m. frdl. Gen. National Collection of Fine Arts, Smithsonian Institution. 205 – Benschneider, m. frdl. Gen. National Park Service, Department of the Interior. 206 – Lloyd Rule, m. frdl. Gen. The Denver Art Museum. 207 – m. frdl. Gen. Museum of the American Indian. 208, 209 – Benschneider, m. frdl. Gen. National Park Service, Department of the Interior – Henry B. Beville, m. frdl. Gen. Smithsonian Institution (2); Paulus Leeser, m. frdl. Gen. The Denver Art Museum (2) – Lee Boltin, m. frdl. Gen.The American Museum of Natural History. 210, 211 – Edward S. Curtis, kopiert von Frank Lerner, m. frdl. Gen. Rare Book Division, The New York Public Library, Astor, Lenox and Tilden Foundations. 212 – m. frdl. Gen. Denver Public Library, Western History Department. 215, 216 – m. frdl. Gen. National Park Service, Department of the Interior. 219 – Benschneider. m. frdl. Gen. National Park Service, Department of the Interior. 220, 221 Edward S. Curtis, kopiert von Richard Henry, m. frdl. Gen. Rare Book Division, The New York Public Library, Astor, Lenox and Tilden Foundations. 223 – Karte von Rafael Palacios. 224 m. frdl. Gen. West Point Museum Collections. 225 m. frdl. Gen. South Dakota State Historical Society. 226 bis 233 Henry B. Beville, m. frdl. Gen. Smithsonian Institution National Anthropological Archives.

DANKSAGUNGEN

Die Herausgeber dieses Buches danken folgenden Personen und Institutionen für ihre Unterstützung – Richard Conn, Curator of Native Art, Denver Art Museum, Colorado; John C. Ewers, Senior Ethnologist, Department of Anthropology, Smithsonian Institution, Washington. D.C.; Morris Opler, Department of Anthropology, University of Oklahoma, Norman; Robert M. Utley, Director, Office of Archeology and Historic Preservation. National Park Service, U.S. Department of the Interior, Washington, D.C., die Teile dieses Buches gelesen und kommentiert haben.

Außerdem Casey Barthelmess, Miles City, Montana; Keith Basso, Department of Anthropology, University of Arizona, Tucson; Donald J. Berthrong, Purdue University, West Lafayette, Indiana; Lewis S. Brown, Helen Jones, The American Museum of Natural History, New York; Jack Coffrin, Coffrin's Old West Gallery, Miles City, Montana; John Miller, Chief, sowie den Mitarbeitern der American History Division, Maud D. Cole, Rare Books Division, The New York Public Library, New York; James H. Davis, Bildbibliothekar, Western History Department, Denver Public Library, Colorado; Andrew Old Elk, Randall Kane, Elden Reyer, Custer Battlefield Museum, Crow Agency, Montana; Eugene D. Decker, Archivar, Kansas State Historical Society, Topeka, Kansas; Dr. Henry Fritz. St. Olaf College, Northfield, Minnesota; Dorothy Gimmestad, Assistant Head, Audio Visual Library, Minnesota Historical Society. St. Paul; Gillett Griswold, Director, U.S. Army Field Artillery and Fort Sill Museum, Oklahoma; Archibald Hanna, Curator, Yale University Western Americana Collection, New Haven, Connecticut; David B. Hartley, Museum Curator, Kenneth Stewart, South Dakota State Historical Society, Pierre; Abraham Hoffman, Curator, Jack Haley, Assistant Curator, Western History Collections, University of Oklahoma, Norman; Charles Hofmann, Toronto, Kanada, Joan Hofmann, Beinecke Rare Book and Manuscript Library, Yale University, New Haven, Connecticut; Carol Johnson, Paula Richardson, Department of Anthropology, James F. Pinkney, Smithsonian Institution, Washington. D.C.; Jerry L. Kearns, Head of Reference, Prints and Photographs Division, Library of Congress, Washington, D.C.; Nancy E. Malan, Archivist, National Archives and Records Service, Washington, D.C.; Terry W. Mangan, Alice L. Sharp, Mrs. Enid Thompson, State Historical Society of Colorado, Denver; Harriett C. Meloy, Librarian, Montana Historical Society Library, Helena, Arthur Olivas, Photo Archivist, Richard Rudisill, Museum of New Mexico, Santa Fe; Gary L. Roberts, Abraham Baldwin Agricultural College, Tifton, Georgia; Eleanor A. Snyder. National Collection of Fine Arts, Washington, D.C.; Oliver Willcox, Staff Photographer, Thomas Gilcrease Institute of American History and Art, Tulsa, Oklahoma.

REGISTER

Kursiv gesetzte Seitenangaben weisen auf eine Abbildung hin

238